ケースブック会社法

[第5版]

KOUBUNDOU
CASE BOOK SERIES

弘文堂ケースブックシリーズ

【著】 丸山秀平・野村修也・大杉謙一
　　　松井秀征・髙橋美加・河村賢治

弘文堂

第5版　はしがき

　本書の第4版を出版してから4年が経過した。この新しい版から、河村賢治教授が共著者に加わることとなった。今回の改訂では、第1に、平成26年の会社法改正の内容を確認する練習問題を数多く収録し、目次と本文で★印で表示した。第2に、基本的な条文の適用を確認する短い事例問題と、複数の（学習の単元をまたぐ）論点を盛り込んだ長文の事例問題とを大幅に追加した。第3に、裁判例については生のものに近いものを学習者に読ませることは最小限にとどめ、全体をスリム化した。

　法科大学院の現場で、教師と学生の双方が理想と現実のはざまで苦労を重ねている。今回の改訂に当たっても、この難しいバランスに留意した。具体的には、会社法の制度が実社会ではどのように用いられているのか、典型的な紛争類型はどのようなものか、などを学習者が実感できるようにするとともに、学習者に判例を理論的に分析する習慣を与えるように設問を置いた。

　本書を使って会社法を学ぼうとする読者には、まず「序」を読んで頂きたい。本書は一般の教科書や判例集、演習書とは異なる特徴を有しているので、その特徴を知って、上手に教科書等と組み合わせて使うと、より学習効果が上がるはずである。また、学習に疲れたときには、第1章のサンプルやコラムで気楽に「遊ぶ」ことをお勧めしたい。

　第5版の刊行に当たっても、第4版までと同様に、弘文堂編集部の高岡俊英氏に多大のご配慮をいただいた。心より感謝の意を表したい。

　2015年1月

執筆者一同

初版　はしがき

　本書は、本年4月から開設される法科大学院における教材として執筆されたものである。

　本書は、各章ごとに判例を中心として、商法とりわけ会社法の基礎概念を理解しつつ、各テーマに関する理論や現実の株式会社に関わる法実務をも視野に入れたうえ、読者が個別の練習問題に答えることによって、活きた会社法の全体像が掴めるように構成されている。すなわち、商法とりわけ会社法に関する判例や設例を主な素材として組み入れ、判例ないし設例ごとに「Question」または「Practice」という表題の下で練習問題を付した。また、必ず押さえておくべき基礎知識の解説もなされている。さらに本書の論述は、平成15年改正商法および平成17年改正の要綱試案までに及んでおり、これまでの重要な改正点である会社分割、新株予約権、委員会等設置会社等についても、ポイントの解説と練習問題を設けた。このような内容を有する本書を法科大学院における対話型授業とリンクさせ活用することで、読者が学部ないし法科大学院1年次の商法科目の講義において培ってきた法律知識はさらにブラッシュアップされ、法曹とりわけビジネスローヤーとしての活動に必要な素養が涵養されることになろう。

　この意味において本書の主な読者として想定されるのは、法科大学院に法学既修者として入学した者および未修者として入学し1年次の商法関連科目の単位を取得した者である。ただ、未修者で1年次の者や既修者としての入学を希望する者が、法科大学院における演習科目の内容を予め理解し今後の履修の準備のために本書を一読したり、あるいは学部の商法科目の演習授業の副教材として本書を利用したりする場合もあろう。いずれにせよ読者が新たな法曹養成制度に基づき専門的知識を持ちつつ柔軟な法的思考力を有する有能な法曹となるための一助として本書が役立ち得るものと確信する次第である。

初版　はしがき　iii

　本書の執筆者はいずれも、本年度から開設される中央大学法科大学院で、商法科目（民事法総合Ⅱ（商法））の授業を担当する者である。したがって、本書が同科目のテキストとして利用されることは勿論のことであるが、執筆者としては、本書が他の法科大学院における教材さらには前記のように幅広い目的のために利用されることを願っている。

　本書の公刊に至るまでは、弘文堂編集部の高岡俊英氏、田上恵佳氏に大変お世話になった。ここに心から感謝の意を表したい。また、判例等の校正作業は、中央大学大学院法学研究科博士課程後期在学の高木康衣さん、高間佐知子さんにお願いした。重ねて御礼を申し上げたい。

2004年3月

執筆者一同

CONTENTS

平成26年会社法改正の内容を確認するための問題は，下記の目次と本文で★印で示している。

第5版　はしがき　　i

序　ケースブックによる会社法学習の意義 …………………………… 1
　1．会社法を学ぶ皆さんへ　(1)
　2．本書の使い方　(1)

第1章　各種書式のサンプル ……………………………………………… 4
　第1節　定款　(4)
　第2節　登記　(8)
　第3節　公告　(12)

第2章　株式会社の運営 …………………………………………………… 13
　第1節　機関設計――会社規模・公開非公開の別による選択肢　(13)
　第2節　株主総会　(16)
　　1．概観　(16)
　　2．代理人による議決権行使　(18)
　　　Case 1　神戸地尼崎支判平成12・3・28
　　3．議事運営　(24)
　第3節　業務執行機関　(29)
　　1．概説　(29)
　　2．取締役会（委員会設置会社を除く）　(30)
　　　Case 1　最判平成2・4・17
　　3．取締役の義務と責任――善管注意義務・忠実義務・競業取引・利益相反・報酬　(38)
　　　Case 2　最判平成4・12・18
　　　Case 3　最判平成15・2・21
　第4節　監視・監督制度　(61)
　　1．監査役・監査役会・会計監査人・会計参与　(61)
　　2．指名委員会等設置会社・監査等委員会設置会社　(65)
　　　★62頁 *Q4*，63頁 *Q5*，*Q6*，65頁 *Q1*
　第5節　監督是正（株主代表訴訟・差止めを含む）　(68)

1．株主の情報収集　(68)
　　2．会計関係訴訟　(70)
　　　★69頁 *Q2*

第3章　企業会計 …………………………………………72
第1節　計算書類等　(72)
　　1．概観　(72)
　　2．計算書類等の作成　(78)
第2節　資本制度・株主への分配　(79)
　　1．資本金・準備金　(79)
　　2．剰余金の配当　(81)

第4章　株式会社のファイナンス …………………………84
第1節　募集株式の発行等　(84)
　　1．「募集株式の発行等」とは　(84)
　　　★85頁 *Q2*
　　2．払込金額の公正（特に有利な金額）　(86)
　　3．不公正発行　(91)
　　　Case 東京高決平成17・3・23（「ニッポン放送事件」高裁決定）
　　4．無効の訴え・不存在確認の訴え　(100)
　　　★106頁 *Q2*，108頁 *Wr2*
第2節　負債の諸問題　(109)
　　1．デットとエクイティ（融資と出資）　(109)
　　2．社債の発行と流通　(110)
　　3．私的整理（100％減資，デット・エクイティ・スワップ等）　(111)
　　4．社債の管理　(112)
第3節　新株予約権　(114)
　　1．概説　(114)
　　2．有利発行　(117)
　　3．不公正発行　(120)
　　4．新株予約権発行の無効・不存在　(121)
　　5．新株予約権付社債　(122)
第4節　自己株式　(123)
　　1．総説　(123)
　　2．自己株式の取得　(123)
　　3．子会社による親会社株式の取得　(129)

第 5 章　株式制度 …………………………………………………………………130
第 1 節　株式の内容・株主の権利についての定め　(130)
  1. 概説　(130)
  2. 剰余金配当に関する種類株式　(132)
  3. 役員選任に関する種類株式　(133)
  4. 取得請求権付株式・取得条項付株式　(135)
  5. 買収防衛策の設計　(135)
  6. 全部取得条項──100％減資，MBO における締め出し　(136)
第 2 節　株式の単位　(143)
  1. 単元株制度，株式の分割・併合　(143)
  2. 株式の併合を用いるキャッシュアウト　(143)
     ★143頁 ***Q***
第 3 節　株式の流通　(145)
  1. 概説　(145)
  2. 株式の譲渡制限　(147)
第 4 節　基準日と名義書換え・個別株主通知　(150)
第 5 節　株式の共有　(155)
第 6 節　その他の問題　(156)

第 6 章　株式会社の設立 …………………………………………………………158
  1. 概説　(158)
  2. 発起人による定款の作成　(160)
     Case　最判昭和61・9・11
  3. 株式の引受け・出資の履行　(165)

第 7 章　合名会社・合資会社・合同会社 ………………………………………168
  1. 合名会社　(168)
  2. 合資会社　(170)
  3. 合同会社　(171)

第 8 章　M＆A ……………………………………………………………………174
第 1 節　事業譲渡　(174)
     ★174頁 ***Q2***
第 2 節　合併　(176)
第 3 節　株式交換・株式移転　(178)
第 4 節　会社分割　(180)
     ★180頁 ***Q2・3***，181頁 ***Q4***
第 5 節　公開買付け（TOB）　(183)

1．概説　(183)
　　2．公開買付けの規制　(184)
　第6節　敵対的買収と防衛策　(185)
　　1．概説　(185)
　　2．新株予約権を用いた買収防衛策の設計　(186)
　　3．防衛策の発動の是非　(187)
　　　Case　最決平成19・8・7

第9章　債権者保護 …………………………………… 197
　1．概説　(197)
　2．役員等の対第三者責任　(197)
　　　Case　東京地判平成3・2・27
　3．法人格否認の法理等　(211)

第10章　その他の問題 …………………………………… 219
　1．概説　(219)
　2．営利性・社団性　(220)
　3．平等原則　(221)
　4．利益供与　(222)
　5．親子会社における責任追及　(224)
　　★224頁 *Q1*，225頁 *Q2*

判例索引（巻末）

序　ケースブックによる会社法学習の意義

1. 会社法を学ぶ皆さんへ

　法律実務家としての能力を高めるためには，実務で通用している判例を学ぶとともに，具体的な事例に即してどのような法的手段をとりうるかを考えることが効果的である。ケースを中心とする学習が，学習者にとって会社法が利用される局面をイメージしやすく，それだけ理解も容易になると考えられるからである。

　本書の構成は，会社法の法典や一般的な教科書の順序と異なっているが，本書を利用する学習者や法科大学院の教員の利用のしやすさを考えてこのような順序を採用した。

2. 本書の使い方

　(1)　本書は，会社法の基礎知識を確認するための設問である *Quiz*，ややボリュームのある事例問題である *Writing*，分析の素材としての裁判例である *Case* などから構成されている。また，学習者がなるべく短時間で必要な知識や勘所を身に付けることができるように，学習上有用な裁判例を【参考判例】として圧縮した形で随所に配置している。

　実務的な領域においては，解説の比重がやや高くなっている（第3章，第5章など）。他方，株式会社の機関（第2章）のように基本的で重要性の高い領域については，大小様々の練習問題を多数配置し，これを解くことを通じて読者が基礎知識とその応用力とを自然に身に付けることができるように工夫している。

　基本的な知識や考え方を整理するための設問は，予習の指針として，利用されることを予定している。あるいは，双方向授業が少し混乱したときに，論点を整理するための一応の基準として機能することもあるだろう。

(2)　本書は *Case* として重要な裁判例を収録し，必要に応じて *Memo* を付して補足を行うとともに，それらの直後に *Exercise* を置き，学習者が裁判例の要点を確認し，裁判例の規範や事案に即して考える訓練を行えるようにしている。判例を素材として学習する場合には，対立する諸利益の間の衡量と調和をはかる視点が欠かせないが，法律家としてはそれだけでは十分ではない。法には体系があり，それを具体化した理論・原則があり，個別の要件・効果ルールはそのような体系・理論の中に位置付けられる。利益衡量の帰結と法理論とをうまく架橋できることが，法律家としての能力なのである。

　Case を学ぶ際には，次の点に着目すべきである。①その事件で誰と誰のどのような利益が対立しているのか，②判旨の採用した法律論，およびその根拠となる形式論と実質論はどのようなものか，③判旨と異なる法律論によって事件をよりよく解決することはできなかったか。②の「形式論」では，もちろん条文に根拠を求めることが必要になるところ，この場合には，単に条文番号を挙げるのみでは足りず，根拠となる文言を具体的に示すことが必要である。そして，①や③については，紛争の当事者やその訴訟代理人（弁護士）になったつもりで検討することが，必要かつ有益である。多くの判例を読み進むうち，学習者の中には判例学習に倦怠感を覚える者も出てくるであろう。たしかに，判例は複雑な事実関係を含んでいて，教科書の論点を丸暗記するよりも能率が悪いように見える。しかし，事実を整理し，事実に即して法律論を展開することが実務法曹に期待される能力であるから，自分自身で判例に接することは，回り道に見えて実は近道なのである。判例をただ漫然と読んでいただけでは，法的能力は必ずしも向上しない，しかし法理論を意識しながら判例に取り組めば，法律家としての能力は必ず向上する。

　Exercise は，判旨のポイントを抽出し，それを多角的に検討するためのものであり，学習者は予習の際に自分なりの回答を準備しておかなければならない。この問題には，必ずしも一通りの「正解」が存在するわけではなく，裁判例の分析のきっかけを示すに過ぎないものも多いので，利用者には解答を暗記するのではなく設問を議論のきっかけにしてほしい。実際の法科大学院の授業では，そこに挙げられた問題以外の問題が教師から問われたり，反対に学生のほうから *Exercise* に縛られずに自由に疑問点を教師や他の学生

にぶつけることも少なくないだろう。

　(3)　この第 5 版では，従来の版よりも *Case* の分量を減らすとともに，*Writing* の分量を増やしている。これらは，必要に応じて法科大学院の授業の中で用いてもよいし，あるいはレポートの課題として用いることも考えられるものである。

　また，発展的・先端的内容ではあるが，学生にもぜひ知っておいてもらいたいものについては，適宜，*Column* の欄を設けて説明をしている。会社法の学習がある程度進んだ段階でこれを読むことにより，当該分野についてのさらなる深い理解を得る助けとなれば幸いである。

　最後に 1 点，付け加えておきたい。法科大学院・新司法試験では，「法創造能力」が重視される。法創造とは，従来の判例・学説・法理論の良い部分を継承しつつも，それを換骨奪胎して，新しい事案や時代の発展に法を適応させていく作業である。それは，実務法曹に大きな充実感とともに重い責任を課すものでもある。本書は，そのような能力を養成することを目的として編集されている。

第1章　各種書式のサンプル

本章では，会社の定款・登記・公告などのサンプルを読み，これらの書面を作成する者（弁護士，司法書士，税理士，企業法務部員，信託銀行など）の立場から会社法を学ぶことにする。なお，本章ではもっぱら株式会社の書式のみを扱うが，以下の説明は大筋では持分会社にも妥当する。

この章に掲げられている素材については，学習の早い時期にざっと概観するだけでなく，必要に応じて繰り返し目を通すことが望ましい。

第1節　定　　款

定款とは，各株式会社において作成される組織と活動に関する根本規則である。会社設立時に作成され（会26条・27条），会社成立後にも必要に応じて変更がなされるが（466条），設立時の定款のことを特に「原始定款」と呼ぶことがある。

次に掲げるのは，中小企業で典型的な定款条項の例である。第2章以降に進む前にざっと一読してほしい。また，第2章以下の学習の際にも必要に応じて，本章のサンプルを参照してほしい。

中小企業の定款の例

○○株式会社定款

第1章　総　　則

第1条（商号）
　当会社は，○○株式会社と称する。
第2条（目的）
　当会社は，次の事業を営むことを目的とする。
　　1　○○及び××の製造及び販売
　　2　△△製品の製造，加工及び売買
　　3　前各号に附帯する一切の事業
第3条（本店の所在地）
　当会社は，本店を東京都新宿区に置く。

第4条（公告方法）
当会社の公告方法は，官報に掲載する方法とする。

第2章 株　　式

第5条（発行可能株式総数）
当会社の発行可能株式総数は，〇〇〇〇株とする。

第6条（株券の不発行）
当会社は，株式に係る株券を発行しない。

第7条（株式の譲渡制限）
　当会社の株式を譲渡により取得するには，株主総会の承認を受けなければならない。当会社の株主が当会社の株式を譲渡により取得する場合には，株主総会が承認したものとみなす。

第8条（株主名簿記載事項の記載の請求）
　株式取得者が株主名簿記載事項を株主名簿に記載することを請求するには，当会社所定の書式による請求書に，その取得した株式の株主として株主名簿に記載された者又はその相続人その他の一般承継人及び株式取得者が署名又は記名押印し共同して請求しなければならない。

第3章　株主総会

第9条（招集）
　当会社の定時株主総会は，毎年5月にこれを招集し，臨時株主総会は，必要に応じこれを招集する。
2　株主総会を招集するには，会日より1週間前までに，株主に対して招集通知を発するものとする。ただし，招集通知は，書面ですることを要しない。

第10条（招集手続の省略）
　株主総会は，株主全員の同意があるときは，招集手続きを経ずに開催することができる。

第11条（議長）
　株主総会の議長は，取締役社長がこれに当たる。取締役社長に事故もしくは支障があるときは，あらかじめ定めた順序により，他の取締役がこれに当たる。

第12条（議決権の代理行使）
　株主又はその法定代理人は，当会社の議決権を有する株主又は親族を代理人として，議決権を行使することができる。ただし，この場合には，総会ごとに代理権を称する書面を提出しなければならない。

第13条（決議の方法）

株主総会の決議は，出席した議決権を行使することができる株主の議決権の過半数をもって行う。ただし，法令または定款に別段の定めがある場合を除く。
　2　会社法第309条第2項の株主総会の決議は，議決権を行使することができる株主の議決権の過半数を有する株主が出席し，出席した当該株主の議決権の3分の2以上に当たる多数をもって行う。

第14条（議事録）
　総会の議事の要領及び決議は議事録に記載し，議長ならびに出席した取締役がこれに記名押印して10年間当会社の本店に備え置くものとする。

第4章　取締役及び代表取締役

第15条（員数）
　当会社の取締役は3名以内とする。

第16条（資格）
　当会社の取締役は，当会社の株主の中から選任する。

第17条（選任の方法）
　当会社の取締役の選任は，株主総会において議決権を行使することができる株主の議決権の過半数を有する株主が出席し，出席した当該株主の議決権の過半数をもって行う。
　2　取締役の選任決議については累積投票によらないものとする。

第18条（代表取締役及び社長）
　当会社に取締役2人以上いるときは，取締役の互選によって代表取締役1人を定めるものとする。
　2　代表取締役は社長とし，取締役1人のときは，取締役を社長とする。
　3　社長は，当会社を代表し，会社の業務を執行する。

第19条（任期）
　取締役の任期は，選任後5年以内に終了する事業年度のうち最終のものに関する定時株主総会の終結の時までとする。

第5章　計　　算

第20条（事業年度）
　当会社の事業年度は，毎年4月1日から翌年3月31日までとする。

第21条（剰余金の配当等）
　当会社は，株主総会の決議によって，毎年3月31日の最終の株主名簿に記載された株主または登録株式質権者に対して剰余金の配当を行う。

第6章 附　　則

第22条（設立に際して発行する株式等）
　当会社の設立に際して発行する株式（以下「設立時発行株式」という。）の総数は，普通株式〇〇〇株とし，発起人がその全部を引き受ける。
2　発起人が前項の設立時発行株式と引換えに払い込む金銭の額は，1株につき金〇円とする。

第23条（設立に際して出資される財産の最低額）
　当会社の設立に際して出資されるべき財産の最低額は，金〇〇〇円とする。

第24条（発起人）
　発起人の氏名，住所及び発起人が設立に際して割当てを受け，引き受けた株式数は，次のとおりである。

　　　　東京都〇〇区〇〇町〇番〇号
　　　　　甲山　一郎
　　　　　普通株式〇〇〇株
　　　　大阪市〇〇区〇〇町〇番〇号
　　　　　乙川株式会社
　　　　　普通株式〇〇〇株
　　　　福岡市〇〇区〇〇町〇番〇号
　　　　　乙川花子
　　　　　普通株式〇〇〇株

第25条（最初の事業年度）
　当会社の最初の事業年度は，会社成立の日から平成〇年3月31日までとする。
　以上，株式会社〇〇設立のため，この定款を作成し，発起人が次に記名押印する。

　　　　平成〇年〇月〇日
　　　　　東京都〇〇区〇〇町〇番〇号
　　　　　　発起人　甲山　一　郎　㊞
　　　　　大阪市〇〇区〇〇町〇番〇号
　　　　　　発起人　乙川　株式会社
　　　　　　代表取締役　乙川　次郎　㊞
　　　　　福岡市〇〇区〇〇町〇番〇号
　　　　　　発起人　乙　川　花　子　㊞

第2節 登　　記

　株式会社は，その本店の所在地において設立の登記をすることによって成立し（49条），合併による解散の登記（921条・922条。なお471条4号参照）または清算結了の登記によって（929条）その法人格が消滅する（475条・476条参照）。登記は，株式会社の法人格の消長をもたらし，法人格の同一性を明らかにする（商号によって同一性が定まるものではないことに注意）とともに，会社の利害関係者に会社の基本的な情報を提供するものである。

　株式会社の設立時の登記事項は911条に定められている。登記事項に変更が生じた場合には，変更登記をしなければならない（909条・915条）。また，取締役等に職務執行停止の仮処分がなされ，また職務代行者を選任する仮処分決定があった場合には，その旨の登記がなされる（917条）。商業登記の制度の概要および登記申請時の必要書類などについては，商業登記法が定めを置いている。

　商業登記についてはオンライン化が進み，インターネットにより登記の申請を行ったり，登記情報を閲覧することができる（有料）（「登記情報提供サービス」http://www1.touki.or.jp/gateway.html）。また，登記の典型的な書式例を法務省のホームページでも見ることができる（無料）（「登記事項の作成例一覧」http://www.moj.go.jp/MINJI/MINJI50/minji50-01.html）。

　次に掲げるのは，非上場会社であるA社の登記事項証明書＊のサンプル（ただし，平成26年改正会社法の施行前のもの）である。

　　＊　登記事項証明書とは，登記事務がコンピュータ化されている登記所において交付請求できる証明書であり，4種類がある。「現在事項証明書」とは，㋐現に効力を有する登記事項，㋑取締役，代表取締役，重要財産委員，監査役，委員会委員，執行役及び代表取締役の就任の年月日並びに㋒会社の商号及び本店の登記変更にかかる事項で現に効力を有するものの直前のものを記載した書面に証明文を付したものをいう。「履歴事項証明書」とは，現在事項証明の記載事項に加えて，当該証明書の交付の請求のあった日の3年前の日の属する年の1月1日から請求の日までの間に抹消された事項（職権による登記の更正により抹消する記号を記録された登記事項を除く。）等を記載した書面に証明文を付したものをいう。このほかに，「閉鎖事項証明書」「代表者事項証明書」がある。

A社の登記

東京都新宿区〇〇三丁目〇番〇号
株式会社〇〇〇
会社法人等番号　0199-01-0137××

商　号	株式会社○○○
本　店	東京都千代田区○○町○丁目○番○号
公告をする方法	官報に掲載する方法により行う。
会社成立の年月日	大正×年×月×日
目　的	1. 和洋書籍・雑誌，教科書，文房具，事務・教育機器の販売。 2. 前号に関連する情報処理機器及びコンピュータソフトウェアの開発・販売並びに情報処理サービスの提供。 3. ビデオ・DVD，CD，ゲームソフト等の販売及びレンタル。 4. 古書・古物，絵画販売。 5. 書店のフランチャイズ形態による経営指導並びにその加盟店 6. 出版。 7. 不動産の賃貸及び管理。 8. 前各号に付帯または関連する一切の事業。 　　　　　　　　平成18年11月27日変更　平成18年12月7日登記
発行可能株式総数	56万株
発行済株式の総数並びに種類及び数	発行済株式の総数 　　　14万株
株券を発行する旨の定め	当会社は株式に係る株券を発行する。 　　　　　　　　平成18年11月25日変更　平成18年12月10日登記
資本金の額	金2000万円
株式の譲渡制限に関する規定	当会社の株式の譲渡による取得については，株主または取得者は取締役会の承認を受けなければならない。
役員に関する事項	取締役　　　　大　杉　秀　平　　平成14年11月27日重任 　　　　　　　　　　　　　　　　　平成14年12月7日登記 取締役　　　　大　杉　秀　平　　平成16年11月26日重任 　　　　　　　　　　　　　　　　　平成16年12月6日登記 取締役　　　　大　杉　秀　平　　平成18年11月26日重任 　　　　　　　　　　　　　　　　　平成18年12月7日登記 取締役　　　　野　村　秀　征　　平成14年11月27日重任

取締役	野 村 秀 征	平成14年12月7日登記
		平成16年11月26日重任
		平成16年12月6日登記
		平成17年9月30日辞任
		平成17年12月9日登記
取締役	丸 山 美 加	平成14年11月27日重任
		平成14年12月7日登記
取締役	丸 山 美 加	平成16年11月26日重任
		平成16年12月6日登記
取締役	丸 山 美 加	平成18年11月26日重任
		平成18年12月7日登記
取締役	松 井 謙 一	平成16年11月26日就任
		平成16年12月6日登記
取締役	松 井 謙 一	平成18年11月26日重任
		平成18年12月7日登記
東京都東村山市〇〇四丁目43番地の7 代表取締役　　　大 杉 秀 平		平成14年11月27日重任
		平成14年12月7日登記
東京都東村山市〇〇四丁目43番地の7 代表取締役　　　大 杉 秀 平		平成16年11月26日重任
		平成16年12月6日登記
東京都東村山市〇〇四丁目43番地の7 代表取締役　　　大 杉 秀 平		平成18年11月26日重任
		平成18年12月7日登記
埼玉県さいたま市〇〇東二丁目38番16号 代表取締役　　　丸 山 美 加		平成18年11月26日就任
		平成18年12月7日登記

監査役	鈴　木　太　郎	平成17年11月26日就任
		平成17年12月9日登記
		平成18年3月10日死亡
		平成18年4月14日登記
監査役	上　田　俊　英	平成17年11月26日就任
		平成17年12月9日登記
登記記録に関する事項	平成元年法務省令第15号附則第3項の規定により　　　　　　　　　　　　　　　平成11年5月××日移記	
取締役等の会社に対する責任の免除に関する規定	当会社は，会社法第426条第1項の規定により，任務を怠ったことによる取締役（取締役であった者を含む。）の損害賠償責任を，法令の限度において，取締役会の決議により免除することができる。 当会社は，会社法第426条第1項の規定により，任務を怠ったことによる監査役（監査役であった者を含む。）の損害賠償責任を，法令の限度において，取締役会の決議により免除することができる。 　　　　　　平成18年11月25日変更　平成18年12月10日登記	
取締役会設置会社に関する事項	取締役会設置会社 　　　　　　　　　　　　　　平成17年法律第87号 　　　　　　　　　　　　　　第136条の規定により 　　　　　　　　　　　　　　平成18年5月1日登記	
監査役設置会社に関する事項	監査役設置会社 　　　　　　　　　　　　　　平成17年法律第87号 　　　　　　　　　　　　　　第136条の規定により 　　　　　　　　　　　　　　平成18年5月1日登記	

Quiz　①上掲の登記によると，A株式会社は，(1)公開会社（2条5号），(2)大会社（2条6号）に該当するか否か。もし，上掲の登記からだけでは判断ができないという場合には，判断するためにほかにどのような情報が必要となるか。②A株式会社は監査役設置会社であるが，上掲の登記からは，監査役の監査の範囲を会計事項に限定する定款規定（389条1項）を置いているか否かは一見して明らかではない。もっとも，会社法426条による責任の一部免除についての定款規定を置いて

いることが明らかであるが，同条による一部免除は監査役設置会社（あるいは監査等委員会設置会社，指名委員会等設置会社）でなければ利用することができないため，その点を合わせて考えると，A株式会社は監査役の監査範囲の限定を行っていないことが判明する。この監査範囲の限定の有無は，平成26年会社法改正によりこの点が登記事項とされた。このことを明らかにする会社法の条文を示しなさい。

第3節　公　　告

　株式会社は法の要求に従い，貸借対照表などを定期的に公に開示し，また不定期に一定の情報を公に開示することがあり，これを公告という。後者の例として，基準日の設定（124条3項本文），公開会社が役員の責任追及等の訴えを提起したときや，株主が責任追及等の訴えを提起し会社に訴訟告知をしたとき（849条4項）などがある。また，株主や債権者への個別の通知・催告を公告で代用することが認められる場合がある（201条4項・449条3項等）。

　公告の方法には①官報への掲載，②時事に関する事項を掲載する日刊新聞紙への掲載，③電子公告，の3つがあり，いずれを用いるかを会社は定款に定めることができ，定款に定めのない場合には①がその会社の公告方法（2条33号）となる（939条1項・4項）。電子公告の定義は2条34号に置かれている。公告方法は，登記により公示される（911条3項28号・29号）。

　貸借対照表等の公告（いわゆる決算公告）には，官報によるもの，新聞によるもののほかに，電磁的方法によるものがある。電磁的方法による場合には，会社は法務省令に従いURLなどを登記して，自社ホームページなどに貸借対照表等を公告することができる（440条3項・911条3項27号）。この場合には，「電子公告」とは異なり，調査機関の調査を受けなくて良い。

　決算公告以外の場合の電子公告は，法務省の所定のホームページに各会社の行う公告のURLへのリンクが張られている（「法務省電子公告システム」http://e-koukoku.moj.go.jp/）。このページの検索欄の関連条文欄に「会社法」とのみ入力して検索を行えば，電子公告の実例を多く見ることができる。電子公告の公告期間については940条を参照。電子公告を行う会社は電子公告調査機関に調査を求めなければならない（941条）。法務大臣の登録を受けた電子公告調査機関の一覧は「登録された電子公告調査機関一覧」http://www.moj.go.jp/MINJI/minji81-05.html で見ることができる。

第2章　株式会社の運営

第1節　機関設計──会社規模・公開非公開の別による選択肢

　会社法上，どのような機関を設置するかについての自治の幅は広い。すべての株式会社に共通して設置を強制される機関は，株主総会と1人以上の取締役のみである。業務執行機関，監査・監督機関として何を置くかについては，会社の規模や公開・非公開に応じて，設置を強制したり，任意の設置を許したりしている。

Quiz 1

　以下の要領に従って表に「○」「×」あるいは「要」「可」「×」を書き入れなさい。なお，（＋会計参与）とは任意で会計参与を設置する場合を含む機関設計を指す。また，表中の「委員会」とは，「監査等委員会設置会社」と「指名委員会等設置会社」（三委員会設置会社）の両方を指している。

（解答方法）

① 「機関設計」の欄には，ヨコの業務執行機関（取締役会の有無）の選択肢とタテの監視機関の選択肢から，設置を許されている，あるいは強制されている組み合わせに○を，設置を許されていない，あるいは任意に選択することが認められない組み合わせに×を記入しなさい。

② また，その右側の「会計監査人」欄に，会計監査人設置が強制されている場合には「要」，許されている場合は「可」，設置することができない場合には「×」を書き入れなさい。

　（例）公開・大会社の場合
　　・業務執行機関：取締役会を設置しなければならないか？
　　　→（*解答例*）設置しなければならない（*327 I*）
　　・監視機関：
　　　・監視機関なしとすることはできるか？
　　　・会計参与のみの設置はできるか？
　　　・監査役のみ（監査役会ではない）を設置することはできるか？
　　　・監査役会を設置できるか？
　　　→（*解答例*）設置しなければならない

この場合会計監査人を設置できるか？またはしなければならないか？
→ *(解答例)* 設置しなければならない
・委員会を設置できるか？

(1) 公開・大会社

監視機関		取締役会あり		取締役会なし	
	なし			(327 I)	
	会計参与のみ				
	監査役のみ （＋会計参与）				
	監査役会 （＋会計参与）	(例)○	(例)要		
	委員会 （＋会計参与）				
		機関設計	会計監査人	機関設計	会計監査人

(2) 公開・非大会社

監視機関		取締役会あり		取締役会なし	
	なし				
	会計参与のみ				
	監査役のみ （＋会計参与）				
	監査役会 （＋会計参与）				
	委員会 （＋会計参与）				
		機関設計	会計監査人	機関設計	会計監査人

(3) 非公開・大会社

監視機関		取締役会あり		取締役会なし	
	なし				
	会計参与のみ				
	監査役のみ (＋会計参与)				
	監査役会 (＋会計参与)				
	委員会 (＋会計参与)				
		機関設計	会計監査人	機関設計	会計監査人

(4) 非公開・非大会社

監視機関		取締役会あり		取締役会なし	
	なし				
	会計参与のみ				
	監査役のみ (＋会計参与)				
	監査役会 (＋会計参与)				
	委員会 (＋会計参与)				
		機関設計	会計監査人	機関設計	会計監査人

Quiz 2

① A株式会社の定款には，会社が発行する株式として，譲渡制限のない種類a株式と，譲渡制限が定められた種類b株式の規定が置かれている。A株式会社は公開会社か。仮に，A株式会社が現時点では種類b株式のみを発行している場合はどうか。

② B株式会社の最終の事業年度末の時点での貸借対照表（単位は，百万円）は，下記のとおりである。B株式会社は大会社か。

流動資産	6,000	負債	25,000
		資本金	450
		資本剰余金	200
		資本準備金	150
		その他資本剰余金	50
固定資産	1,000	利益剰余金	△18,650
		利益準備金	50
		その他利益剰余金	△18,700
	7,000		7,000

第2節　株主総会

1. 概　観

Quiz 1　次の問題に答えなさい。

① 自己株式は議決権を持たない（308条2項）が，なぜそのような規定が定められているのか。

② A株式会社がB株式会社の発行済株式の16％を保有し，B社がA社の発行済株式の27％を保有しているとき，A社はB社の株主総会で議決権を行使できるか。また，B社はA社の株主総会で議決権を行使できるか（308条1項を参照）。

Quiz 2

次の場合に，利害関係人が株主総会決議の効力を争うことができるかどうかを，条文に則して（可能であれば条文のどの文言に該当するかを具体的に示して）解答しなさい。

(1) 会社は招集通知を一部の株主に対して発送することを，悪気はなかったが作業ミスで失念した。①招集通知が送付されなかった株主は，どのような法的主張をなしうるか。②招集通知漏れの程度が甚だしかった場合にはどうか。③逆に，程度が軽微であった場合，請求は認容されるか。④他の株主（自身には招集通知は発送されたという者）はこの問題について法的手段を取ることができるか（参考：最判昭和42・9・28）。

(2) 小規模で閉鎖的な会社で，株主がすべて東京都23区内に居住し，事業活動も東京都を中心に行っていたにもかかわらず，株主内の対立があるため，代表取締役社長は，一部の株主が総会に参加することを困難にするという目的を持って，株

主総会の開催地を小笠原諸島に定め，同地で総会が実施された（なお，解答を作成した後で，会社法施行規則63条 2 号を読むこと）。
　(3)　公開会社の株主総会に先立って，招集通知がすべての株主に会日の10日前に発送された。
　(4)　招集通知と同時に送付された株主総会参考書類に記載された第 1 号議案の説明に重大な誤りがあった。この誤りは，第 2 号議案には影響を及ぼさないものであった。
　(5)　第 2 号議案に関して株主Aのした質問に対して，取締役ははぐらかすことに徹してきちんとした説明を行わなかった。他方，この質問は第 1 号議案には関係のないものであった。
　(6)　定款上，取締役の人数が 3 人と定められた会社で， 3 人の取締役が全員，改選期を迎え，定時総会で再任者を含めて 4 人の取締役を選任した。
　(7)　分配可能額が100万円であるところ，合計で150万円の剰余金配当を行う決議が行われた。
　(8)　定款上，取締役の人数が 3 人と定められた会社で， 3 人の取締役（ABC）が全員，改選期を迎えるところ，株主Dは事前に（期限など，法律上の要件を満たして）「DEFを取締役に選任する」旨の議案を会社に提案したが，会社はこれを記載せず，「ABCを取締役に選任する」旨の会社提案の議案のみを記載した招集通知を株主に発送した。会社は，第 1 号議案としてABCを取締役に選任することを賛成多数で可決し，第 2 号議案として剰余金の配当を賛成多数で可決した。
　(9)　現職取締役を支持する株主と，現職取締役に敵対する株主とがほぼ二分される株主総会において，議長は発言を求めた多数の株主のうち，もっぱら現職支持派の株主にのみ発言を許可し，敵対的株主については発言の機会を与えることなく，議案を採決した。
　(10)　議長は採決の際に，きちんと各株主の賛否の議決権の数を数えずに，賛成多数により決議が成立したことを宣言したが，後で来場者の入場資格の確認を担当した従業員の作成した資料により確認すると，決議に参加した株主の議決権数は定足数を満たしていなかった。
　(11)　甲株式会社の発行済株式は100株であり，乙社はそのうちの60株を有する株主である。甲社の株主総会で「甲社の事業を500万円で乙社に譲渡する」ことが審議・採決され，賛成の議決権65個，反対の議決権20個で決議が成立した（467条 1 項 2 号・309条 2 項11号を参照）。なお，譲渡された事業の適正価格は1000万円であった。

Writing

① 甲株式会社で6月29日に株主総会が開催されたが，同社の株主Aに対して甲社は招集通知を送付することを失念した。Aは同年10月5日に会社の本店所在地の地方裁判所に総会決議の取消訴訟を提起した（835条1項）。訴えは認められるか。Aが提起したのが決議の不存在確認訴訟であった場合にはどうか。

② 乙株式会社の株主総会でBが取締役に選任され，その後の取締役会でBは代表取締役に選定された。Bは成年被後見人であり，またBの取締役選任決議は定足数を充たしていなかった。株主Cは当該株主総会決議の取消訴訟や無効確認訴訟を提起したいと考えている。これらの請求は認容されるか。これらの請求に代えて，CはBが代表取締役の地位にないことの確認を求める訴訟を提起することができるか（ヒント：33頁 **Case** の判決主文）。

2．代理人による議決権行使

会社法の規定は原則として強行法規である。会社法の規定と内容の異なる定款規定は，①会社法がそのような定めを明文で許容している場合には有効であるが，②定款規定が会社法の趣旨に反する場合には無効である。もっとも，③両者の中間に属する定款規定もある。この場合には，定款規定は会社法のルールを変更する効力を持つが，定款規定によって会社法の規定が完全に上書き消去されるわけではなく，定款規定の適用に当たって法規定の趣旨が考慮されることになる。定款規定が①から③のいずれに該当するかは，個別に判断される。

株主は自分で総会に出席し議決権を行使するほか，代理人にこれをさせることもできる（310条）。しかし，多くの会社では，代理人の資格を当該会社の株主に限る旨を定款に定めている。かかる定款規定は上記③に該当する。最高裁は次のように判示している。

「右代理人は株主にかぎる旨の所論Y会社の定款の規定は，株主総会が，株主以外の第三者によつて攪乱〔かくらん〕されることを防止し，会社の利益を保護する趣旨にでたものと認められ，合理的な理由による相当程度の制限ということができるから，右商法239条3項〔会310条1項〕に反することなく，有効であると解するのが相当である」（最判昭和43・11・1民集22-12-2402）。

これは，解散して清算中の同族会社において株主間に対立が生じたという状況の下で下された判断であった。

同じような定款規定について，最高裁は次のような判決も下している。

「Y株式会社の本件株主総会において，株主であるA県，B市，C株式会社がその職員又は従業員に議決権を代理行使させた（中略）。株式会社が定款をもつて株主総会における議決権行使の代理人の資格を当該会社の株主に限る旨定めた場合に

おいて，当該会社の株主である県，市，株式会社がその職員又は従業員を代理人として株主総会に出席させた上，議決権を行使させても，〔この〕ような事実関係の下においては，右定款の規定に反しないと解するのが相当である。けだし，右のような定款の規定は，株主総会が株主以外の第三者によつて攪乱されることを防止し，会社の利益を保護する趣旨に出たものであり，株主である県，市，株式会社がその職員又は従業員を代理人として株主総会に出席させた上，議決権を行使させても，特段の事情のない限り，株主総会が攪乱され会社の利益が害されるおそれはなく，かえつて，右のような職員又は従業員による議決権の代理行使を認めないとすれば，株主としての意見を株主総会の決議の上に十分に反映することができず，事実上議決権行使の機会を奪うに等しく，不当な結果をもたらすからである」（最判昭和51・12・24民集30-11-1076）。

Case 1　神戸地尼崎支部判平成12・3・28判タ1028-288

　　　主　文
一　X（原告）の請求を棄却する。
二　訴訟費用は，Xの負担とする。
　　　事実及び理由
第一　請求
　Y社（被告）は，X（原告）に対し，金100万円及びこれに対する訴状送達の日の翌日である平成11年7月10日から支払済みまで年5分の割合による金員を支払え。
第二　事案の概要
　Y社〔編注：野村證券株式会社〕と訴外株式会社A銀行〔編注：株式会社大和銀行（現・株式会社りそな銀行）〕（中略）の両会社の株式を保有するXが，弁護士を代理人としていわゆる集中開催日に開催されたY社の株式総会（ママ）へ出席しようとしたところ，Y社から，同社の定款上株主以外の者の代理出席は認められていないことを理由に，右出席を拒絶されたことに対し，集中開催日にあえて株主総会を開催することは株主権の侵害に当たる，右Y社定款が議決権行使の代理人資格を株主に限定していることは商法239条2項〔会310条1項〕で認められた株主の議決権代理行使の権利を不当に制限するものであって無効である，仮に無効でないとしても，弁護士など株主総会を混乱させるおそれがない者についてまでその出席を拒否することは，右商法の規定に違背し違法であると主張し，Y社の右株主総会における株主権行使の機会が奪われたことによる精神的損害の賠償を求めるものである。
一　前提とすべき事実（中略）
　1　当事者
　　Y社は，資本金1800億円余の証券会社であり，Xは，Y社の株式2138株を保有

するほか，A銀行の株式7000株を保有する株主である。
　2　Y社による株主総会の開催等
　　Y社は，平成11年6月29日午前10時に第95回定時株主総会（以下「本件総会」という。）を開催した。また，右と同一日時に，A銀行も株主総会を開催した。
　　Y社が，本件総会を開催した右日時は，証券市場に上場し，3月末日を決算期とする株式会社（中略）の多数が集中的に株主総会を開催する日時に当たり，平成10年度においては，上場会社1968社のうちの1797社（91.4パーセント）が右日時に株主総会を開催した。
　3　Xによる本件総会への代理人による出席の申出とY社の拒絶
　（一）　Y社及びA銀行は前記のとおり，いずれも6月29日に株主総会を開催することになっていたために，右両会社の株主であったXは，A銀行の株主総会に出席することとし，本件総会に先立つ6月22日，本件総会への出席を弁護士に委任し，同日付でその旨をY社に申し出た（中略）。
　（二）　Y社は，その定款13条において「株主は，当会社の議決権を有するほかの株主を代理人として，議決権を行使することができる。」旨の規定を根拠にして，Y社においては，株主以外の者の株主総会への代理出席は認められていないとして，Xの右申出を拒絶した。
　二　争点及び当事者の主張（中略）
　2　株主総会における議決権行使の代理人資格を株主に限定しているY社の定款は無効かどうか。（中略）
　3　Y社が，Xの議決権代理行使をY社定款13条の規定を根拠に拒絶したことは違法かどうか。（中略）
　4　Xは，本件総会において代理人により議決権を行使できなかったことにより，いかなる損害を被ったか。（中略）
第三　争点に対する判断（中略）
　二　争点2について（中略）
　（二）　Xは，仮に，定款上議決権行使の代理人資格を株主に限定することが許されるとしても，無限定にこれを制限することは商法に違背し無効であり，少なくとも弁護士，公認会計士，税理士等の専門家，又は株主の6親等内の親族，同居の親族については，株主でなくともその代理人資格を肯定すべきであると主張する。
　　しかし，（中略）株主総会における議決権行使の代理人を当該会社の株主に限定する旨の定款の規定が商法239条2項〔会310条1項〕に違反せず，有効であると解せられるのは，株主総会が株主以外の第三者によって個人的利益追及の道具として利用されたり，撹乱されることを防止することによって会社の利益を保護する必要性があるということに合理性が認められるからである。

したがって，定款で代理人資格を株主に限定しているからといって，株主以外の代理人であればすべて議決権の代理行使が認められないと解すべき必然性はなく，代理人として選任された者が株主総会に出席し，議決権を行使しても株主総会が撹乱されるなど，会社の利益が害されるおそれがないと認められる場合には，商法239条2項の本則に立ち戻り，その者による議決権の代理行使が認められることになる。右定款の解釈によれば，議決権行使の代理人資格を株主に限定しているY社定款13条の規定は，無限定にこれを制限しているものではないから，定款で右代理人資格をXが主張する弁護士等の専門家や株主の6親等内の親族等に認めなくとも，これらの者が議決権を代理行使する途が閉ざされたことにはならない。
3　以上によれば，議決権行使の代理人資格を株主に限定する旨のY社定款13条の規定は商法に違反するものではないから，無効であるとはいえない。
三　争点3について
1　被告定款13条の規定は，株主総会が株主以外の第三者によって個人的利益追及の場になったり，撹乱されたりすることを防止し，会社の利益を保護するという合理的な理由のある場合に，株主以外の第三者の代理人資格を制限できるものであること，原告は，本件総会への出席を株主以外の弁護士に委任し，被告にその旨を申し出たが，被告が右定款の規定を根拠に右申出を拒絶したことはそれぞれ前示のとおりであるところ，原告は，右拒絶は，右定款の規定の解釈運用を誤ったもので違法であると主張する。
2　本件総会へ出席を委任された者が弁護士であることからすれば，受任者である弁護士が本人たる株主の意図に反する行動をとることは通常考えられないから，株主総会を混乱させるおそれがあるとは一般的には認め難いといえる。したがって，右申出を拒絶することは，本件総会がこの者の出席によって撹乱されるおそれがあるなどの特段の事由のない限り，合理的な理由による相当程度の制限ということはできず，Y社定款13条の規定の解釈運用を誤ったものというべきである。そこで，右特段の事由の有無について検討する。
　Y社は，右特段の事由として，代理人として選任された者の個性によって取扱いを変えるということでは，総会を開催するに際しての事務処理が極めて煩雑となり，総会の開催が混乱するおそれがあり，そのような実務上の混乱を生じるような取扱いをすることは相当ではないことを挙げる。
　しかしながら，本件においては，前示のとおり，Xは，Y社に対し，本件総会に先立ち，自己の選任した代理人の氏名及び職業を委任状と共にY社に告知していたのであるから，Y社としては，本件総会当日に，代理人たる弁護士に対して，代理人自身の身分・職務を証明する書類の提示を求めて，右代理権の有無，代理人の同一性を確認し，その上で会場への入場を認めるという取扱いをすれば足りたのであ

って，右手続の履践が本件総会を開催するに際しての事務処理を著しく煩雑にし，総会の開催を混乱させることになったと認めるに足りる証拠はない。

　そうすれば，Y社には，本件総会の開催にあたり，Xの代理人による議決権の行使を拒絶するに足りる特段の事由があったとはいえない。

　3　以上によれば，Y社が，Xによる弁護士を代理人とする議決権の代理行使の申出を拒絶したことは，Y社定款13条の規定の解釈運用を誤ったものであるから，商法239条2項に違反するものというべきである。

四　争点4について

　1　原告は，代理人による本件総会への出席を拒絶されたことにより，株主総会に出席して質問した上，議決に加わるという株主としての重要な権利を行使し得なかったことにより，精神的損害を被ったと主張する。

　2　株主は株主総会に出席し，議事につき質問をし，諸々の動議を提出し，議決に加わる権利を有するところ，(中略) 右権利は，(中略) 株主たる人その人の個性と人格的に結びついた権利ではなく，最終的には株主の利益配当請求権に代表される自益権を補助し確保することをその機能とする財産権であると解するのが相当であるから，右権利が人格的権利であることを主張するためには，右権利によって確保されるべき利益が株主の財産的利益ではなく，株主の人格的利益であることを証明する必要があるというべきである。

　(中略) Xが代理人によって本件総会へ出席することによる利益がXの人格的利益であることを認めるに足りる証拠はない。

　そうすれば，Xは，右代理出席の拒絶により財産的損害を被ったとはいえても，精神的損害を被ったとはいえない。

　3　以上によれば，Xの本件損害賠償請求は，その余の点につき判断するまでもなく理由がないことになるが，仮に右権利が人格的権利であるとしても，次に述べるように右請求は理由がない。(中略)

　4　そうすれば，いずれにしても，Xの本件損害賠償請求は認められない。(以下略)

Memo

　本判決は，代理人の出席・議決権行使を認めなかったことは法律違反であるが，株主が蒙った損害は人格的利益にかかるものではないためY社に賠償責任はない，としている。これは，被告を全面勝訴とすることで被告側からの控訴の道をふさぎ（控訴の利益がない），上級審で本判決の法律論が覆されないようにしたとも推測される。本件訴訟において原告株主が求めたものは，賠償金よりも，弁護士を代理人と認めなかったことを違法と宣言する判決文（法律論）であったと推測され，そう

であるならば，本判決は実質的には原告勝訴であるとも言える。仮に以上の推測が正しいのであれば，判決文を起草した地裁判事は，本判決の法律論は上級審では覆される可能性が高いと考えていたのかもしれない。

いずれにしても，本判決の法律論が特殊なものであることは注意する必要がある。非上場会社Yの株主総会において，弁護士Aが会場入口において，Yの従業員に対して弁護士たる身分を明らかにした上で，Xらの議決権行使の代理権を証する書面を提出して入場しようとしたが，Yの従業員が同様の定款規定を理由にAの入場を拒んだ（なお，XらはYにAを代理人としたことを事前に通知していなかった）という事案において，総会決議の取消請求を棄却した裁判例がある（東京地判昭和57・1・26判時1052-123）。

Exercise

① この判決は，問題となった定款規定を無効であると判断しているか。この判決は，株主の代理人資格を判断するにあたって，問題となった定款規定を文字どおりに解釈して結論を導いているか。この判決は，先の最高裁の昭和43年判決，昭和51年判決と調和するか，それとも矛盾するか。

② 弁護士である代理人の入場を拒めないとした本判決の法律論は妥当か。妥当であるとする根拠と，妥当でないとする根拠を，それぞれ少なくとも1つ以上挙げよ。

③ 本件では，XがY社に対して事前に弁護士である代理人による議決権行使を行いたい旨申し出ていた。仮に当該申出がなかった場合，裁判所の判断は変わっただろうか。

Writing

次の事実1〜5を読んで，〔設問〕に解答しなさい。

1 X株式会社（以下「X社」という）は，株主数5000人の上場企業である（単元株制度は採用していない）。Z株式会社（以下「Z社」という）は，X社の発行済株式の5％を長年保有している。

2 X社は，D株式会社（以下「D社」という）との間で合併契約を平成P年10月15日に締結し，X社取締役会は，当該合併契約の承認を目的とする臨時株主総会を同年12月1日に開催することを決定した。同社取締役は，その招集通知を発するとともに，株主総会参考書類及び次の議決権行使書面を株主に交付した。当該議決権行使書面には，議案についての賛否欄が設けられ，「議案につき賛否の表示をされない場合は，賛成の表示があったものとして取り扱います。」との文言が，四角の枠に囲まれて記載されていた。

3　Z社は，合併条件がX社の株主にとって不利益であるとして，X社の株主に対し，合併契約の承認に反対する内容の委任状勧誘を行った。このZ社による委任状勧誘は，委任状用紙に基づき，金融商品取引法に従って行われた。当該委任用紙には，「私は，Z社を代理人と定め，同社に，平成P年12月1日開催予定のX株式会社臨時株主総会並びにその延会及び継続総会に出席し，下記議案につき，私の指示（○印で表示）に従って議決権を行使することを委任します。ただし，賛否を明示しない場合，代理人名を記載しない場合及び原案に対し修正案が提出された場合は，いずれも白紙委任します。」と記載され，さらに原案についての賛否欄が設けられていた。

4　X社に議決権行使書面を提出して行使された議決権の数は，合計3万6000個であった。そのうち，合併契約の承認議案に賛成と記載されていた数は5000個で，同議案に反対と記載されていた数は2000個，さらに，同議案に対する賛否の記載がされていない数は2万9000個であった。

5　これに対し，Z社に委任状を交付した株主の議決権の数は，合計1万2050個であった。そのうち，会社提案の合併契約の承認議案に反対と記載されている委任状の議決権の数は2000個で，同議案に賛成と記載されている委任状の議決権の数は50個，さらに，同議案に対する賛否の記載がされていない委任状の議決権の数は1万個であった。平成P年12月1日，X社の臨時株主総会が開催された。Z社は，X社の臨時株主総会の議場に委任状を持参し，自ら保有する株式の分と合わせて，特に留保なしに，合併契約の承認議案につき，議決権を行使して反対の意思表示を行った。

〔設問〕事実4の議決権行使書面について，賛否それぞれどれだけの数の議決権の行使があったと考えるべきか。また，事実5の委任状用紙について，賛否それぞれどれだけの数の議決権の行使があったと考えるべきか。次の①及び②の場合に分けて解答しなさい（なお，解答を作成した後で，会社法施行規則66条1項2号，同63条3号ニを読むこと。解答作成前には読まないこと）。

①　X社株主には，X社に議決権行使書面を提出しつつ，Z社に委任状を交付した者はいなかった場合

②　X社株主には，X社に議決権行使書面を提出するとともに，Z社に委任状も交付したFがおり，同人の有する議決権は100個であるが，同人の提出した議決権行使書面には合併契約の承認議案に対する賛否の欄に賛成と記載され，同人の交付した委任状には賛否の欄に反対と記載されていた場合

3. 議事運営

振替株式と株主の権利行使について，本書の152頁以下を参照。

Quiz　「議題」と「議案」の違いを具体的に説明しなさい（298条1項2号参照）（なお，上場会社の株主総会実務では，招集通知に「第1号議案　取締役5名選任の件」などと記載されることが一般的であるが，これは慣例であるが，正確な用語法ではないことに注意）。

　株主総会の議事運営について，福岡地判平成3・5・14判時1392-126は次のような法律論を述べている。これらは，一般的な解釈論である。
　(1)　事前質問状により説明義務（314条）は発生するか：取締役等の説明義務は，株主総会会議場において株主から説明を求められて初めて生ずるので，事前質問状から直ちに説明義務が発生するわけではない（なお，関連して会社法施行規則71条1項を参照）。
　(2)　説明義務違反があった場合に，複数の株主総会決議のうちどの部分が取消されるのか：取締役等の説明義務違反を理由とする株主総会決議取消訴訟では，説明義務違反があったとされる質問事項に関連する決議事項のみが取消の対象となる。
　(3)　事前に株主から寄せられた質問状について，会社側で整理してまとめて回答する方式（いわゆる一括回答方式）の適法性：株主総会の円滑な運営のために，あらかじめ質問状の提出のあった事項について改めて総会会場における質問を待つことなく説明をすることは適法である。一括答弁による説明の内容が不十分であったり漏れがあった場合には，それを補充する説明を求める質問の機会が与えられなければならず，取締役はその質問に対してされた説明を先の一括回答と併せて客観的に合理的な詳しさにおいて行えば足りる。
　(4)　取締役等の説明義務について，どの程度の説明を行うことが必要か。質問を提出した株主が納得するまで説明を続けることが必要か：取締役等の説明義務は，合理的な平均的株主が，株主総会の目的事項を理解し決議事項について賛否を決して議決権を行使するに当たり，合理的判断をするのに客観的に必要な範囲において認められる。
　(5)　質問を求める各株主の質問時間や質問数を制限することはどのような場合に可能か。質疑打ち切りはどのような条件を充たせば許されるか：議長は，議事整理権（315条）に基づき，他の株主に質問の機会を与えることができるよう，また，合理的な時間内に会議を終結できるよう，各株主の質問時間や質問数を制限することができる。相当な時間をかけて既に総会の目的事項の合理的な理解のために必要な質疑応答がされたと判断したときには，議長は次の事項に移行すべく質疑を打ち切ることができる。
　(6)　株主総会の議長の権限はどのようなもので，それはどのように行使されなければならないのか：議長は，総会の目的事項につき公正かつ円滑な審議が行われる

ように，株主総会のいかなる段階で株主の発言を許し，また発言を禁止するかを決定する権限を有しており，その権限は法令・定款および会議体の本則に従い，かつ善管注意義務の範囲内で行使されなければならない。

(7) 採決〔表決〕は個別の株主の賛否が明らかにされる方法でなされなければならないのか：株主総会決議の表決は，出席株主の明認しうる方法によりなされなければならないが，必ずしも挙手，起立投票などの採決方法を取ることは必要ではない。

【参考判例】 大阪地判平成16・2・4金判1191-38（井上金属工業事件）

本件は，Y株式会社の定時株主総会における決議方法が法令に違反し，又は著しく不公正であったとして，Yの取締役であると同時に株主でもあるXが，決議取消しを求めた事案である。

本件の株主総会において，各議案は投票によって採決されたが，Yの取締役等で同時にYの株式を保有している者のうち，投票を行ったのはXのみで，その余の取締役，監査役及び事務局員ら計7名（他の普通株主から委任状を取得して，その行使が受任されていた議決権を含む，議決権数は併せて1497個）は投票を行わなかった。なお，出席した株主は411名，その総議決権数は7734個であった。

各議案について投票を行った者の投票結果は，次のとおりであった。

第1号議案　賛成3607個　反対2623個　棄権7個
第2号議案　賛成3602個　反対2626個　棄権7個　意思不明2個
第4号議案
A, T, K, M及びRの各選任
賛成3546個　反対2632個　棄権57個　意思不明2個
Wの選任
賛成3526個　反対2652個　棄権57個　意思不明2個

ところがこの投票結果に対し，株主総会議長Aは，次のように宣言した。

第1号議案　賛成　5104個　反対　2623個　（可決）
第2号議案　賛成　5104個　反対　2623個　（可決）
第4号議案　賛成　5054個　反対　2623個　（可決）

Xらは，各議案の投票結果からすると，いずれも過半数の賛成を得ておらず否決されているにもかかわらず，実際に投票を行わなかった者の議決権を議長が賛成に算入したために可決宣言がなされており，決議方法が法令および定款に違反する旨，主張した。これに対し，Y側は，実際に投票を行わなかった取締役らは全員，株主総会以前に開催された取締役会において，本件各議案について承認するとの決議に賛成しており，株主総会の場において，議案の賛否について投票用紙への記入を省

略していたとしても，議場の株主及び議長から見て，賛成の意向が明確でありさえすれば，賛成したものとして取り扱うことは違法ではないし不公正でもないとした上で，本件株主総会において，Aが各議案の賛否の集計結果を発表した際に，報告済みの取締役（包括委任状の受任者を含む。），監査役及び事務局員である株主の議決権数を賛否に組み入れて発表していたことは，各株主にとっては一目瞭然のことであり，この点について一切異議の申立てがされなかったことから，本件各決議が有効に成立したものとみるべきである旨主張した。

　大阪地裁は，Yの平成15年6月27日開催にかかる定時総会につき，その第1号議案，第2号議案，および第4号議案を可決する議決を取り消す旨の判断を行った上，次のように判示した。

　「本件においては，Yの取締役のうちXを除く者は，全員，平成15年5月19日開催の取締役会において，本件各議案について承認するとの決議に賛成しており，本件各議案に賛成する意思であったものと推認される。しかしながら，本件株主総会における討議の過程を通じて，本件議案について，審議から開票に至るまでの間に，上記各株主の上記意思は何ら表明されていない。

　そして，議長が投票という表決方法を選択した以上，投票によって意思を表明しない者の議決権を，その者の内心を推測して当該議案に賛成する旨投票したものとして扱うことは許されないと解するのが相当である。なお，Yの取締役のうちXは投票を行っていること前記認定のとおりである。

　したがって，本件各議案について，上記株主が行使したとされる議決権合計1497個を，提案に賛成したものとして算入することは許されない。

　そうすると，出席株主の議決権数が7734個であるのに対し，提案に賛成した議決権の数は，第1号議案について3607個，第2号議案について3602個，第4号議案のうちA，T，K，M及びRの各選任議案について3546個，Wの選任について3526個であり，いずれの議案についても過半数に達していないから，本件各議案はいずれも否決されたものである……。

　よって，Aは，本件各議案がいずれも否決されたにもかかわらず，上記各議案がいずれも可決承認された旨宣言したものであるから，本件各決議はいずれもその方法が法令に違反したものといわざるを得ない。

　なお，投票を行わなかった株主が行使し得た議決権の数を出席株主の議決権数に算入しないとすると，本件各決議はいずれも可決承認されたことになるが，当該株主が実際に株主総会に出席し，投票の機会を与えられたこと，投票の機会を与えられたにもかかわらず，議決権を積極的に行使せず，棄権の意思すら表明しなかった以上，当該議案に賛成する旨投票したものとして扱われない結果として当該議案に反対する旨投票したものと同じ効果が生じたとしても，当該株主に予見し得ない不

利益を与えるものではないこと等にかんがみると，投票を行わなかった株主が行使し得た議決権の数は，出席株主の議決権数に算入するのが相当である。(以下略)」

Writing

次の事実1～6を読んで，〔設問〕に解答しなさい。

1　Y株式会社は，平成18年4月27日に設立され，コンピューターネットワークを利用した各種情報提供サービス業務等を目的とする取締役会設置会社である。その発行済株式総数は8000株であるが，そのすべてが譲渡制限株式であった。

2　Y社の株式は，A・B・C・Xの4名が2000株ずつ保有しており，創業以来A・B・Xの3名が取締役，そのうちXが代表取締役に就任していた。A・B・Xは，大手システム会社から一緒に独立したY社の創業者で，いずれもシステム・エンジニアとしてY社の業務に従事していた。

3　Y社は，平成20年11月20日に開催された取締役会で，開催日時を同年12月5日午前10時，開催場所をY社の本社会議室，会議の目的事項・決議事項を次のとおりとする臨時株主総会を招集することを決定し，同日，A・B・C・Xの4名に対して，その旨を記載した招集通知を発送した。

　　　第1号議案　定款一部変更の件
　　　第2号議案　募集株式発行の件
　　　第3号議案　自己株式取得の件

4　平成20年12月5日午前10時，株主であるA・B・C・Xと監査役であるDが出席して臨時株主総会（以下，本件総会という）が開催された。
　　Xは，まず，本件総会の議長として本件株主総会の開会を宣言し，予定通り会議の目的事項に関する説明を行った。ところが，当該説明が終わったところで，突然AがXに対する議長不信任の動議及び議長をAに交代するよう求める旨の動議を提出するとともに，Xを取締役から解任し，新たにCを取締役に選任するとの議案を提出した。Xはこれに強く反発したが，最後は議長の交代に関する動議を議場に諮り，A・B・Cの3名がこれに賛成したことから，Xは議長を辞した。その後，Aが議長として議事を進めることとなり，取締役の解任・選任について決議を行うことについてXはなおも反対の意思を表明していたものの，同日午前11時17分に，A・B・Cの3名が賛成して，Xの取締役解任とCの取締役就任が承認された（以下，本件決議という）。

5　Y社の定款（以下，本件定款という）には，株主総会の議長について以下のような規定があったが，取締役会で，取締役社長に事故があった場合の議長の順序

については決議されていなかった。

　ア　株主総会は，法令に別段の定めがある場合を除き，取締役会の決議により，取締役社長がこれを招集し，その議長となる（本件定款15条1項）。
　イ　取締役社長に事故があるときは，あらかじめ取締役会で定めた順序により，他の取締役がこれを招集し，その議長となる（同条2項）。

6　Y社は，平成20年12月5日午前11時31分，A・B・Cが集まって取締役会（以下，甲取締役会という）を開催し，甲取締役会においてAを代表取締役に選定する旨の決議（以下，甲取締役会決議という）を行った。これを受けてY社は，同日，Xを取締役から解任し，Cが取締役に就任した旨の登記及びXが代表取締役から退任し，Aが代表取締役に就任した旨の登記を行った。

〔設問〕　Xが，依然として自分が代表取締役の地位にあることと，Aが代表取締役の地位にないことの確認を求めて訴えを提起した場合，その主張は認められるか。

第3節　業務執行機関

1. 概　　説

Quiz 1
　取締役の任期は何年か。公開会社かそうでないかによって違いがあるか。

Quiz 2
　取締役・監査役を解任するには，株主総会決議による場合（___条）と株主の訴えによる場合（___条）とがある。株主の訴えによる場合の手続の概略を説明しなさい。また，株主総会決議による解任については，定款により決議要件の軽減・加重が可能であるが（341条），定足数・多数決比率のそれぞれについて，定款によりどこまでの軽減・加重が可能であるのかを説明しなさい。

Quiz 3
　定款で取締役の員数を3名としている株式会社において，株主総会が6年間にわたって開催されず，ABCの3人が最初の選任時から一貫して取締役として行動してきた。選任から2年経過して任期が満了した後のAらの取締役としての行為は無効となるか。

Quiz 4
　非取締役会設置会社では，競業取引や利益相反取引の承認はどこが行うか。

Quiz 5

非取締役会設置会社では，株主総会の招集手続等の簡素化が認められている。次の手続は非取締役会設置会社ではどのようになっているか。
(1) 株主総会の招集通知の発送時期（299条1項）
(2) 招集通知の媒体（299条2項）
(3) 招集通知の記載事項（299条4項）
(4) 定時総会の招集通知の際の提供書類（437条）
(5) 議決権の不統一行使をする際の手続（313条2項）
(6) 株主提案権を行使する際の資格要件（303条1項・305条1項）

Writing

X株式会社の代表取締役Aは自分に代表権があるのを利用して，X社所有の建物をYに売却し，その売却代金をA個人の住宅ローンの返済に充ててしまった。後になってAの行為に気付いた他の取締役らによって，X社はYに対し，当該建物売買契約の無効，登記抹消を請求した。X社の主張は認められるか。なお，最判昭和38・9・5民集17-8-909参照。

2. 取締役会（委員会設置会社を除く）

Quiz 1

甲株式会社には取締役が5人（ABCDE）いる。甲社の重要財産をAに譲渡するという取締役会決議を行うとき，①決議に参加できるのは誰か，②決議が成立するために必要な定足数は何人か，③仮にBCDEの4人が決議に参加した時に，決議が成立するためにはこのうちの何人が賛成することが必要か。④仮に5人全員が出席し，全員が決議に賛成したとき，この決議は有効か。

Quiz 2

Pは乙株式会社の代表取締役であったが，取締役会においてPを代表取締役から解職する議案（362条2項3号）が付議され，出席した4名の取締役（PQRS）のうちRSがこれに賛成し，PQはこれに反対した。Pを解職する取締役会決議は有効か（最判昭和44・3・28民集23-3-645参照）。

【参考判例】東京高判平成11・1・27金判1062-12（ツムラ事件）

本件は，平成6年2月22日にY株式会社の保証予約を条件に訴外A株式会社に対して資金の貸付けをしたX銀行が，Y社に対し，主位的に，予約完結権の行使により締結されたとする連帯保証契約に基づく保証債務の履行として，右貸付元利金

等の支払いを，予備的に，Y社の代表取締役らの不法行為に基づく損害の賠償として，右貸付元利金等と同額の金員の支払いを求めた事案である（なお，日本の金融機関において与信審査が形骸化していた時期の事案である点に注意が必要である）。

　本件保証予約の締結については，Y社は取締役会決議を経ていない。しかし，代表取締役が，会社法362条4項2号所定の取締役会の決議を経てすることを要する対外的な取引行為を，右決議を経ないでした場合であっても，右取引行為は，内部的意思決定を欠くに止まるものであるから，相手方が右決議を経ていないことを知り又は知り得るときでない限り，有効であると解すべきである（最判昭和40・9・22民集19-6-1656）（この一般論については，原審・本判決は共通している）。

　原審判決（東京地判平成10・6・29判時1669-143）は，X銀行の担当者UはY社が取締役会決議を経ていないことについて悪意ではなかったが，Uが要求したにもかかわらずYの担当役員が取締役会議事録をX銀行に提出せず，それにもかかわらずUはA社の担当者について事実を照会するにとどまり，Y社の担当部署に対して取締役会決議の有無を尋ねたり，Y社の取締役会議事録に代わる確認書の提出を求めるなどの方法により，Y社の取締役会決議の有無を確認しなかったことにつきX銀行には過失があるとして，主位的請求を棄却した（なお，本件では，A社・Y社の担当者がX銀行に対して行った貸付金の使途の説明が途中で変化していることや，Y社はA社の発行済株式のわずか1.66パーセントしか有しておらず，そのことはY社の有価証券報告書の検討により容易に明らかとなる事柄であったこと等の事情があった）。

　もっとも，予備的請求について，原審判決は次のように判示した。株式会社の代表取締役がした行為が，その行為の外形からみて，その職務行為に属するものと認められる場合，又は，被用者の行為が，その行為の外形からみて，株式会社の事業の範囲内に属するものと認められる場合，会社法350条，民法715条1項に基づき，株式会社は，右行為により相手方が被った損害を賠償すべき責任を負うのが原則であるが，その場合においても，その行為が代表取締役又は被用者の職務権限内において適法に行われたものでなく，かつ，その行為の相手方が重大な過失により右の事情を知らないで，当該取引をしたと認められるときは，その行為に基づく損害について，その取引の相手方である被害者は，株式会社に対し，その賠償を請求することができない（最判昭和42・11・2民集21-9-1012）。本件において，X銀行には重大な過失があるとまでいうことはできないが，過失が認められるとして，原審判決は，3割の過失相殺を適用し，予備的請求を7億円の限度で認容した。

　これに対して，本判決は，X銀行には過失はなかったとして主位的請求を認容した。「契約の締結自体に関して言えば，必要な諸手続はすべて採られ，しかも，その手続は極めて円滑に進んでおり，右諸手続に疑問を抱かせるに足りる事情は全く認められない状況であった。……X銀行のUは，〔Y社の〕F専務からY社の右保

証意思を確認したのち，直接Y社には尋ねることはしなかったものの，本件融資の債務者であり本件保証予約の締結に関するいわば窓口役ともいうべきA社のI〔専務取締役〕に対し，Y社〔の〕取締役会決議の議事録の提出を求めているのであって，同人から，訴外B信託銀行との保証予約の締結に当たっても提出していないことを理由に断られ，上場企業等の大企業についてはX銀行としても取締役会議事録の提出を免除する場合もあることなどから，それ以上の要求は差し控えたのである。上場企業であるY社の財務担当の専務取締役から直接本件保証意思の確認を得た上，契約締結自体に必要な手続はすべて履践され，しかも右手続に疑問を抱かせるに足りる事情がない以上，これらの経緯を踏まえたX銀行が，Y社では取締役会決議を含む必要な一切の手続が履践されていると信じた……としても，軽率であったとの譏〔そし〕りをたやすく受けるべきものとはいえない。右の諸手続が履践されているにもかかわらず，更にX銀行に，直接Y社に対して取締役決議の有無を確認し，あるいはその議事録の提出を求めるなどの行為を要求することは，実際上些〔いささ〕か酷な要求であるといわざるを得ない（「わざわざ確認するのは失礼」と考えることもあり得るし，そのように考えたとしても，上場企業の専務取締役に対する態度としては極く自然なものであるともいえる。……）」。

「本件保証予約は，当時のY社の代表取締役Zと財務を統括していた専務取締役Fの，いわば会社の経営の実権を握るナンバーワンとナンバーツーともいうべき二人が共謀し，取締役会決議のないことを承知の上，本件保証予約の締結に必要な手続を採りあるいは書類を作成し，これをX銀行に交付するなどした結果，行われたものである。」「先にみたY社の経営の実態に徴すると，仮に確認書が徴求されたとしても，それは，正規の手続を経てのものではなく，F専務の一存・独断のもとに（若しくは代表取締役たるZとの共謀により）容易に作成され得る公算が大きいのであって，これを求める実質的意味は乏しく，確認書の徴求をしなかったことが前記判断を左右するものではない。……したがって，Y社の取締役会決議の不存在につきX銀行に悪意・過失があったとは認められないから，右両者間で締結された本件保証予約は有効である……」。

Writing

1　甲株式会社は，工作機械の部品の製造及び販売を業とする株式会社である。甲社は，注文が殺到したために急成長し，平成X年には，東京証券取引所（マザーズ）への上場を果たした。同社の株式は，乙社が30％を，A及びBが各10％を，Aの友人で税理士資格を有するDが5％を保有していた。

2　甲社の取締役には，A，B及びDが就任していた。同社の技術力はA個人の能力に負うところが大きかったことから，Aが代表取締役に選定され，Bはその広

い人脈を駆使して営業活動の指導に当たり，Dは，甲社の経理及び財務を担当していた。

3 平成X+3年になり，甲社は，莫大な利益を上げ，その利益の運用が重要な課題となった。しかし，このころから，社内におけるAの発言力が増大し，DとAとの間で，軋轢が生じるようになっていった。Aは，これまで資金の運用を一手に引き受けていたDを無視して，金融ブローカーであるEに甲社の資金50億円の運用を一任することを計画した。Dは，取締役会において，Eへの資金の運用の一任に強く反対したが，A及びBが賛成したため，この計画は，実行に移されることとなった。

4 Eは，平成X+3年10月，Aに対し，投資リスクを分散するため，差し当たり甲社の資金50億円をリスクの小さな金融商品に投資し，他方で，なるべく多くの資金を銀行から借り入れ，その借入資金を金融先物取引などのハイリスク・ハイリターン型の投資に振り向けたいと伝えた。その際，Aは，Eから，この投資に協力してくれる銀行が必要である旨を言われたため，Dに相談することなく，丙銀行と付き合いがある旨を伝えた。

5 これを受け，Eは，早速，丙銀行の融資担当者であるFと接触し，甲社が海外に新しく工場を建設することになったとの架空の話をねつ造して，甲社が融資を受けたい旨の申入れを行った。その際，Eは，この架空の話の信ぴょう性を高めるため，事前にAの同意を得た上で，知人に依頼して工場の簡単な設計図を作ってもらうとともに，虚偽の資金計画書を自ら作成して，これらをFに手渡した。Fは，海外における工場建設の話であったため，直ちに現地に赴くことも困難であり，また，これまで取引のなかった乙社との間に密接な関係を築きたいとの思惑もあったことから，これらの書類を鵜呑みにした上で，積極的に動き始めた。

6 平成X+3年12月になり，Aは，Eから，丙銀行から30億円の融資を受けることができることになったので甲社の取締役会において承認を受けてほしい旨を言われた。しかし，このことがDに知れると甲社に内紛が起こりかねないことから，Aは，Eに対し，適当に対処してほしい旨を伝えた。そこで，Eは，Fに対し，甲社が取締役会の議事録を用意することはできない旨を伝えたところ，Fは，甲社の役員に対して自ら確認することはしないで，Eに対し，取締役会の議事録に代わるものを提出するように求めた。Eは，このFの求めに応じ，甲社の取締役会で前記の融資について承認があった旨の確認書を作成した上，Aに署名捺印させ，これをFに手渡した。しかし，Fは，この確認書だけでは丙銀行内部の決裁が得られないと考え，「甲社の役員全員に面談し，取締役会の承認を受けていることを確認した上で，代表取締役であるAから確認書を取得した。」旨を記載した稟議書を作成し，これにより，上記の融資案件をまとめるに至った。

7　平成X+4年1月，Aが甲社を代表して丙銀行との間で30億円の融資契約（金銭消費貸借契約）を締結し，丙銀行の甲社の口座に30億円が入金された。その後，融資契約に定められた履行期が到来したが，甲社は丙銀行に借入金の返済を行っていない。

〔設問〕丙銀行は，甲社に対してどのような法的手段をとることができるか。

Case 1　最判平成2・4・17民集44-3-526

　　　主　文
一　原判決中XがY社の代表取締役の地位にあることの確認及びA（訴外）がY社の代表取締役の地位にないことの確認を求める請求に係る部分を破棄し，右部分につき本件を名古屋高等裁判所に差し戻す。
二　原判決中XがY社の取締役の地位にあることの確認を求める請求に係る部分に関する本件上告を棄却する。
三　その余の本件上告を却下する。
四　前2項に関する上告費用はY社の負担とする。
　　　理　由
一　上告代理人（中略）の上告理由第1点及び第2点について
　1　原審が確定した事実関係は，次のとおりである。
　（一）　Y社（被告・上告人）の発行済株式総数は4000株であり，これをX（原告・被上告人）とA（訴外）が各2000株保有している。
　（二）　昭和49年6月30日当時，Y社の取締役にはX，A，B（訴外）及びC（訴外）の4名が，代表取締役にはXが，それぞれ就任していた。
　（三）　Xが昭和49年7月1日取締役を辞任した旨の辞任届及びY社の同日付け臨時株主総会においてD（訴外）をその後任取締役に選任する旨の決議がされ，Y社の同日付け取締役会においてAを代表取締役に選任する旨の決議がされたとする各議事録が存し，同月5日，Y社の商業登記簿に「同月1日付けをもって，Xが取締役及び代表取締役を辞任し，Dが取締役に就任し，Aが代表取締役に就任した」旨の登記がされているが，実際には，Xが取締役を辞任した事実はなく，また，右株主総会及び取締役会は開催されておらず，右各決議が存在するものということはできない。
　（四）　Y社の商業登記簿には，昭和59年1月31日A，C及びDの3名が取締役に就任し，Aが代表取締役に就任した旨の登記がされている。
　（五）　A及びCは，Xが昭和49年7月1日にY社の取締役を辞任した事実はなく，同日付けの臨時株主総会及び取締役会における前記各決議も存在しないとするXの主張が本件訴訟において認められた場合に備え，同年6月30日当時Y社の取締役

に選任されていた者により改めて取締役会を開催した上，Xを代表取締役から解任して新たに代表取締役を選任すべく，これを議題とする取締役会の招集をXに請求したところ，Xは，これに応じ，昭和60年1月24日A及びCに対し取締役会招集通知を発した。
(六)　右通知に基づき，同月30日，A，C及びXが参集してY社の取締役会が開催され，XをY社の代表取締役から解任し，Aを代表取締役に選任する旨の決議がされた。
2　Y社は，XがY社の取締役を辞任した事実がなく，前記昭和49年7月1日付けの各決議が存在しないとしても，昭和60年1月30日に開催された取締役会において，Xを代表取締役から解任し，Aを代表取締役に選任する旨の決議がされたから，Xの本件請求のうち，XがY社の代表取締役の地位にあることの確認及びAが上告人の代表取締役の地位にないことの確認を求める請求は理由がないと主張した。
3　原審は，前記事実関係のもとにおいて，昭和60年1月30日当時におけるY社の取締役は，商業登記簿に記載されたA，C及びDの3名であることを理由に，同日に開催されたとするY社主張の取締役会は，Y社の取締役会ということはできず，右取締役会の決議は存在しないと解すべきであると判断して，Y社の右主張を排斥し，Xの右請求を認容した。
4　しかしながら，原審の右判断は是認することができない。その理由は，次のとおりである。

すなわち，記録中のY社の定款によると，Y社の取締役の任期は2年，員数は5人以内と定められていることが，また，同じくその商業登記簿によると，昭和49年6月30日当時Y社の取締役又は代表取締役に就任していた者は，いずれも，昭和47年12月25日に選任（重任）されたものであることが窺われるところ，前記事実関係によれば，XがY社の取締役を辞任した事実はないというのであるから，Xはその任期が満了する昭和49年12月25日までY社の取締役たる地位を有していたものというべきところ，同日の経過をもって，Xのみならず，A，B及びCの3名の任期も満了するから，Y社は商法255条〔会331条4項〕に定める取締役の員数を欠くことになり，したがって，同法258条1項〔会346条1項〕に基づき，右4名は，新たに選任された取締役が就職するまで，引き続きY社の取締役としての権利義務を有するものといわなければならず，また，同法261条3項，258条1項〔会351条1項〕に基づき，Xは，同様に，引き続き代表取締役としての権利義務を有するものといわなければならない。

もっとも，Y社の商業登記簿上は，昭和59年1月31日に新たにA，C及びDの3名が取締役に選任された旨の登記がされていることは原審が確定したところであり，また，記録中のY社の商業登記簿によると，その前の昭和53年5月25日，昭和

56年1月31日にも新たに取締役が選任された旨の登記がされていることが窺われる。しかし，昭和49年7月1日付けの株主総会におけるDを取締役に選任する旨の決議が存在するものとはいえないことは前記のとおりであるところ，このように取締役を選任する旨の株主総会の決議が存在するものとはいえない場合においては，当該取締役によって構成される取締役会は正当な取締役会とはいえず，かつ，その取締役会で選任された代表取締役も正当に選任されたものではなく（ちなみに，本件においては，Aを代表取締役に選任する旨の昭和49年7月1日付けのY社の取締役会の決議自体存在しないことは，原審が確定しているところである。），株主総会の招集権限を有しないから，このような取締役会の招集決定に基づき，このような代表取締役が招集した株主総会において新たに取締役を選任する旨の決議がされたとしても，その決議は，いわゆる全員出席総会においてされたなど特段の事情がない限り（最高裁昭和58年㈸第1567号同60年12月20日第二小法廷判決・民集39巻8号1869頁参照），法律上存在しないものといわざるを得ない。したがって，この瑕疵が継続する限り，以後の株主総会において新たに取締役を選任することはできないものと解される。そして，本件においては，このような特段の事情についての主張立証はない。

してみると，昭和60年1月30日当時，X，A，C及びBの4名は，商法258条1項に基づき，Y社の取締役としての権利義務を有していたものであり，このうちX，A及びCの3名によって同日開催された取締役会における，XをY社の代表取締役から解任し，Aを代表取締役に選任する旨の前記決議は，招集通知を欠いたBが出席してもなお決議の結果に影響を及ぼさないと認めるべき特段の事情がある場合には有効と解すべきものである（最高裁昭和43年㈸第1144号同44年12月2日第三小法廷判決・民集23巻12号2396頁参照）から，この場合にあっては，Xは，Y社の取締役としての権利義務は依然として有するものの，代表取締役としての権利義務は消滅し，Aが代表取締役たる地位を取得したものといわなければならない。したがって，昭和60年1月30日の時点においてはX，A，B及びCの4名が上告人の取締役であるとはいえないことを理由に，同日開催された取締役会における前記決議は存在しないものと解し，XがY社の代表取締役の地位にあることの確認及びAがY社の代表取締役の地位にないことの確認を求めるXの請求を認容すべきものとした原判決には，法令の解釈適用を誤り，ひいては審理不尽の違法があるものというべきであり，右違法が判決に影響を及ぼすことは明らかである。論旨は，以上の趣旨をいうものとして理由があり，原判決中右請求に係る部分は，破棄を免れない。そして，右部分については，昭和60年1月30日開催の取締役会の決議の効力につき更に審理を尽くさせる必要があるから，これを原審に差し戻すべきである。
二　同第3点について

Xは，商法258条1項に基づき，任期満了後も引き続き取締役としての権利義務

を有するものと解されることは，前示のとおりである。しかして，記録によれば，Xは，右任期満了後に，XがY社の取締役の地位にあることの確認請求を含む本件訴訟を提起したものであることは明らかであるところ，このような場合には，右請求は，同項に基づく取締役の権利義務を有する者としての地位の確認を求める趣旨のものと解するのが相当であるから，Xが任期満了により取締役を退任したものであるか否かについて釈明を求めなかった原審の措置に違法はない。論旨は，採用することができない。(以下略)

Exercise

① 本判決に照らして，次の(1)から(4)の文章が正しいか否かを解答しなさい。
(1) 取締役を選任する株主総会決議が不存在であれば，当該決議によって選任された取締役が参加した取締役会決議は原則として無効となる。
(2) 取締役会決議に基づかずに代表取締役でない取締役によって招集された株主総会の決議には，取消事由があるが，無効・不存在ということはできない。
(3) 無効な取締役会決議によって代表取締役に選定された者が，株主総会を招集した場合，当該総会決議は原則として不存在である。
(4) 取締役会の招集通知が特定の取締役に対して欠けていた場合，原則としてその取締役会決議は無効であるが，その招集通知を受けていない取締役が当該取締役会に出席したならば決議の結果に影響があったと認められる特段の事情がある場合，当該決議は有効である。

② 本判決は原審の判断のうち，昭和60年1月30日開催の取締役会決議の有効性について判示した部分を覆しているが，それはどのような理由によるものか。

③ 差戻審（高等裁判所）において昭和60年1月30日開催の取締役会決議の有効性を審理する際，どのような事情を検討することになるか。Xの代表取締役解職議案およびAの代表取締役選定議案の帰趨について具体的に考察せよ。

Writing

次の事実1〜4を読んで，〔設問〕に解答しなさい。

1　X株式会社は，公開会社であるY株式会社の議決権総数の27％に当たる株式を保有する大株主である。X社の取締役はA，B，C，D，Eの5名で，そのうちAが代表取締役に選定されていた。他方においてY社も，X社の議決権総数の23％に当たる株式を保有しており，その取締役はB，C，Dの3名であった。

2　平成X年6月29日，X社の第36回定時株主総会が開催されたが，その際，Y社の代表取締役であるBは，同日に開催される他の会社の株主総会に出席することにしたため，総務部長であるZを総会に出席させた。X社の定款には，「当社の株

主総会には、他の株主を代理人として出席させることができます。」と規定されていたが、Zは、X社の株主ではなかったが、委任状を提示した際に受付で特に拒まれなかったので、議場に入った。

3　この総会では、取締役全員が任期満了となるため、会社側は、第2議案である「取締役選任の件」につき取締役全員の再任を提案していたが、投資ファンドでX社の株式の10％を保有するPの代表者が、現任の取締役は適任ではなく、取締役の人材を社外に求めるべきである旨の発言を行ったことから、審議は紛糾した。その際、ZがX社側の提案を強く支持する立場からPを誹謗中傷する暴言を吐いたこともあり、審議が一時中断を余儀なくされる場面もあったが、最終的には、採決によりX社側の提案が可決された。採決に際し、Pの代表者は票数を数えるよう要求したが、議長であるAが他の株主の意向を尋ねたところ、その動議を支持する意見は見られなかったため、Aは拍手をもって賛成多数と判断した。経営陣の議決権数に、議決権行使書面により行使された議決権の数とY社の議決権数を加えると総株主の議決権数の過半数を若干上回ることは確実であったが、仮にY社の議決権が加えられないとすると、経営陣、議決権行使書面と総会出席者の議決権数をすべて加えても総株主の議決権数の過半数には及ばなかった。

4　X社は、定時株主総会終了後直ちに取締役会を開催し、Aを代表取締役に選定した。そして、念のため、同年7月20日に臨時株主総会を開催することを取締役会の決議によって決定し、Aが招集の手続を取り、先の定時株主総会で議決権行使書面を返送しなかった株主に積極的に書面投票を働きかけることによって、仮に先の定時株主総会に瑕疵があった場合でも再度取締役全員を再任する旨の決議を、賛成多数で可決させた。なお、この決議にはY社は参加しなかった。

〔設問〕　Pは、定時株主総会について決議取消しの訴えを提起するとともに、続いて行われた臨時株主総会について総会決議不存在確認の訴えを提起した。Pの訴えは認められるか。

3．取締役の義務と責任——善管注意義務・忠実義務・競業取引・利益相反・報酬

(1)　善管注意義務と忠実義務

【参考判例1】東京高判平成20・5・21判タ1281号274頁（ヤクルト本社株主代表訴訟事件控訴審判決）

「訴外会社のような事業会社がデリバティブ取引を行うに当たっては、①各取締役は、取締役会等の会社の機関において適切なリスク管理の方針を立て、リスク管理体制を構築するようにする注意義務を負うというべきである。もっとも、どのようなリスク管理の方針を定め、それをどのようにして管理するかについては、上記

のように，会社の規模その他の事情によって左右されるのであって，一義的に決まるものではなく，そこには幅広い裁量があると考えられるのである。また，上記のように，デリバティブ取引のリスク管理の方法等については，当時未だ一般的な手法は確立されておらず，模索の段階にあったのであるから，リスク管理体制の構築に向けてなされた取締役の判断の適否を検討するに当たっては，現在の時点における知見によるのではなく，その当時の時点における知見に基づき検討すべきものである。

また，②実際にデリバティブ取引の実務を担当する取締役は，取締役会等の会社の機関において定められたリスク管理の方針，管理体制に従い，そこで定められた制約に従って取引をする注意義務を負うとともに，個々の取引の実行に当たっては，法令，定款，社内規則等を遵守したうえ，事前に情報を収集，分析，検討して，市場の動向等につき適切な判断をするよう務め，かつ，取引が会社の財務内容に悪影響を及ぼすおそれが生じたような場合には，取引を中止するなどの義務を負うというべきである（ただし，法令，定款及び会社が定めたリスク管理の方針に違反した場合は当然に善管注意義務違反を構成することになるが，定められたリスク管理の制約の範囲内においては，相応の裁量が認められ，善管注意義務違反に当たるか否かは，当時の状況に照らして情報の収集，分析，検討が合理的なものであったかどうか，その事実認識に基づく判断の過程及び判断内容に明らかに不合理な点がなかったかどうかという観点から検討されるべきものである）。

また，③会社の業務執行を全般的に統括する責務を負う代表取締役や個別取引報告書を確認し事後チェックの任務を有する経理担当の取締役については，デリバティブ取引が会社の定めたリスク管理の方針，管理体制に沿って実施されているかどうか等を監視する責務を負うものであるが，ヤクルト本社ほどの規模の事業会社の役員は，広範な職掌事務を有しており，かつ，必ずしも金融取引の専門家でもないのであるから，自らが，個別取引の詳細を一から精査することまでは求められておらず，下部組織等（資金運用チーム・監査室，監査法人等）が適正に職務を遂行していることを前提とし，そこから挙がってくる報告に明らかに不備，不足があり，これに依拠することに躊躇を覚えるというような特段の事情のない限り，その報告等を基に調査，確認すれば，その注意義務を尽くしたものというべきである。

また，④その他の取締役については，相応のリスク管理体制に基づいて職務執行に対する監視が行われている以上，特に担当取締役の職務執行が違法であることを疑わせる特段の事情が存在しない限り，担当取締役の職務執行が適法であると信頼することには正当性が認められるのであり，このような特段の事情のない限り，監視義務を内容とする善管注意義務違反に問われることはないというべきである。」

また，⑤監査役は，「取締役の職務の執行を監査」すべき職責を負い（381条），

389条による監査範囲の限定がなされている場合を除き，取締役の職務執行の状況について監査すべき権限を有することから，「上記リスク管理体制の構築及びこれに基づく監視の状況について監査すべき義務を負っていると解されるが，③と同様，監査役自らが，個別取引の詳細を一から精査することまでは求められておらず，下部組織等（資金運用チーム・監査室等）が適正に職務を遂行していることを前提として，そこから挙がってくる報告等を前提に調査，確認すれば，その注意義務を尽くしたことになるというべきである。」

　上記のように述べて，乳酸菌飲料等の製造販売を主たる業とし，東証一部上場の株式会社である訴外会社の株主である控訴人らが，同社の取締役等であった被控訴人らに対して，同社が本件デリバティブ取引により巨額の損失を被ったことについて，同社に対して損害賠償を求めた事案において，本件取引担当の取締役であった被控訴人については，想定元本の限度額規制に反して行った規制後のデリバティブ取引については，同社に対する善管注意義務違反が認められる等として請求を認めたものの，その他の被控訴人（取締役・監査役）については，当時のデリバティブ取引についての知見を前提にすると，同社においては相応のリスク管理体制が構築されていたといえ，この点に関する被控訴人らの善管注意義務は認められないとして，請求を棄却した。

Quiz

　大会社には内部統制システムの構築義務があるといわれることがある。その根拠条文を，非取締役会設置会社・取締役会設置会社・監査等委員会設置会社・指名委員会等設置会社のそれぞれについて挙げ，またその内容の細目に関わる会社法施行規則の条文を，取締役会設置会社（監査等委員会設置会社・指名委員会等設置会社でないもの）について挙げなさい。

【参考判例2】　大阪高裁平成18・6・9日判時1979-115

　株式会社A（株式会社ダスキン）は多角的な事業を行う会社であるが，その一つであるフードサービス事業グループにおいて，ドーナツ等の店舗販売を行うフランチャイズ事業（MDFC事業）を展開していた。A社のMDFC事業本部は，平成11年11月頃から，新製品として「大肉まん」の開発に着手し，平成12年10月6日から全国の店舗で販売を開始した。しかし試作品の段階から，C社の中国での製造委託工場（P社）において使用されていた中国製のショートニングに，人の健康を損なうおそれのない場合として厚生大臣が定めたもの以外の添加物であるターシャリーブチルヒドロキノン（「TBHQ」）が含まれていた（「本件混入」）。

　平成12年11月に部下からTBHQ混入について外部の業者からの報告を受けた

A社商品本部プロダクトマネージャー統括部長Eは直ちに上司であるKに報告し，Kは事実関係の確認を指示し，Kはさらに自分の上司のSにこのことを告げた。混入されていたTBHQは0.001G／KGと微量で，第三者機関の検査では検出されず，SとKはC社製造の「大肉まん」の在庫の販売を継続することを決めた。平成12年5月から同年12月20日ころまでの間に，TBHQが混入した「大肉まん」の販売量は1314万個（同年12月1日以降に限ると約300万個）にのぼっていた（「本件販売」）。

　平成12年12月から平成13年7月にかけて，時期・認識の濃淡の違いはあるものの，本件混入を知り，Kや他の関係者から事情を聴取して，本件販売に関する事実を認識した。A社では平成13年9月18日，TBHQ混入についての調査委員会を発足させ，担当者の処分の検討に入ったが，他方で11月末頃までにTBHQ混入・販売の事実について自ら積極的には公表しない旨の方針を固めた。

　平成14年5月になって厚生労働省に匿名での通報があり，同月15日保健所が大阪府の8店舗について立入調査をしたために，21日には本件販売等の事実や隠蔽疑惑が大々的に新聞報道された。A社はS・Kと共に食品衛生法違反の罪で罰金20万円の略式命令を受けた。さらにA社は平成14年度の決算において，食品衛生法違反問題に関する出捐として105億6100万円を計上した。その内訳は，（ア）ミスタードーナツ加盟店営業補償　57億5200万円，（イ）キャンペーン関連費用　20億1600万円，（ウ）クリーニング等の他事業の信頼回復対策としての優待券他の対策費用　17億6300万円，（エ）新聞掲載・信頼回復費用　6億8400万円，（オ）飲茶メニュー変更関連費用　3億4600万円であった（「本件出捐」）。

　A社の株主であるXは本件出捐額その他の合計額106億2400万円を損害額として代表訴訟を提起した。

(1)　裁判所は，本件販売当時，A社において違法行為を未然に防止するための法令遵守体制が整備されていなかったためYらに善管注意義務違反があったとするXの主張に対しては，次のように述べてこれを否定した。

　「健全な会社経営を行うためには，目的とする事業の種類，性質等に応じて生じる各種のリスク，例えば，信用リスク，市場リスク，流動性リスク，事務リスク，システムリスク等の状況を正確に把握し，適切に制御すること，すなわちリスク管理が欠かせず，会社が営む事業の規模，特性等に応じたリスク管理体制（いわゆる内部統制システム）を整備することを要する。

　もっとも，整備すべきリスク管理体制の内容は，リスクが現実化して惹起する様々な事件事故の経験の蓄積とリスク管理に関する研究の進展により充実していくものである。したがって，現時点で求められているリスク管理体制の水準をもって，本件の判断基準とすることは相当でないというべきである。また，どのような内容のリスク管理体制を整備すべきかは基本的には経営判断の問題であり，会社経営の

専門家である取締役に，広い裁量が与えられているというべきである。……
　　A社の本件販売当時におけるリスク管理体制のうち，違法行為を未然に防止するための法令遵守体制（具体的な取組みを含む。）について検討するに，……A社は，当時，担当取締役は経営上の重要な事項……を取締役会に報告するよう定め，従業員に対しても，ミスや突発的な問題は速やかに報告するよう周知徹底しており，違法行為が発覚した場合の対応体制についても定めていた……。また，その上で，実際に起こった食中毒に関する企業不祥事の事案を取上げて注意を促すセミナーも開催していたものである。これらを総合してみると，A社における違法行為を未然に防止するための法令遵守体制は，本件販売当時，整備されていなかったとまではいえないものというべきである。……」

(2)　他方，本件販売等を認識した後のYらの対応については，次のように述べてYらの善管注意義務違反を肯定した。

「Y2が本件混入や本件販売継続の事実を知った〔平成12年12〕月29日の時点では，もはやその回収の可能性は少なかったとも考えられる。しかし，Y2は，その時点で，実際にＴＢＨＱ混入の「大肉まん」がいつ販売され在庫が残っていないかどうかなどを正確に調査した上で販売中止や回収等の対応策の要否を検討した訳ではない。……また，仮に同月20日ころまでにＴＢＨＱ混入「大肉まん」の販売が完了していたとしても，回収の可能性が全くなかったとまではいえない。

　そうすると，Y2が本件混入や本件販売継続の事実を知りながら，事実関係をさらに確認すると共に，これを直ちに社長であるY1に報告し，事実調査の上で販売中止等の措置や消費者に公表するなどして回収の手だてを尽くすことの要否などを検討しなかったことについて，取締役としての善管注意義務の懈怠があったことは明らかである。なお，Y2は当時A社のクリーニング事業部門を担当する専務取締役であり，本件問題はフードサービス事業グループにかかわる問題ではあったが，食品販売事業がA社の事業の重要な一環であることや，本件問題の重大性にもかかわらずフードサービス事業部門の最高責任者自身が違法行為にかかわっている事案であることなどを考慮すると，事業部門を異にすることや……カンパニー制の存在等により，Y2が……善管注意義務を免れるものではない。」

「Y1が本件混入及び販売継続及びNへの業務委託契約等を知ったのは平成13年2月8日……であり，その時点では既にＴＢＨＱ混入「大肉まん」の販売中止や回収は現実的には問題にはならなかったといえる。しかし，Y1は食品販売事業をその事業の一環とするA社の代表取締役社長である。前年末に本件混入や，混入を知りながらあえてその販売を継続するという食品販売事業者としては極めて重大な法令違反行為が行われていた事実が判明した以上は，その実態と全貌を調査して原因を究明し再発防止のために必要な措置を講ずることはもとより，直ちに，担当者

によって取られた対応策の内容を再点検して、食品衛生法違反の重大な違法行為により食品販売事業者が受けるおそれのある致命的な信用失墜と損失を回避するための措置を講じなければならない。その中で、マスコミ等への公表や、監督官庁への事後的な届出の要否等も当然検討されるべきである。

しかし、……Y1は、違法な販売継続行為をあえて行った当の責任者であるSやKから、社外の人間であるGが同席している場で事情説明を受けただけで、特段の指示をすることもなく、SやKが取った対応策を事実上了承し、そのことをY4に伝えただけで、それ以上何らの措置を講じていない。説明を行ったK自身が、このときの説明は不十分なもので、これによりY1が全容を把握できたというレベルのものではないと証言していることは前示のとおりである。……

仮に平成13年2月の段階で、Y1が、未承認添加物であるTBHQ混入を知りながら「大肉まん」の販売を継続したということの持つ対消費者との関係における重大性を看過せずに、A社のコンプライアンス部門をして事実関係を徹底的に調査し、早期に適切な対応を取っていたとしたら、その後、A社が消費者やフランチャイジーからの信頼を決定的に失うという最悪の事態は、相当程度回避できたものと考えられる。そのような措置を怠り、SやKが取った措置を、その違法性を知りながら了承し、隠ぺいを事実上黙認したこと、及び、公表の要否等を含め損害回避に向けた対応策を積極的に検討することを怠ったことにおいて、Y1の代表取締役社長としての善管注意義務の違反は明らかである。」

「Y2及びY1以外のYら……が本件混入及び販売継続及びNとの業務委託契約の実態やそれが隠ぺい工作に当たることなどを具体的に知ったのは、その時期や内容等に差はあるが、結局のところは、Y8らによるKやEらからの事情聴取がなされた平成13年7月中旬以降のことというべきである……。そして、その後、……同年9月18日にY5を委員長としてMD調査委員会が設けられて事実関係の調査がなされ、同年11月6日までに調査報告書がまとめられた。これを受けて、Y1退陣後代表取締役社長に就任していたY2らを含む主要な役員の間で今後の方針の協議がなされ、本件混入及び本件販売継続や本件支払の経緯等については自ら積極的には公表しない旨の方針決定がなされ、同年11月29日の取締役会においては、そのことを前提として、Kの取締役辞任の受理、Sとの顧問契約の解約、Nとの契約解消等の方針決定がなされた。この自ら積極的には公表しないとの方針については、同取締役会において明示的な決議がなされたわけではないが、当然の前提として了解されていたのである……。

Yらは、本件混入や本件販売継続の事実がN側からマスコミに流される危険を十分認識しながら、それには目をつぶって、あえて、「自ら積極的には公表しない」というあいまいな対応を決めたのである。そして、これを経営判断の問題であると

主張する。
　しかしながら，それは，本件混入や販売継続及び隠ぺいのような重大な問題を起こしてしまった食品販売会社の消費者及びマスコミへの危機対応として，到底合理的なものとはいえない。
　すなわち，現代の風潮として，消費者は食品の安全性については極めて敏感であり，企業に対して厳しい安全性確保の措置を求めている。未認可添加物が混入した違法な食品を，それと知りながら継続して販売したなどということになると，その食品添加物が実際に健康被害をもたらすおそれがあるのかどうかにかかわらず，違法性を知りながら販売を継続したという事実だけで，当該食品販売会社の信頼性は大きく損なわれることになる。ましてや，その事実を隠ぺいしたなどということになると，その点について更に厳しい非難を受けることになるのは目に見えている。……マスコミの姿勢や世論が，企業の不祥事や隠ぺい体質について敏感であり，少しでも不祥事を隠ぺいするとみられるようなことがあると，しばしばそのこと自体が大々的に取り上げられ，追及がエスカレートし，それにより企業の信頼が大きく傷つく結果になることが過去の事例に照らしても明らかである。……
　したがって，そのような事態を回避するために，そして現に行われてしまった重大な違法行為によってA社が受ける企業としての信頼喪失の損害を最小限度に止める方策を積極的に検討することこそが，このとき経営者に求められていたことは明らかである。ところが，……Yらはそのための方策を取締役会で明示的に議論することもなく，「自ら積極的には公表しない」などというあいまいで，成り行き任せの方針を，手続き的にもあいまいなままに黙示的に事実上承認したのである。それは，到底，「経営判断」というに値しないものというしかない。……
　したがって，Y8を除く取締役であったYらに「自ら積極的には公表しない」という方針を採用し，消費者やマスコミの反応をも視野に入れた上での積極的な損害回避の方策の検討を怠った点において，善管注意義務違反のあることは明らかである。また，監査役であったY8も，自ら上記方策の検討に参加しながら，以上のような取締役らの明らかな任務懈怠に対する監査を怠った点において，善管注意義務違反があることは明らかである。」
　(3)　本件支払等とYらの善管注意義務違反との間の相当因果関係および賠償すべき額については次のように判示した。
　「Yらの善管注意義務違反と因果関係が認められる損害は，次のとおりであると認めるのが相当である。
　　ア　Y1 本件出捐105億6100万円の5パーセントにあたる5億2805万円
　　イ　Y2 本件出捐105億6100万円の5パーセントにあたる5億2805万円と本件支払中3000万円の合計額5億5805万円

ウ その他のYら 本件出捐105億6100万円の2パーセントにあたる2億1122万円」。
判決主文によると上記の賠償責任は連帯責任とされている。

Memo

なお，S及びKに対する責任追及訴訟は第一審終了前に分離し別訴とされた。控訴審判決（大阪高判平成19年1月18日判時1973-135）は，販売継続が法令違反であること，事実を公表せずむしろ口止め料を払って隠蔽したことが善管注意義務違反にあたることを認めたが，S・Kが直ちに適切な措置をとったとしても本件混入そのものによって一定程度の信用の失墜は避けられず，そのため加盟店への営業補償や信用回復のためのキャンペーン費用等の出費は要したであろうから，本件出捐額との因果関係としては半額のみ認容し，口止め料と合わせて合計53億4350万円の支払いを命じた。

Writing 1

最判平成22・7・15判時2091-90を参考にしつつ，次の事実1～7を読んで，〔設問〕に解答しなさい。

1 甲会社は，自動車の電子部品の製造を主力事業とし，ゲームソフトの開発も行っている株式会社であるが，平成X年の秋以降，業績が悪化し，その経営方針をめぐって，代表取締役社長であるA1と取締役副社長であるB1との間で争いが生ずるようになり，甲会社の株価も300円前後と低迷した。

自動車部品の総合メーカーである乙株式会社は，甲会社に対し，自動車部品の製造におけるシナジー（相乗）効果を期待して，経営統合を提案した。このことが新聞で報道されると，甲会社の株価は平成X＋1年5月中旬には900円台に急騰した。

2 平成X＋1年6月7日，甲会社は，臨時取締役会を開催して，乙会社に対する募集株式の第三者割当てを決定した。乙会社においても，同日，甲会社が発行する募集株式を引き受ける件について，取締役会で全員賛成の決議がされた。具体的には，1株当たりの払込金額は300円，発行される550万株のすべてを引き受けるものとし，払込期日は平成X＋1年6月26日とされた。この払込金額は，平成X年12月7日から平成X＋1年6月6日までの6か月間の甲会社の株価の平均額に90パーセントを掛け合わせたものとして算定されている。

株式を引き受けるに当たり，乙会社では，○○法律事務所に依頼し，意見書（「本件法律意見書」）を受領し，また，甲会社の財務状況及び経営統合の効果についての調査を△△監査法人に依頼し，報告書（「本件調査報告書」）を受領している。これらの資料は乙会社の取締役会に提出され，回覧に付された。

3　本件法律意見書には,「①甲会社のソフト開発部門は,売上こそ対象会社の全売上額の20パーセントにすぎないが,経常利益の段階では,他の部門がいずれも赤字となっていることから,全体の100パーセントを占めており,正に,対象会社の収益のかなめであること,②当該事業部門の製品は,過去において業界で高い評価を得ていること,③この事業は,Cが,当時経営していたゲームソフト開発会社が経営難となった際に,大学時代の先輩であるB1に援助を要請し,甲会社の支援によって,当該ゲームソフト会社の負債を整理し,甲会社に新設されたゲームソフト開発部門の責任者として入社したこと,④Cは,ゲームソフト業界において,カリスマゲームクリエイターと呼ばれるほどの人気を誇っており,過去,数々のヒット商品を世に送り出していること,⑤Cに対しては,何回もヘッドハンティングの誘いがあったが,Cは,このような経緯から,B1に対する恩義を感じて,これを断ってきたこと,また,甲会社のソフト開発部門において具体的な開発作業を行っているのは,対象会社の従業員ではなく,下請契約を締結した個人のSE(システムエンジニア)であり,企業への帰属意識は低いこと,⑥今後,甲会社の経営陣が交代することとなった場合には,Cが独立し,又は競争会社へ転職する可能性が高いこと,さらに,下請のSEの大半は,Cのカリスマ性からこれを慕って集まっている者であり,Cの退職後も対象会社との下請契約を締結することは考えにくいこと,⑦以上の事情を考慮すれば,甲会社において,現経営陣,特にB1を更迭することとなれば,Cも退職するおそれが高く,その場合には,ソフト開発部門において,現状のような収益を今後も継続して上げていくことは非常に困難であること」等が記載されていた。

4　乙会社は,甲会社との経営統合の経済的効果として,約24億円の相乗効果があるとの判断に基づいて,事業計画を立てている。乙会社の作成した事業計画書には,(1)乙会社における研究開発費のうち,電子部品関連について,約15億円減額することができること,(2)研究開発部門の統合により,電子部品の開発期間を大幅に短縮することができ,これによって,部品調達コストを2パーセント低減することができること,(3)乙会社グループ工場の一角に甲会社工場を移転することにより,乙会社の生産計画に応じて,電子部品の供給を受けることが可能となり,かつ,これによって流通コストを低減することができること,(4)研究者の人材交流を通じて,乙会社新製品の開発について,部品開発も含めた一貫した発想が生まれる可能性があることが記載されている。

本件調査報告書は,この事業計画の妥当性について検討するものであるが,詳細かつ具体的な検討を経て,(1)から(4)の記載にはいずれも不合理な点は認められないとし,また,乙会社が甲会社との経営統合から生じる経済的な相乗効果を約24億円と考えることについても,不合理であるとはいえないとの意見を述べている。

5　甲会社において，B1は第三者割当ての決定に対して猛烈に反発したが，A1は，募集株式の発行を強行した。第三者割当ての実施によって，乙会社は，甲会社の議決権の55パーセントを保有する株主となった。
　乙会社の子会社となった甲会社では，平成X＋1年9月29日開催の定時株主総会において，任期満了となったB1を取締役として再任せず，その他の取締役を全員再任するとともに，新たに乙会社関係者を取締役に選任した。
6　第三者割当ての実施後，甲会社の株価は600円台で推移した。その後，平成X＋1年12月に，甲会社のゲームソフト開発部門の中心であったCがゲームソフト会社の大手である丙株式会社に好条件で引き抜かれ，そのニュースが業界誌に掲載されたことにより，甲会社の株価は急落した。
　乙会社は，平成X＋1年度（平成X＋1年4月1日から平成X＋2年3月31日まで）の決算に当たり，甲会社の株価が140円と，取得価格の50パーセントを割り込んだことから，監査法人の意見に従い，保有する甲会社株式の評価額について1株当たり300円から140円にする減損処理を行った。
7　Xは，平成X年9月1日に乙会社の株式を1単元購入し，以後これを継続して保有している株主である。Xは，平成X＋2年5月に，乙会社に対し，甲会社から第三者割当てを受けた当時からの乙会社の代表取締役社長Y1及び担当取締役Y2は取締役としての善管注意義務に違反して甲会社の株式を引き受け，同株式の減損処理による損害を乙会社に与えたとして，Y1及びY2に対する損害賠償責任を追及する訴えを提起するように求めた。なお，Xは，損害賠償額として，甲会社1株当たり160円の減損処理額に乙会社の引き受けた株式数を乗じた金額を主張している。

〔設問〕　Y1及びY2の乙会社に対する責任について論じなさい。

Writing 2

　A銀行株式会社では，地域の若手経営者の育成に注力する経営方針のもと，平成X＋1年に，地元の建設会社であるB株式会社グループのリゾート開発プロジェクトのために100億円の融資を行った。B社は平成X年3月に新興企業向け株式市場に上場を果たしたところであった。融資は，B社がグループ企業のB'社に第三者割当増資を行い，A銀行はB'社がB社株式を引き受ける代金を融資するという形式を取り，B社株式の売却代金が返済原資になると考えられていた。
　この融資はA銀行の内部規則に従い，頭取・副頭取・担当取締役からなる融資会議において決定され，その席上，担当取締役であるYは，B社は過去に架空売上げ計上など経営姿勢に問題があるが，債権の保全措置としてB'社の取得したB社の株式に担保権を設定するので大丈夫だろうとの報告をし，他の会議参加者もYの判

断に従った。

　当初B社グループは順調に収益を伸ばしているように見えていたが，後に不正な経理処理があったらしいことが分かり，A銀行がB社の財務内容の全容を把握できないでいるうちに，B社のプロジェクトは破綻し，B社は支払不能に陥って，A銀行の融資は回収不可能となった。

　このとき，A銀行はYの民事責任を追及することができるか。解答に際しては，B'社は受け皿会社であり自身は事業活動をほとんど行わずB社株式を保有・管理のみを行っているものと仮定して，①上記の融資の方法のほかに，②A銀行が100億円全額を直接B社に貸し付けていた場合，③A銀行が100億円を直接B社に出資してB社の発行する新株を取得していた場合，の3つの場合を念頭に置いて，(1)B社の業績が順調に推移した場合にA銀行のB社に対する請求権は価値が増加するか（アップサイド・リスク＝値上がり期待の有無・程度），(2)B社の業績が悪化した場合にA銀行のB社に対する請求権は価値が減少するか（ダウンサイド・リスク＝値下がり不安の有無・程度）の2点が①②③の場合でどのように異なるかを検討すること（なお，解答後に最判平成20・1・28判時1997-148を参考にしてもよい）。

Writing 3

次の問題文を読んで，設問に答えなさい。

1　X株式会社は，ホテル・チェーンを全国で展開している監査役設置会社で，東証マザーズに上場している。X社の取締役会は，代表取締役社長であるA，代表権を持たない副社長B，レストラン部門担当のC，営業担当のD，法務担当のE，東北・北海道エリアの直営ホテルの総支配人を兼務するF，四国・九州エリアの直営ホテルの総支配人を兼務するGの合計7名で構成されていた。

2　2010年9月，X社は，北海道での事業を梃子入れするために，洞爺湖温泉で古くから旅館Sを営んでいたY社の株式を買収し，Y社の議決権のある株式の80％を取得するに至った。そこで，X社は，同年10月，Y社の代表取締役社長としてBを送り込んだ。

3　X社は，2008年に直営ホテルで食中毒事件を起こしたことから，以来，コンプライアンス体制の構築・運用に努めてきた。2009年4月には，会社法第362条4項6号に基づき，会社法施行規則第100条に即して内部統制システムの構築に関して【別紙】の決議が行われ，それ以来，同様の決議が毎年繰り返されてきた。

4　2011年の秋ごろ，X社のC取締役が，Y社が旅館Sで提供していた北海道産タラバガニを，近隣にあるX社の直営ホテルTでも提供しようと考え，その仕入れ先を確認したところ，そのタラバガニが北海道産でないことがわかった。そこでCは直ちにBに連絡し，旅館Sで長年にわたりメニュー表示の偽装が行われていたこ

とが発覚した旨を伝えた。Bは，事実を確認しようと，買収前からY社の取締役を務め現在もSの業務を担当しているHに確認したところ，「異なる種類のカニをタラバガニと表示しているなら問題だが，提供しているカニの種類はタラバガニに間違いはなく，単に産地の違いに過ぎないのだから，メニュー偽装には当たらず問題はない」との回答を得た。また，表示に齟齬があるのはこの商品だけだと説明されたので，BはCと相談の上，このことは他の取締役には内緒にした上で，「北海道産タラバガニ」を直営ホテルTでも提供するに至った。

5　ところが，2012年の秋になって，直営ホテルTの従業員によるX社の社長室への内部告発によって，このメニュー偽装が発覚した。そこで，社長Aは，直ちに法務担当の取締役Eに内部調査を命じ，Eは顧問弁護士とともに，取締役Cや料理長，従業員などから事情を聞いた。その結果，この問題は，1年前から副社長B及び取締役Cの知るところとなっていたことが発覚した。また，内部調査報告書によれば，X社では，ここ数年コンプライアンス委員会は開催されておらず，食品表示に関するリスクを統括する部署も設けられていなかった。また，X社の監査室は，買収後一度もY社の内部監査を実施しておらず，グループ全体でリスク管理について話し合う機会も設けられていなかったことが判明した。

6　この報告を受けて，Aは，直営ホテルTと旅館Sの「北海道産タラバガニ」というメニュー表示を改めさせたが，「他に偽装はないし，この表示によって実害は出ていない」というBの言葉を信じて，取締役会の承認を得て，調査結果の対外的公表を差し控えることにした。なお，飲食店の食材・産地表示の偽装を行った業者に対して公正取引委員会が2008年頃から業者に排除命令や措置命令を出す例があったが，この問題が大きな社会問題となったのは2013年6月以降である。

7　ところが，6の事実の数ヶ月後に，旅館Sで半年前に成型肉を食べた顧客が，成型肉の加工に用いられた注入物に対するアレルギー反応のせいで死亡していたことが発覚し，マスコミで取り上げられた。その直後に，タラバガニのメニュー偽装について匿名の投書がマスコミになされ，直営ホテルTのメニュー偽装の事実と，X社が公表を差し控えていたことが指摘され，ついにはX社グループの隠蔽体質が非難されるようになった。そのため，直営ホテルはキャンセルが相次ぎ，X社は莫大な損害を被った。

〔設問〕直営ホテルのキャンセルから生じたX社の損害に関して，X社の株主である甲が株主代表訴訟を提起した場合，取締役A～Gの責任は認められるか検討しなさい。

【別紙】内部統制システム構築の基本方針

1．取締役・使用人の職務執行が法令および定款に適合することを確保するための体制

(1) 当社は，コンプライアンス全体を統括する組織として，取締役社長を委員長とし，社外弁護士も参加するコンプライアンス委員会を設置する。これによりX社グループの横断的なコンプライアンス体制の整備および問題点の把握に努める。
　(2) コンプライアンスの徹底を図るため，取締役社長および業務執行を担当する取締役は，X社グループの使用人に対するコンプライアンス教育・研修・指導を行う。
　(3) 取締役社長直轄の監査室は，定期的に実施する内部監査を通じて，すべての業務が法令，定款および社内諸規程に準拠して適正，妥当かつ合理的に行われているかを監査する。
２．取締役の職務の執行に係る情報の保存および管理に関する体制
（略）
３．損失の危険の管理に関する規程その他の体制
　(1) 当社は，企業価値を高め，企業活動の持続的な発展を実現することを脅かすあらゆる損失の危険に対処すべく，トータル・リスクマネジメントを統括する組織として，取締役社長を委員長とするリスク管理委員会を設置する。
　(2) リスク管理委員会は，X社グループのリスクを網羅的・総括的に管理し，リスクカテゴリー毎の責任部署を定め，定期的にリスク軽減する対応策の見直しを行う。
　(3) 上記の他，以下のリスクにおける事業の継続を確保するための体制を整備する。
　　１）地震，洪水，事故，火災等の災害による重大な損失を被るリスク
　　２）取締役，使用人の不適正な業務執行から生じるリスク
　　３）基幹ＩＴシステムが正常に機能しないことにより重大な被害を被るリスク
　　４）食の安心・安全を確保できないことから生ずるリスク
４．取締役の職務の執行が効率的に行われることを確保するための体制
（略）
５．当会社および子会社から成る企業集団における業務の適正を確保するための体制
　(1) 当社は，業務の執行が法令および定款に適合することを確保するための諸施策に加え，X社グループの企業集団としての業務の適正と効率化を確保するために，グループとしての規則を関係会社管理規程類として整備する。
　(2) 取締役社長および業務執行を担当する取締役は，それぞれの業務分掌に従い，グループ会社が適切な内部統制システムの整備を行うように指導する。

(3) 監査室は，X社グループにおける内部監査を実施し，X社グループの業務全般にわたる内部統制の有効性と妥当性を確保する。
(以下，略)

(2) 忠実義務・競業取引・利益相反取引

　忠実義務の趣旨（会社・取締役の利益相反関係への対処）は競業・利益相反取引・報酬などに関する規定によって，具体化・明確化されている（356条・361条）。しかし，すべての問題をこれらの規定でカバーすることができないため，一般規定としての忠実義務の規定が適用される場面が残されている。たとえば，会社が関心を持つはずの新規事業機会などを取締役が自分の事業としてしまうことは，相当な範囲を超えて行われる場合には忠実義務違反であると考えられている（「会社の機会の法理」と呼ばれることがある）。あるいは，取締役が自らの事業において雇用することを念頭において会社の従業員に働きかけて退職勧誘を行うこと（いわゆる引き抜き行為）も，その態様によっては忠実義務違反を構成しうる（プログラマーやシステムエンジニアの人材派遣会社において，この種の人材を自らの利益のために会社から離脱させることが会社に対する重大な忠実義務違反を構成するとしたものとして，東京高判平成元・10・26金判835-23がある）。

Quiz 1

　①A社は，高級事務机の輸入販売を主たる事業としている。A社は主として関東地方で販売活動を行っている。A社の取締役であるαは，個人商人として，中級クラスの事務机を取り寄せて中部地方で販売したいと考えている。αがなすべきことは何か。会社の機関設計によって，αの為すべきことに違いは生じるか。根拠条文を挙げ，また条文の文言とこの問題文の登場人物・事実関係との対応関係を丁寧に説明しなさい。②αが個人商人として販売活動を行うのではなく，中級クラスの事務机を取り寄せて中京地域で販売しているB社で，業務執行取締役となり，当該営業に従事したいと考えている場合はどうか。

Quiz 2

　先の **Quiz 1** ①の状況で，αはA社の承認を得ずに営業を開始し，仕入れた事務机をA社の得意先であるC，D，Eらに販売した。αとCらの間の売買契約は無効となるか。A社は，このαの行為により被った損害について，何らかの法的措置を取ることができるか。

Quiz 3

　βはB社の取締役である。B社の保有する不動産をβに1000万円で売却する旨の契約が両者の間で締結されようとしている。なお，B社の代表取締役であるγが

B社を代表することが予定されている。βがなすべきことは何か。会社の機関設計によって，βの為すべきことに違いは生じるか。根拠条文を挙げ，また条文の文言とこの問題文の登場人物・事実関係との対応関係を丁寧に説明しなさい。

Quiz 4

　Quiz 3 で，βが譲受人となるのではなく，C社が当該不動産を譲り受けようとしており，かつC社をβが代理または代表しようとしている場合はどうか。

Quiz 5

　①**Quiz 3** で，βはB社の株主総会・取締役会の承認を得ずに当該取引を行った。売買契約の効力はどうか。②**Quiz 4** でB社の株主総会・取締役会の承認を得ずに当該取引を行った場合はどうか。③①において，B社はβに取引の無効を主張できるか，βはB社に取引の無効を主張できるか。もし両者で結論が変わる場合，そのように解釈すべき理由は何か。

Quiz 6

　Pは甲社の取締役であるとともに，乙社の発行済株式のすべてを保有している。甲社の保有する不動産を乙社に1000万円で売却する旨の契約が両者の間で締結されようとしている（甲社の代表取締役であるQが甲社を代表することが予定されている）。Pがなすべきことは何か。根拠条文を挙げ，また条文の文言とこの問題文の登場人物・事実関係との対応関係を丁寧に説明しなさい。

Quiz 7

　①Pは甲社の取締役である。PはQ銀行から500万円を借りようとしているが，Qからは連帯保証人を付けなければお金は貸せないと言われたため，甲社にPの保証人になってもらおうとしている。このとき，Pがなすべきことは何か。②①の結論は，Pが甲社に保証料（保証人となってもらうことの対価）を支払う場合でも変わりはないか。

Quiz 8

　Pは甲社の取締役である。甲社はQ銀行から500万円を借りようとしているが，Qからは連帯保証人を付けなければお金は貸せないと言われたため，Pに甲社の保証人になってもらおうとしている。このとき，Pがなすべきことは何か。

Quiz 9

　βはB社の取締役である。B社の保有する不動産をβに1000万円で売却する旨の契約が両者の間で締結されたが，株主総会・取締役会ではこの取引について何らの審議も行われていない。そして，βはこの不動産をγに1500万円で転売した。B社はγに対して取引が無効であることを理由として不動産の返還を求めることができるか。

Quiz 10

　Pは甲社の取締役である。PはQ銀行から500万円を借りようとしているが，QからはP連帯保証人を付けなければお金は貸せないと言われたため，甲社はQ銀行との間で，Pの保証人になるという旨の保証契約を締結した。しかし，株主総会・取締役会ではこのことについて何らの審議も行われていない。Q銀行から保証債務を履行するように求められた甲社は，保証契約が無効であることを理由としてこれを拒むことができるか。

Quiz 11

　以下は，356条1項2号の「第三者のために」という文言の意義を確認するための問題である。A株式会社の代表権のない取締役であるPは，B株式会社において代表取締役をつとめている。今，A社保有の建物をB社が買い取ろうとしている。以下の場合，それぞれの会社において取締役会の承認は必要か。なお，QはA社の代表取締役，RはB社の代表権のない取締役，A社B社とも取締役会設置会社であるとする。

① A社をQが代表し，B社をPが代表して取り引きする場合
② A社をQが代表し，B社をRが代理して取り引きする場合
③ A社をPが代理し，B社をPが代表して取り引きする場合
④ A社をPが代理し，B社をRが代理して取り引きする場合

Writing 1

　公開会社であり監査役会設置会社であるX株式会社は，アパレルメーカーとして，カジュアルウェアを中心に子供から大人まであらゆる世代のための衣料品を製造している。またX会社は，自らその製造する衣料品を販売するための直営小売店舗を展開しており，北は青森市から南は下関市に至るまで，本州の全域にこれを有している。

　X会社は商圏を広げるべく，平成24年以降，北海道に店舗展開をしようと考えている。これに対して，九州地域の方がよりビジネスチャンスが大きいと考えたX会社取締役Yは，近い将来にX会社から独立することを想定しつつ，平成22年，ひそかに九州においてカジュアルウェアを製造，販売するための株式会社Zを設立し，自らその代表取締役に就任した。そして，X会社取締役の地位にあって培った人脈を生かし，Z会社との取引を開始すべく，X会社の取引先にZ会社との取引をするよう働き掛け始めた。またZ会社は，手始めに展開する店舗として北九州市，そして福岡市を考え，そのための店舗予定地なども確保した。

　X会社の取引先から，Yが九州地域で自ら衣料品製造・販売の会社を展開する予定であることを伝え聞いたX会社監査役Aは，Yに思いとどまるよう説得を試み

たが，Yは翻意しなかった。Aとしては，Z会社を通じたYの事業行為をX会社の事業展開上好ましいものではなく，やめさせたいと考えている。どのような主張に基づき，どのような請求を行うべきか（なお，通常は仮処分申立ての方法を採ると考えられるが，ここでは本案の請求を検討すること）。

Writing 2

次の事実1〜6を読んで，〔設問〕に解答しなさい。

1　Aは，甲株式会社（取締役会設置会社・監査役設置会社。以下「甲社」という）の監査役である。

2　甲社では，社長であるB1と専務であるC1の関係が険悪となっており，役員・使用人の多くがB派とC派に分かれて反目しあっている。甲社には6人の取締役がいるが，そのうちB1を含む3人（B1, B2, B3）がB派に，C1を含む2人（C1, C2）がC派に属しており，唯一Dが中立的な立場を守っている。代表取締役は，B1, B2とDの3人である。

3　平成X年8月13日に，甲社で臨時取締役会（以下「本件取締役会」という）が開催され，B2, B3, DおよびAが出席して，甲社の所有する不動産（以下「本件不動産」という）をB1に1000万円で売却する旨の売買契約を締結すること（以下「本件議案」という）について審議がなされた。本件不動産の帳簿価額は1000万円であり，これは甲社の総資産額の5％に該当する。

4　しかし，不動産事業につき知識・経験を有するDは，本件不動産の適正売買価格は，1500万円を下ることはないと考えたため，その旨を繰り返し発言し，Aもこの点についての説明を求めた。しかし，B2, B3は契約書の様式などの形式的な事柄だけを論じるだけで，売買価格の当否について具体的な説明を行うことのないまま本件議案の採決が行われ，B2, B3の2人が賛成し，反対はDのみであったため，本件議案は賛成多数で可決された。

5　翌14日に，B2が甲社を代表して，本件不動産を1000万円で売却する契約がB1との間で締結された。

6　ところが，同月20日になって，本件取締役会については，B1はB2, B3, DおよびAに対してのみ招集通知を発しており，C1, C2は本件取締役会については何ら知らされていなかったことが判明した。また，上記4に示された本件取締役会におけるB2, B3の議事の進め方は，事前にB1と相談をして行ったものであることも明らかとなった。

〔設問〕　AとDは，本件不動産の売買には問題がある，甲社が本件不動産を取り戻すこと，本件不動産の売買から生じた甲社の損害を弁償することを目的として，B1を相手取って訴訟を提起することはできないか，と検討している。どのような

訴訟を提起すべきか，請求は認められるか，について論じなさい。

Writing 3

次の事実1から5を読んで，後の〔設問〕1・2に解答しなさい。

1　A社は公開会社でない株式会社であり，その取締役はBCDの3人，代表取締役はB，監査役はEである。A社の定款には，取締役会・監査役を設置する旨の規定があり，取締役・監査役の任期や選任の方法，権限について特段の規定は置かれていない。

2　Bは，平成X＋1年8月13日に，平成X年7月1日からX＋1年6月31日までの事業年度（第5期事業年度）に関する定時株主総会の招集通知を，株主名簿に記載された株主に向けて発送した。当該招集通知には，会議の目的事項として，「第1号議案　第5期事業年度についての計算書類の承認の件。第2号議案　剰余金の配当の件。」と記載されていた。

3　招集通知の記載通り，平成X＋1年8月29日にA社の定時株主総会が開催され，第1号議案および第2号議案が株主の賛成多数で可決された後で，議長であるBが，当該株主総会の終結時に取締役3人の任期が満了することから，BCFを取締役に選任する旨の議案を上程することを提案し，来場した株主からは特に異議が出されることなく当該議案が採決に付され，決議要件を充たして可決された（「本件総会決議」）。なお，A社の株主はB・C・D・E・F・Gの6人であるが，A社の発行済株式総数の15％を保有するGは所用のため総会には出席していなかった。

4　株主総会の終了後に同じ会場でBCFおよびEが居残って臨時取締役会を開催し，A社の保有する不動産（甲地）を500万円でH株式会社に売却する件（「本件譲渡」）につき審議がされた。H株式会社の取締役はI・J・Kであり，H社の発行済株式は全てBが保有している。まずBから，A社の会計帳簿上の甲地の帳簿価額は450万円であり，これはA社の総資産額の1％に相当すること，不動産鑑定士Lによる鑑定書（「本件鑑定書」）によると甲地の適正評価額は500万円であること等について説明がなされた。また本件鑑定書が取締役会の席上で回覧され，そこにはBの説明通りの内容が記載されていた。15分ほどの審議ののち，当該議案が，BCFの賛成により承認され，Eは特に異議を述べることはしなかった（「本件取締役会決議」）。

5　平成X＋1年10月中旬になって，本件取締役会決議の当時の甲地の適正評価額は800万円を下らないことが判明した。もっとも，本件取締役会においてCFEがこのことに気付かなかったことは当時の事情に照らしてやむを得ないものであった。他方，本件取締役会決議の当時，Bは甲地の適正評価額が500万円を優に超えることを認識していたが，BはLに多額の金品を提供して本件評価書を書かせた。

〔設問1〕 Gは本件総会決議，本件取締役会決議の効力を争うことができるか。
〔設問2〕 Gは，本件譲渡を理由としてB・Cの会社に対する責任を追及することができるか。

(3) 報　酬

　閉鎖的な中小会社では，現経営陣と仲違いの末退任した取締役に対して退職慰労金が支払われなかったり，減額されたりして，紛争になることが多い。そのような退任取締役側の請求方法や救済のための法律構成は多様であるが（たとえば，取締役の第三者に対する責任によるものとして東京地判平成6・12・20判タ893-260，不法行為によるものとして福岡地判平成10・5・18判時1659-101など。また退任取締役の従業員としての地位を認定するものとして千葉地判平成元・6・30判時1326-150など。），これらは概ね，退職慰労金の支給を認める株主総会決議がなされ，具体的な金額の決定につき取締役会決議に委ねられたにもかかわらず，現経営陣が取締役会決議をしなかったり，内規によらず減額して支給したりしたケースである。定款規定または株主総会決議がなければ会社に退職慰労金の支払義務はないとするルールを変更するものではない。
　株主総会決議のタイミングは必ずしも報酬の支給の前でなければならないというわけではなく，株主総会承認の趣旨を没却するような特段の事情がない限り，支給後事後的に承認した場合であっても構わないとされている（最判平成17・2・5判時1890-143）。

> **Case 2**　最判平成4・12・18民集46-9-3006
> 　主　文
> 　一　原判決中，Xの敗訴部分を破棄し，右部分に関する第1審判決を取り消す。
> 　二　Y株式会社は，Xに対し，別紙目録金額欄記載の金員（編注：昭和59年7月14日から昭和60年6月14日までの間の報酬合計552万3656円）及び同目録内金欄記載の各金員に対する同目録起算日欄記載の日から各支払済みまで年6分の割合による金員を支払え。
> 　三　訴訟の総費用はYの負担とする。
> 　理由（中略）
> 　株式会社において，定款又は株主総会の決議（株主総会において取締役報酬の総額を定め，取締役会において各取締役に対する配分を決議した場合を含む。）によって取締役の報酬額が具体的に定められた場合には，その報酬額は，会社と取締役間の契約内容となり，契約当事者である会社と取締役の双方を拘束するから，その後株主総会が当該取締役の報酬につきこれを無報酬とする旨の決議をしたとしても，当該取

締役は，これに同意しない限り，右報酬の請求権を失うものではないと解するのが相当である。この理は，取締役の職務内容に著しい変更があり，それを前提に右株主総会決議がされた場合であっても異ならない。

　これを本件についてみるのに，原審の適法に確定した事実関係によると，（一）Yは，倉庫業を営む株式会社であり，Xは，昭和45年12月から昭和60年6月14日に任期満了により退任するまでYの取締役であった，（二）Yにおいては，その定款に取締役の報酬は株主総会の決議をもって定める旨の規定があり，株主総会の決議によって取締役報酬総額の上限が定められ，取締役会において各取締役に期間を定めずに毎月定額の報酬を支払う旨の決議がされ，その決議に従ってXに対し毎月末日限り定額の報酬が支払われており，その額は昭和58年12月現在50万円であった，（三）Yの株主総会は，昭和59年7月13日，Xが常勤取締役から非常勤取締役に変更されたことを前提としてXの報酬につきこれを無報酬とする旨を決議したが，Xはこれに同意していなかった，というのであるから，株主総会においてXの報酬につきこれを無報酬とする旨の決議がされたことによって，Xがその任期中の報酬の請求権を失うことはないというべきである。

　したがって，右株主総会決議によって，Xは，その翌日である昭和59年7月14日以降の取締役報酬請求権を失ったとして，Xの本訴請求のうち同日からXが取締役を退任した昭和60年6月14日までの報酬及び各月分の報酬についての翌月1日から支払済みまでの遅延損害金の支払を求める部分を棄却すべきものとした原審の判断は，株式会社の取締役の報酬についての法令の解釈適用を誤ったものというべきであり，この違法が原判決の結論に影響することは明らかである。論旨は理由があり，原判決中のXの敗訴部分は破棄を免れない。そして，前記事実関係の下においては，Xの本訴請求は理由があるので，右部分を棄却した第1審判決を取消し，昭和59年7月14日から昭和60年6月14日までの間の報酬合計552万3656円及びこれに対する各月分についての翌月1日以降支払済みまで商事法定利率年6分の割合による遅延損害金の支払を求める部分についてもXの請求を認容すべきものである。
（以下略）

Exercise

①　本判決では，XのYに対する報酬請求権はどの事実（会社の行為）によって発生しているか。

②　「職務内容の著しい変更があれば，取締役の同意がなくても，会社は取締役会の決議により（または株主総会の決議により）同人の報酬につき相当の減額をすることが認められる」という見解について，その長所・短所を論じなさい。

③　本判決の射程は，取締役の選任時に「役職に応じて報酬が減額されること」

が合意されていた場合にも及ぶか。

Case 3　最判平成15・2・21金法1681-31

〔事実の概要〕

　Y（被告・控訴人・附帯被控訴人・被上告人）は，昭和59年8月28日に開催された株主総会において，X株式会社（原告・被控訴人・附帯控訴人・上告人）の取締役に選任され，昭和61年3月2日に同社の代表取締役に就任し，平成5年6月21日までX社の代表取締役の地位にあった。Yは平成5年2月までに3000株を取得したが，残りの1万7000株は他の株主が保有している。

　X社には取締役の報酬額を定めた定款の規定はなかったし，株主総会の決議もなされていない。YがX社から取締役の報酬として支給を受けた額のうち，昭和61年9月分までは全株主の同意があったが，昭和61年10月分から平成3年7月分まで支給を受けた4275万円については，株主総会の決議に代わる全株主の同意がなかった。そこで，X社が，Yが本件取締役の報酬の支給を受けたことが商法269条〔会361条〕に違反するなどと主張して，Yに対し商法266条1項5号〔会423条1項〕に基づく損害賠償の支払いを求めて提訴した。これに対し，Yは，本件取締役の報酬を株主総会決議によらないもので損害賠償として返還しなければならないとすると，XはYの無償の労務により役員報酬相当額を不当に利得したことになり，YはXに対し報酬相当額の不当利得返還請求権を有することになるなどとして，この不当利得返還請求権との相殺の抗弁を主張した。

　第1審判決は，ある時期までのYへの役員報酬の支払は，全株主の承認を得て行われており，その後の各決算期において株主総会が開催されなかったことにより，報酬額が減額され，無償となったものと解することはできないから，Yは，全株主の合意を得て受けていた月額35万円の限度で，その後も報酬請求権を有するとして，Xの請求を，2030万円（35万円×58月）の限度で棄却し，2245万円（4275万円－2030万円）の限度で認容した。これに対して，原審は，「取締役と会社との間の関係においては，通常の場合，有償である旨の黙示の特約があるものと解され，右特約がある以上，株主総会の決議がない場合には，取締役は会社に対し社会通念上相当な額の報酬を請求することができると解するのが相当である。このように解しても，株主総会の決議がある場合には，それに従うべきことになるし，右決議がない場合には，社会通念上相当な額に抑えられるから，取締役の報酬額について取締役ないし取締役会によるいわゆるお手盛りの弊害を防止するという商法269条の趣旨を損なうことはない。」「Yの昭和61年10月分からの取締役の報酬の相当額は，少なくとも現実の支給額を下回ることはないと認めるのが相当である」として，取締

役報酬に関連するXの請求を棄却した。そこで，Xが，原審が第1審判決中Xの請求を認容した部分を変更してXの請求を棄却した部分につき，上告受理を申し立て，上告が受理された。

〔判　旨〕

破棄自判。

「株式会社の取締役については，定款又は株主総会の決議によって報酬の金額が定められなければ，具体的な報酬請求権は発生せず，取締役が会社に対して報酬を請求することはできないというべきである。けだし，商法269条は，取締役の報酬額について，取締役ないし取締役会によるいわゆるお手盛りの弊害を防止するために，これを定款又は株主総会の決議で定めることとし，株主の自主的な判断にゆだねているからである。

そうすると，本件取締役の報酬については，報酬額を定めた定款の規定又は株主総会の決議がなく，株主総会の決議に代わる全株主の同意もなかったのであるから，その額が社会通念上相当な額であるか否かにかかわらず，YがXに対し，報酬請求権を有するものということはできない。

ところで，Yは，報酬相当額の不当利得返還請求権等との相殺の抗弁を主張しているが，本件でXから不服申立てがあったのは，原審において請求を棄却された2245万円の損害賠償請求に関する部分についてのみであり，第1審において取締役の報酬請求権があるとして損害賠償請求を2030万円の限度で棄却している（この部分は不服申立てがない。）という経過等に照らしてみれば，この主張は，結論に影響を及ぼすものではないというべきである。」

Exercise

① 本判決に照らして，次の(1)(2)の文章が正しいか否かを解答しなさい。
(1) 取締役の報酬請求権が発生するためには，会社と取締役の間の任用契約で報酬額が定められることに加え，定款または株主総会の決議で報酬の内容が定められることが必要であり，それ以外の方法により有効に報酬請求権を発生させることはできない。
(2) 適法な手続により取締役Aの報酬額が月額20万円と定められ，その後に適法な手続を経ずにAの報酬額を月額35万円と改定した場合，Aは改定後は会社に対して一切の報酬請求権を有しない。
② 原審と最高裁は「お手盛りの弊害を防止する」という同じ言葉を使って，別の内容の議論をしているが，それぞれどのようなものか。
③ 原審と最高裁のそれぞれの法律論について，そのメリットとデメリットを論

じなさい。
　④　本判決は、「取締役Bの報酬が総会決議等によって決定されていない場合でも、Bは、Bが会社に提供した役務を不当利得としてその対価相当額を会社に対して返還請求できる」という見解を一般論として否定しているか。

Writing 4

　次の事実1から5を読んで、後の〔設問〕に解答しなさい。

　1　Y株式会社は公開会社であるが、大会社ではない。Y社の役員は、代表取締役Aのほか、取締役B・C・Dおよび監査役Eである。Y社の発行済株式総数は10,000株であり、そのうちAが1,000株、Eが500株を所有しており、B・C・DはY社の株主ではない。

　2　平成X年6月27日、Y社の定時株主総会が開催され、①Aの取締役退任に伴う退職慰労金の支払い、および、②Eの監査役退任に伴う退職慰労金の支払い、に係る議案が提出された。①・②の退職慰労金はY社の役員報酬規程に従って算定される金額によるものとの説明が当日議長を務めたBによって説明され、出席株主からは質問なく、①・②の議案はいずれも賛成4,000票対反対3,000票で可決された。これらの議決には、A・Eはともに株主として賛成票を投じている。

　3　平成X年8月1日、Y社の株主Xは、①・②の退職金の支払いに関して問題があるとして、甲弁護士に相談をしている。以下は、Xの相談内容である。
「私は、当日所用のため、株主総会に出席できなかったのですが、後から総会に株主として出席した知人Zに聞いたところ、A・Eに退職慰労金がいくら支払われるかについては何も説明がなく、議長は『当社の役員報酬規程に従って支払われる』といっただけだったとのことです。Aが代表取締役としてY社の業績を悪化させたにもかかわらず退職慰労金をもらうことは、私は我慢できません。聞くところでは、A・Eには、先月すでに退職慰労金が支払われたとのことですが、株主として何かできることはありませんか。」

　翌日、甲弁護士は、Y社を訪ね、役員報酬規程の閲覧を求めたところ、Y社の担当者を通じて直ちに「写し」を入手することができた。

〔設問〕　Xはどのような法的主張をすることができるか。また、右の法的主張に係るXの請求は認められるか。

第4節　監視・監督制度

1. 監査役・監査役会・会計監査人・会計参与

　伝統的に，監視ないし監査を妥当性と適法性の観点から二分し，取締役会による監視システムは経営者の行為の適法性のみならず妥当性をもチェックする広い権限を指すのに対して，監査役による監査は経営者の行為の適法性のみを対象とする，とされてきた。しかし「監査役は適法性監査権限しか持たない」という論者も，多くは「監査役は取締役の善管注意義務の違反の有無は監査する」とか，「取締役の善管注意義務違反を監査するためには，監査役は取締役の職務執行に不当な点がないか否かを調査することとなるし，監査役の取締役に対する意見陳述においては，意見が適法性ではなく妥当性に関わる事柄であるという理由で発言が制約されてはならない」と考えている。

　そのため，取締役会が十分な判断資料や十分な討議を経ることなく，M＆Aなどの重要案件について安易に決定を下そうとする場合，監査役は，不十分な資料・討議で重要案件を決定することが取締役の義務違反にあたりひいては損害賠償責任の原因となることを指摘するなどして，取締役に拙速な決定を行わないように働きかけることができるし，それを行うことは監査役の義務（善管注意義務）でもあると考えられる。このような努力を行わなければ監査役が善管注意義務違反として賠償責任を負う可能性がある。他方，監査役がこのような努力を適切に行ったにもかかわらず取締役がこれに耳を傾けず拙速な決定を行ったという場合には，監査役には義務違反はないが，取締役は義務違反による責任を負うと考えられる。

Quiz 1

　監査役の監査範囲が会計監査に限定される会社では，株主の監督権限が強化される。具体的に①〜③の権限についてどのような要件の下で株主による権限行使が認められるか，監査役の監査範囲が会計監査に限定されていない会社の場合と比べてどのように違うかを，答えなさい。なお，条文を調べる際，「監査役設置会社」が何を指しているか，その定義に注意しなさい。

　① 取締役会議事録の閲覧（371条2項）
　② 会社に著しい損害を及ぼすおそれのある事実を発見した場合の取締役の報告義務（357条）
　③ 株主による違法行為差止請求権（360条1項）

Quiz 2　監査役の選解任について，次の各肢の正誤について，根拠条文を挙げて説明しなさい。

①　監査役は，取締役が出した監査役の選任議案中の候補者を拒否することができる。

②　監査役は特定の候補者を監査役にする議案を株主総会に提出するよう取締役に要求できる。

③　補欠監査役を選任するために定款規定は必要ない。

④　監査役の選解任は，取締役の場合と同じく，定款で特別の規定をおかない場合は株主総会の普通決議により決せられる。

⑤　監査役の解任議案が株主総会に提出された場合，当該監査役は株主総会で意見を述べることができる。

Quiz 3　会社法における役員等について，次の各肢の正誤について，根拠条文を挙げて説明しなさい。

①　監査法人は，会計監査人となることができるが，会計参与となることはできない。

②　会計監査人を置く株式会社で取締役の任期を1年に制限する会社においては，定款にその旨の規定がなくとも，取締役会で剰余金の配当額を決定することができる。

③　原則として監査役の任期は4年，会計監査人の任期は1年，会計参与の任期は2年であるが，会計参与の任期に限り定款または株主総会の決議によってその任期を短縮することが可能である。

④　取締役・執行役・監査役・会計監査人は株主代表訴訟の被告として訴えられることがあるが，会計参与にはそのおそれはない。

Quiz 4　★　A株式会社（以下「A社」）の親会社はB株式会社（以下「B社」）であり，B社の子会社にはA社のほかにC株式会社（以下「C社」）が存在する。D株式会社（以下「D社」）はA社の子会社である。

①　A社の使用人を12年前に退職した者は，A社の社外取締役あるいは社外監査役になることができるか。この者が5年前にD社の監査役に就任したことがある場合はどうか。

②　B社の社外取締役あるいは社外監査役は，A社の社外取締役あるいは社外監査役を兼任することができるか。B社の社外取締役あるいは社外監査役を退任した者は，A社の社外取締役あるいは社外監査役になることができるか。

③　C社の社外取締役あるいは社外監査役は，A社の社外取締役あるいは社外監

査役を兼任することができるか。
　④　A社の取締役の配偶者は，A社の社外取締役あるいは社外監査役になれるか。B社の取締役の配偶者は，A社の社外取締役あるいは社外監査役になれるか。

Quiz 5 ★
　①　A株式会社（以下「A社」）は，監査役会を設置する公開会社かつ大会社であって，その株式について有価証券報告書を提出しなければならない会社である。A社は，X事業年度の末日時点で社外取締役を置いていたが，社外取締役は不要であると考えるに至った。そのため，X事業年度に関する定時株主総会の終結時に現在の社外取締役は任期満了により全員退任してしまうものの，当該定時株主総会においては，社内取締役のみを選任する予定であり，社外取締役を選任する予定はない。A社の取締役は，当該定時株主総会において，327条の2の説明義務を負うか。
　②　B株式会社（以下「B社」）は，監査役会を設置する公開会社かつ大会社であって，その株式について有価証券報告書を提出しなければならない会社である。B社は，X事業年度の末日時点で社外取締役を置いていなかったが，社外取締役は必要であると考えるに至った。そのため，X事業年度に関する定時株主総会において，社外取締役を選任する予定である。B社の取締役は，当該定時株主総会において，327条の2の説明義務を負うか。
　③　327条の2の「社外取締役を置くことが相当でない理由」の説明として，「社外監査役が〇名おり，社外者による監査・監督として十分に機能している」という説明で十分といえるか。また，取締役選任議案が上程されている定時株主総会において，327条の2の説明義務違反があった場合，当該取締役選任議案に係る総会決議の効力はどうなるか。

Quiz 6 ★　株式会社と責任限定契約を締結することができる取締役または監査役は，社外取締役または社外監査役に限定されるのか。常勤監査役は責任限定契約を締結することができるか。

Writing 1
　監査役・会計参与・会計監査人の報酬はどのように決定されるか，それぞれ取締役の場合と比較して論じなさい。また，指名委員会等設置会社・監査等委員会設置会社ではどのように決定されるか，条文も合わせて述べなさい。

Writing 2
　次の事実1から4を読んで，後の【設問】に解答しなさい。

1　A株式会社（以下「A社」）は，会社法上の公開会社であり，その発行する株式を東京証券取引所第2部に上場している。A社の定款には，後掲**資料1**の規定があるが，そのほかには会社の役員・機関に関して特段の定めは置かれていない。

2　A社では，監査役3人全員の任期が満了する平成X年1月の定時株主総会において，BCDの3人を監査役に選任（再任）し，さらにEを補欠監査役に選任する決議を行った。このうち，CDEは社外監査役の要件を充たしている。平成X＋2年3月初旬にDが健康を害して監査役を辞任したため，Eが監査役に就任することになった。

資料1　A社の定款規定（抜粋）

> 第5条　当社は，株主総会，取締役以外の機関として，取締役会，監査役，監査役会，会計監査人を設置する。
>
> 第6条　当社では，会社法336条3項に基づき，任期の満了前に退任した監査役の補欠として選任された監査役の任期は，退任した監査役の任期の満了する時までとする。
>
> ②　会社法329条2項に基づき補欠の役員を選任する株主総会の決議は，任期の満了前に退任した監査役の任期の満了する時まで効力を有する。

3　A社では，平成X＋3年12月20日の取締役会（以下「本件取締役会」）において，同社の本社ビルの大会議室において，平成X＋4年1月26日に定時株主総会を開催し，「BCを監査役に選任する。」ことを株主総会の議案とする旨を決議した。なお，この決定に先立ち，当該議案について監査役会の同意があった。平成X＋3年12月25日に，適法に作成された招集通知・株主総会参考書類および議決権行使書が株主名簿上の株主に向けて発送された。

4　平成X＋4年1月26日にA社では予定通り定時株主総会が開催された（以下「本件総会」）。

代表取締役社長であるGが議長を務め，議場での議決権の行使と議決権行使書による議決権の行使を合わせて，賛成多数により決議が成立したことを確認して，その旨を宣言し，続いて閉会を宣言した。

〔**設問**〕　平成X＋4年2月1日の時点で，Bは同月10日にA社の監査役会を開催するために招集通知を発出しようとしている。Bは誰に対して招集通知を発送すべきか。

2. 指名委員会等設置会社・監査等委員会設置会社

Quiz 1 ★ 次の表を参照しながら、後の〔問題〕に答えなさい。

	監査等委員会設置会社	指名委員会等設置会社	監査役会設置会社
①機関設計	株主総会＋取締役会＋代表取締役＋監査等委員会＋会計監査人	株主総会＋取締役会＋代表執行役＋指名委員会・監査委員会・報酬委員会＋会計監査人	株主総会＋取締役会＋代表取締役＋監査役会（＋会計監査人）
取締役会の権限	(a)会社の業務執行の決定, (b)取締役の職務執行の監督, (c)代表取締役の選定・解職（399条の13第1項）。 ＊取締役会は、法定事項その他の重要な業務執行の決定を取締役に委任不可。しかし、②一定の要件を充たす場合には、取締役会は、法定事項を除き、重要な業務執行の決定を取締役に委任可能。 ＊内部統制に関する決定必要。	(a)会社の業務執行の決定, (b)執行役・取締役・会計参与の職務執行の監督（416条1項）。また、(c)代表執行役の選定・解職（420条1項・2項）。 ＊取締役会は、法定事項を除き、業務執行の決定を執行役に委任可能。 ＊内部統制に関する決定必要。	(a)会社の業務執行の決定, (b)取締役の職務執行の監督, (c)代表取締役の選定・解職（362条2項）。 ＊取締役会は、法定事項その他の重要な業務執行の決定を取締役に委任不可。 ＊大会社の場合は、内部統制に関する決定必要。
利益相反取引の責任	利益相反取引により会社に損害が生じたときは、423条3項各号の取締役の任務懈怠が推定（同項）。しかし、③一定の要件を充たす場合には、当該推定規定は不適用。	利益相反取引により会社に損害が生じたときは、423条3項各号の取締役・執行役の任務懈怠が推定（同項）。	利益相反取引により会社に損害が生じたときは、423条3項各号の取締役の任務懈怠が推定（同項）。

	監査等委員会	監査委員会	監査役会
職務	(a)取締役・会計参与の職務執行の監査及び監査報告の作成, (b)④会計監査人の選解任等議案の内容の決定, (c)342条の2第4項・361条6項の監査等委員会の意見の決定（399条の2第3項）。 ＊内部統制を利用した監査。	(a)執行役・取締役・会計参与の職務執行の監査及び監査報告の作成, (b)④会計監査人の選解任等議案の内容の決定（404条2項）。 ＊内部統制を利用した監査。	(a)監査報告の作成, (b)常勤監査役の選定・解職, (c)監査役の職務執行に関する事項の決定（390条2項）。また、(d)④会計監査人の選解任等議案の内容の決定（344条1項・3項）。 ＊監査役は独任制の監査機関（381条1項、390条2項ただし書参照）。
構成員	取締役（監査等委員）が3人以上で、その過半数が社外取締役（331条6項）。常勤監査等委員の選定義務なし。 ＊監査等委員と業務執行取締役などの兼任禁止（331条3項）。	取締役（監査委員）が3人以上で、その過半数が社外取締役（400条1項から3項）。常勤監査委員の選定義務なし。 ＊監査委員と執行役などの兼任禁止（400条4項。331条4項も参照）。	監査役が3人以上で、その半数以上が社外監査役（335条3項）。常勤監査役の選定義務あり（390条3項）。 ＊監査役と取締役などの兼任禁止（335条2項）。

	監査等委員会設置会社	指名委員会等設置会社	監査役会設置会社
構成員の選任等	監査等委員である取締役とそれ以外の取締役を区別して株主総会の普通決議で選任(329条1項・2項, 341条)。	株主総会の普通決議で取締役を選任し(329条1項, 341条), 取締役の中から取締役会の決議で監査委員を選定(400条2項)。	株主総会の普通決議で監査役を選任(329条1項, 341条)。
構成員の解任等	⑤監査等委員である取締役の解任は株主総会の特別決議(339条1項, 344条の2第3項, 309条2項7号)。	監査委員の解職は取締役会の決議で(401条1項), 取締役の解任は株主総会の普通決議(339条1項, 341条)。	監査役の解任は株主総会の特別決議(339条1項, 343条4項, 309条2項7号)。
構成員の選解任等への関与等	監査等委員である取締役の選任に関する監査等委員会の同意等(344条の2第1項・第2項)。⑥監査等委員である取締役は, 株主総会において, 監査等委員である取締役の選解任等について意見陳述可能(342条の2第1項)。	指名委員会が取締役・会計参与の選解任議案の内容を決定(404条1項)。	監査役の選任に関する監査役会の同意等(343条1項から3項)。監査役は, 株主総会において, 監査役の選解任等について意見陳述可能(345条4項)。
構成員の任期	⑦監査等委員である取締役の任期は2年(短縮不可・伸長不可。332条1項・2項・4項)。	取締役の任期は1年(短縮可能・伸長不可。332条1項・2項・6項)。	監査役の任期は4年(短縮不可・非公開会社では最大10年に伸長可能。336条1項・2項)。
構成員の報酬等	監査等委員である取締役の報酬等は, それ以外の取締役の報酬等と区別して, 定款または株主総会の決議で決定(また監査等委員の協議。361条1項から3項)。⑧監査等委員である取締役は, 株主総会において, 監査等委員である取締役の報酬等について意見陳述可能(361条5項)。	執行役・取締役・会計参与の個人別の報酬等の内容は, 報酬委員会が決定(404条3項)。	監査役の報酬等は,定款または株主総会の決議で決定(また監査役の協議。387条1項・2項)。監査役は, 株主総会において, 監査役の報酬等について意見陳述可能(387条3項)。
調査	⑨監査等委員会が選定する監査等委員の業務等調査権(399条の3)。	⑨監査委員会が選定する監査委員の業務等調査権(405条)。	⑨監査役の業務等調査権(381条2項から4項)。
取締役会への報告	監査等委員は, 取締役の不正行為等を取締役会に報告(399条の4)。	監査委員は, 執行役・取締役の不正行為等を取締役会に報告(406条)。	監査役は, 取締役の不正行為等を取締役会に報告(382条)。
差止め	監査等委員は, 取締役の違法行為等の差止請求権(399条の6)。	監査委員は, 執行役・取締役の違法行為等の差止請求権(407条)。	監査役は, 取締役の違法行為等の差止請求権(385条)。

〔問題〕

① 下線部①に関して, 監査等委員会設置会社, 指名委員会等設置会社, 監査役会設置会社のうち, 会計監査人の設置が強制されるものはどれか。
② 下線部②の「一定の要件を充たす場合」とは, いかなる場合か。
③ 下線部③の「一定の要件を充たす場合」とは, いかなる場合か。
④ 下線部④に関して, 会計監査人の報酬等は, 定款または株主総会の決議で定めなければならないのか。また, 監査等委員会・監査委員会・監査役会は, 会計監

査人の報酬等の決定にどのように関与するか。
⑤　下線部⑤に関して，監査等委員会設置会社における監査等委員である取締役以
外の取締役の解任要件はどうなっているか。
⑥　下線部⑥に関して，監査等委員会が選定する監査等委員が，株主総会において，
監査等委員である取締役以外の取締役の選解任等について，監査等委員会の意見
を述べることはできるか。
⑦　下線部⑦に関して，監査等委員会設置会社における監査等委員である取締役以
外の取締役の任期はどうなっているか。
⑧　下線部⑧に関して，監査等委員会が選定する監査等委員が，株主総会において，
監査等委員である取締役以外の取締役の報酬等について，監査等委員会の意見を
述べることはできるか。
⑨　下線部⑨に関して，監査等委員会設置会社において，監査等委員会により選定
された監査等委員は，調査に関する事項について監査等委員会の決議があるとき
は，これに従わなければならないか。指名委員会等設置会社や監査役会設置会社
の場合はどうか。

Quiz 2　指名委員会等設置会社について，次の各肢の正誤について，根拠条文
を挙げて説明しなさい。
①　指名委員会等設置会社の取締役会は，執行役だけでなく代表執行役も選定し
なければならない。
②　大会社でない会社でも指名委員会等設置会社となることができる。
③　指名委員会等設置会社が同時に会計参与設置会社でもある場合には，指名委
員会で，会計参与の選解任議案の内容が決定される。
④　報酬委員会で個別の取締役の報酬額が決定されると，その額をさらに株主総
会で承認する必要はない。
⑤　各委員会の委員は，その委員が所属する委員会の決議によって解職される。

Quiz 3　指名委員会等設置会社の監査委員会について，次の各肢の正誤につい
て，根拠条文を挙げて説明しなさい。
①　監査委員による執行役等の行為の差止めを請求することができる場合の要件
は，監査役設置会社における監査役の差止請求権の場合と同じである。
②　監査委員も監査役と同じく独任制をとっているため，執行役等の職務執行の
調査を各監査委員が独自に行うことができる。
③　監査委員会に常勤の監査委員を置くことまでは法律で要求されていない。
④　取締役・執行役の任務懈怠責任の一部免除に関する議案を株主総会に提出す

る際は，監査委員全員の同意を必要とする。
　⑤　監査委員会は会計監査人を解任することができる。

第5節　監督是正（株主代表訴訟・差止めを含む）

1.　株主の情報収集

　株主は，株式会社の経営の不正・不適切を発見し，それを是正し，必要があれば訴訟を提起することができる。会社の組織に関する行為の無効の訴え（828条）や株主総会等の決議取消しの訴え（831条）のように会社に対して起こすもの，代表訴訟を含む役員の責任追及の訴え（847条）のように役員に対して起こすもの，あるいは取締役の行為を事前に差し止めるもの（360条）などである。
　いずれの場合でも，株主が訴訟を提起するためには，会社内部に存在する情報にアクセスすることが必要となる場合が多い。特に所有と経営の分離した公開会社においては，経営者と一般投資家との間に情報の非対称性（有する情報の量・質の格差が大きいこと）が存在するため，法的な権利行使によってその差を埋めることを認める必要性が大きい。このため，株主の情報収集権を定めた規定は会社法全般に散在している。もっとも，株主の情報収集権は，それが濫用されると会社や他の株主の利益を害するという危険も存在する。そこで会社法は，会計帳簿の閲覧請求権など株主による濫用のおそれが高い場合について，請求の理由を明らかにさせ（433条1項。その他，株主名簿について125条2項参照），会社において拒絶事由の有無を判断できるようにしている。ただしこの請求の理由については，「具体的に記載されなければならないが，……請求をするための要件として，その記載された請求の理由を基礎付ける事実が客観的に存在することについての立証」までは要しない（最判平成16・7・1民集58-5-1214）。
　訴訟において株主側は民事訴訟法220条，221条，223条に依拠することも考えられるが，株主と取締役が代表訴訟で争っているような局面において裁判所は文書提出命令を発することに消極的な傾向がある（たとえば，最決平成11・11・12民集53-8-1787，最決平成12・12・14民集54-9-2709）。

Quiz 1
　株主が次の書類を閲覧したいと思う場合，すべての株主が閲覧可能か，それとも何らかの資格や手続が必要か。必要だとすればどのような要件か。
①　定款（31条）
②　株主名簿（125条）

③　会計帳簿（433条）
④　計算書類（442条）
⑤　株主総会の議事録（318条4項）
⑥　取締役会の議事録（371条2項・3項・6項）
⑦　監査役会の議事録（394条2項・4項）

Quiz 2 ★　株主が会計帳簿の閲覧と株主名簿の閲覧を求めてきた場合，株式会社は，当該株主が当該会社の業務と実質的に競争関係にある事業を営んでいることを理由に，これらの閲覧請求を拒絶することができるか（なお，会計帳簿閲覧請求に係る少数株主要件は充たしているものとする）。

Writing
　公開会社であり監査役会設置会社であるA株式会社は，インターネットに関する情報通信サーヴィス業を営んでいる。また，A会社の完全子会社であるX株式会社は，情報通信関係企業を中心に有価証券の保有，運用を目的としている。Y株式会社は，普通株式のみを発行する公開会社であり，その発行する株券を東京証券取引所第1部に上場している。Y会社は，放送法に基づく一般放送事業を営んでいるほか，平成15年以降，インターネットでの動画配信事業にも取り組んでいる。
　X会社は，平成21年夏からY会社株式を取得し，平成22年3月末の段階でY会社の発行済み株式総数の約19％を取得した。これはA会社が自らのインターネット関連事業を発展させるため，Y会社との事業提携を望んだためであり，より具体的にはY会社の放送番組コンテンツを必要としていたためであった。Y会社は，A会社の事業提携に関する提案について交渉に応じたが，これと同時にA会社による乗っ取りを恐れてもいた。そのため，取引先に市場におけるY会社の浮動株を取得してもらうよう働き掛け，Y会社としても当該取引先の株式を取得することとして，株式持合い関係を構築していった。
　これに対してX会社は，Y会社の資金が株式持合いのために浪費されていると考えた。そこでX会社は，平成22年6月開催のY会社定時株主総会において，当該事情を質問するため，また議決権を行使するために，Y会社における過去3年分の有価証券台帳の閲覧謄写請求を行いたいと考えている。X会社の請求は認められるか。X会社が主張・立証すべき事実，請求を拒絶したいY会社からなされるであろう反論を踏まえて検討せよ（東京地判平成19・9・20判時1985-140参照）。

2. 会社関係訴訟

Quiz 1
　株式会社の代表取締役は株式会社の裁判上の行為をする権限があるため（349条4項），会社が訴訟の当事者になる場合，原則として代表取締役が会社を代表する。ただし株式会社と取締役との間で訴訟をする場合（会社が取締役に対して訴訟を提起する場合と，取締役が会社に対して訴訟を提起する場合の双方を含む）において，会社を誰が代表するかについては特別の規定がある。次の会社において，会社が役員に対して訴訟を提起する場合，誰が代表することになるか。株主が役員の責任追及の訴えを提起するよう会社に請求するとき，その窓口になるのは誰か。それぞれの場合について根拠条文とともに答えなさい。
　①　取締役会を設置していない会社（監査役設置会社・指名委員会等設置会社・監査等委員会設置会社ではない）
　②　取締役会，会計参与を設置しているが，監査役設置会社ではなく，指名委員会等設置会社・監査等委員会設置会社でもない会社
　③　監査役設置会社（2条9号の定義に従う）

Quiz 2　以下の質問に，根拠条文を示して答えなさい。
　A株式会社（公開大会社，監査役会を設置している）の株主S_1が，取締役D_1の違法行為によりA社に損害が生じたとして，D_1の賠償責任を問いたいと考えている。
　①　S_1がまずなすべきことは何か。
　②　その後しばらくしてもA社がD_1を訴えようとしない。S_1には何ができるか。
　③　S_1はD_1を被告として株主代表訴訟を提起した。他の株主のS_2は原告側を応援・支援したいと考えているが，「訴訟参加」という形式をとる際にはどのような参加形式が考えられるか。
　④　D_1はS_1による提訴は，いわゆる濫訴であると考えているが，濫訴に晒されることから自己を守るために裁判所にどのような申立てを行うことが考えられるか。
　⑤　A株式会社の取締役会もS_1の訴訟は濫訴であると考えており，A社としてもD_1を応援するため訴訟参加したいと考えている。その際，どのような手続を採り，誰が訴訟上A社を代表すべきか。
　⑥　S_1が要求している賠償額は20億円にのぼり，これはD_1の個人資産では到底払いきれる額ではないとする。D_1の賠償責任を軽減するには，どのような手続を踏むことが必要となるか。
　⑦　結局，S_1・D_1以外の関係者は訴訟に一切参加せず，S_1・D_1の間で和解が締結された。和解によってS_1は再度D_1を同一の訴訟原因によって提訴することは許

されなくなるが，他の株主による代表訴訟を封じるためには，D₁等はどのような手続を踏むことを必要とするか。

Quiz 3　次の各肢の正誤について，根拠条文を挙げて説明しなさい。
① 会社の成立後における株式発行の無効の訴えは，発行した株式会社に対しても，当該新株を引き受けた特定の相手方に対しても提起することができる。
② 吸収合併を承認しなかった存続会社の債権者は合併無効の訴えを提起できない。
③ 株主が役員の責任を追及する際，公開会社の株主の資格要件に「6ヶ月前から引き続き株式を保有すること」というものがあるが，この6ヶ月という期間は定款で伸縮できる。
④ 役員の責任追及の訴えの係属中に，当該株式会社の株式交換が行われ，原告であった株主が当該株式会社の完全親会社の株主となったために当該株式会社の株主でなくなった場合，当該株主の原告適格は消滅する。
⑤ 株主に代表訴訟の対象として責任を追及される「役員等」と，解任の訴えの対象となる「役員」とは範囲が異なる。

Writing
次の事実を読んで，後の**〔設問〕**に解答しなさい。
　甲株式会社（取締役会設置会社・監査役設置会社）（以下，「甲会社」という）の役員は，代表取締役A，取締役B，取締役C，監査役Dの4人である。また，甲会社の株主は，A・B・C・Dの4人である。甲会社の経営は，Aが独断専行しており，B・Cはこれに反対できない状態が続いている。Dは，Aが独断で甲会社の事業を続けるにあたり不可欠の財産を市場価格を3割下回る価格で売却しようと画策していることを知った。
〔設問〕　Dは，以下の(1)および(2)の手段を講じることができるか。
(1) Dは，甲会社の取締役会を招集して，当該財産の処分について検討するよう要求できるか。
(2) Dは，Aに対して，当該財産の処分を止めるよう請求することができるか。

　なお，親子会社における責任追及の訴え（847条の2，および847条の3）のルールを確認するための問題が，第10章**5．親子会社における責任追及**に置かれている。

第3章　企業会計

第1節　計算書類等

1. 概　観

　帳簿を作成し，一定の期間ごとにそのデータを貸借対照表などの財務的書類に集約することは，営利・非営利を問わず，小規模の団体であっても（たとえば親睦活動を行う小規模のサークルや，数人でラーメン屋台を経営する場合や数十名程度から構成されるマンションの管理組合などを想定せよ），少なくともそのメンバーが経済的合理人であれば法律の強制がなくとも行うはずである。その理由は，①団体の活動状況を把握し，活動を改善する上で有益であること，および②メンバー間の利害対立（一部のメンバーの使い込みの監視や，収益金の分配など）を規律する上でも有効だからである。企業会計は，このように営利企業の実際的必要から生まれ，工夫され発展してきた。しかし，このような実務の自発的な営みは，やがて法規制に採り込まれ，また法の規律に服するようになる。③メンバーが有限責任しか負わない団体にあっては団体債権者を保護するために，分配（配当）規制の制度が必要であり，④企業への課税が普及すると法人税の納税額の算定に会計が必要とされ，⑤さらに大規模・公開企業においては，投資家に財務情報を提供することが投資家保護・経営者の不正防止のために強行法的に必要と考えられるようになった。つまり，所有と経営の分離している状況では，企業会計を強行法規化する必要が生じたわけである。
　④は税務会計と呼ばれる。会社法会計（制度会計）は③⑤をいちおうカバーしているが，金融商品取引法の適用される企業にあっては⑤はむしろ同法により主として規律されている。このように会社法・金融商品取引法・税法は，それぞれの目的意識から，「企業（団体）自身のための会計」を採り入れ，その内容に干渉を加えている。わが国の会計ルールは複雑ではあるが，3つの会計のうち共通化できる部分を共通化し，目的が異なるため共通化が困難な部分については分離する方向で，近時の諸改革が進展している。
　上場会社等は会社法が株式会社に対して要求するよりもはるかに詳細で，厳格なルールに基づく書類の作成・開示を，金融商品取引法およびその関連の内閣府令により義務付けられている。会社法上の貸借対照表・損益計算書その他の書類が「計

算書類」と呼ばれるのに対して，金融商品取引法により要求される貸借対照表・損益計算書その他の書類は「財務諸表」と呼ばれる。代表例として，新株発行などの際に作成される有価証券届出書や目論見書，定期的に作成・開示がなされる有価証券報告書などがこれに該当する。財務諸表の作成される株式会社においては，株主や，これから株式を購入すべきか否かを考慮中の投資家一般において参考となるのは，会社法上の計算書類ではなく，これらの財務諸表である。

　上場会社の多くが，貸借対照表・損益計算書などを自社ホームページで公開している。ホームページを閲覧するなどしてこれらの計算書類に親しんでおくことは学習上有益である。

Quiz 1
　株式会社の貸借対照表・損益計算書の記載方法を定める法令を条項を含めて答えなさい。

　平成17年制定の会社法および今後の改正によって計算書類の様式に変化が生じた。たとえば，貸借対照表の右下の項目が「資本の部」から「純資産の部」という名称に変更された。
　上場会社を主な適用対象とする会計ルールは，各国の会計基準設定機関（民間の機関であることが多い）が国際的な協議を行いつつ各国において設定することが一般的である。わが国では「財団法人財務会計基準機構」の内部に置かれた「企業会計基準委員会」(http://www.asb.or.jp/) が各種の会計基準の設定に取り組んでいる。国際的な会計基準の潮流に呼応して会計基準も頻繁に改定されることが予想されるため，株式会社に適用される会計ルールは会社法の本体には置かれず，「会社法施行規則」および「会社計算規則」に定められ，迅速に会計基準の改定に対応できるように配慮されている。
　これらの法務省令に定められた会計ルールのほとんどは大規模の公開的企業と小規模の閉鎖的企業の両方に適用されるものであるため，会社法施行規則のルールは一般的なものにとどまる。大規模公開企業の実務においては，より詳細で厳格な，「企業会計原則」（企業会計基準委員会の前身である企業会計審議会により定められた）および企業会計基準委員会の設定する各種会計基準が参照される。

Quiz 2
　国会・行政府が制定したのではない企業会計基準には法的効力があるのか。

【参考判例】　最判平成20・7・18刑集62-7-2101（長銀粉飾決算事件上告

審判決）

　不良債権を多く抱える銀行の計算書類・（金商法上の）財務諸表の作成に当たって，「公正ナル会計慣行」（平成17年改正前商法32条2項＝会社法431条に相当）に反する違法な会計処理がなされたのではないかが問題となり，第1審判決・控訴審判決はこれを認め，被告人である銀行の頭取らにつき虚偽有価証券報告書提出罪および違法配当罪が成立する（有罪判決を宣告）としたが，最高裁はこれらの判決を破棄し，被告人らを無罪とした。

　具体的には，銀行の決算処理（同行の関連ノンバンク等に対する貸出金の資産査定）が資産査定通達等によって補充される改正後の決算経理基準によらず，従来の基準（いわゆる税法基準）により行われた場合につき，改正後の基準は直ちに適用するには明確性に乏しかったこと，及び，従来の基準を排除して厳格に改正後の基準に従うべきことが通達上必ずしも明確でなかったことを理由に，当該決算処理が「公正ナル会計慣行」に反する違法なものとはいえないとした。

Column　企業会計とは

（1）　企業会計とは，企業の利益を一定のルールに従い算出し，それを開示することである。企業会計には，①利害関係人（投資家・債権者など）に情報を提供することで，利害関係人の意思決定を支援する機能と，②剰余金の分配を制限して企業の債権者を保護する機能という，2つの（ときには相反する）機能がある。

　企業会計は，企業の経済活動および財務状況を「円」（邦貨）という単位で評価・表示する。ある経済的事象をどのように会計上取り扱うかについては，しばしば複数の会計処理が存在し，そのいずれを選択するかについては計算書類（財務諸表）の作成者に裁量が認められている。企業会計とは，唯一の正しい数値を導くものではなく，計算書類（財務諸表）の作成者が裁量の範囲内で合理的に数字を導くものに過ぎない。適正な会計処理とは，1つの点に定まるものではなく，一定の幅をもって存在するのである。

　企業会計がどのようなものであるべきかをめぐっては，20世紀の中頃に大きなパラダイム・シフトがあり，1990年代以降にも同等の大きなパラダイム・シフトが生じている。(3)(4)で後述するように，後者は現在も進行中である。

　20世紀の前半には，「財産法」と呼ばれる会計方法，すなわち個別の資産や負債の価値を積み上げ，資産と負債の差額として企業価値を観念し，期首と期末との企業価値の増減をもって利益・損失と考えるやり方が取られていた。しかし，現在では，「損益法」，すなわち1会計期間内における収益総額と費用総額の差額をもって利益・損失と考え，企業の継続性を前提に財産の換価価値ではなく企業の収益力を測定しようとするやり方が一般的である。

(2) 企業会計においては、収入や費用をいつ認識するか、収入・費用をどのように評価するかが問題となる。たとえば、株式会社が過去に1億円で取得した資産が事業年度末に3億円に値上がりしているというとき（あるいは2000万円に値下がりしているというとき）に、保有財産の値上がり＝含み益の発生（値下がり＝含み損の発生）を収入（費用）として認識するか。当該不動産を取得時の価額と時価とのいずれによって計上するか。

損益法においては、資産は取得価額（原価）によって評価・計上し、含み益・含み損は実際に当該資産を売却するまでは実現していないとして評価・計上しないことが基本である。同様に費用もその発生時に認識する。しかし、この原則については、様々な例外がある。

たとえば、土地以外の有形固定資産（たとえば工作機械）においては、その購入費用は通常、一会計年度に発生し支払われるが、当該資産を使用することによって得られる収益は複数年度にわたって生じるので、会計年度ごとに費用と収益を対応させるために当該資産の評価額を一定の年数（耐用年数）で規則的に減少させ、減価分を費用として認識する処理（減価償却）が取られる。株式や社債の発行によって資金調達を行う際には、証券会社等に手数料を支払うなどの出費が生じることが少なくないが、この支出に対応する収益が将来の数期にわたって生じると考えられるため、支出時に全額を費用として認識するのではなく、支出額に相当する無形の収益力が企業内に発生したとみなしてそれを繰延資産として計上し、法定年数以内に規則的に償却することによって費用を複数の会計年度に配分することがある（なお、かつては研究開発費〔R&D〕が繰延資産の代表例とされたが、近年の会計基準の改正などにより、現在では繰延資産とは認められなくなっている）。

フォーマルに表現すると、

「減価償却」とは、使用や時の経過によって価値が減少していく固定資産の取得原価を、使用可能な期間に効用の費消分を費用化し、配分する手続であり、期間損益計算の適正化を目的とする。

「繰延資産」とは、既に代価の支払が完了しまたは支払義務が確定し、これに対応する役務の提供を受けたにもかかわらず、その効果が将来にわたって発現するものと期待される費用で、その効果の及ぶ数期間に合理的に配分するために、経過的に貸借対照表上に設けられる計算項目（企業会計原則注解注15）をいう。

「引当金」とは、将来の特定の費用又は損失であって、その発生が当期以前の事象に起因し、発生の可能性が高く、かつその金額を合理的に見積もることができる場合には、当期の負担に属する金額を当期の費用又は損失として繰り入れるもの（企業会計原則注解18）。製品保証引当金、退職給与引当金、修繕引

当金など。

(3) 以上の減価償却・繰延資産・引当金などの会計方法は非常に古くから用いられてきたものであるが，最近ではより広く，未実現の費用を認識することや資産を時価で評価する等の会計処理を行う範囲が拡大してきている。

たとえば，固定資産が，資産の収益性の低下によって投資額の回収が見込めなくなる場合（固定資産の減損）には，資産の回収可能性を反映させるように相当の減額を行うこと（減損処理，減損会計）が必要か否かが問題となる。その手続きは，減損の兆候の把握，減損損失の認識，および減損損失の測定という3段階を経て行われる。減損会計そのものは古くから存在した問題であるが，2002年8月に企業会計審議会の公表した「固定資産の減損に係る会計基準の設定に関する意見書」は，減損処理をより厳格に実施する方向でのルールを提示した。

このほかにも，1990年代後半以降に金融商品の時価評価，年金債務のオンバランス化，税効果会計などの新しい会計方法がわが国で実施されてきた。これらは，その影響の大きさから「会計ビッグバン」と呼ばれた（上記のほかにも，連結決算中心主義や研究開発費の発生時一括費用計上などが実務への影響が大きな会計制度の変化である）。これらの大改革の背景には，日本企業の計算書類（財務諸表）の信頼性がバブル崩壊後の時期に失われたことから信頼性の回復が求められた事情と，会計基準の国際的調和という状況とがある。

(4) 企業会計基準委員会は2010年6月30日に企業会計基準第25号（包括利益会計基準）を公表した。これにより，同基準の適用される会社においては，連結包括利益計算書・連結貸借対照表を作成し包括利益を表示することが，2011年3月31日以後終了する連結会計年度から義務付けられることとなった。会社法においても，会社計算規則が2010年9月30日に改正され，同日公布・施行され，包括利益計算書の作成や（連結）貸借対照表に包括利益を表示することが可能とされた（包括利益会計基準が公正妥当な企業会計の基準・慣行に該当するとしてそのしん酌が求められる〔会社計算規則3条〕会社においては，包括利益に関する計算書類の作成が義務付けられることになる）。

もっとも，この新しい会計基準は当面は連結財務諸表（連結計算書類）に適用され，個別財務諸表への適用については包括利益会計基準の公表から1年後を目途に判断することとされている（仮に，包括利益に依拠する会計処理が法人税額の算定や分配可能額〔会社債権者保護のために社内留保すべきバッファー〕の算定にふさわしくないと判断されれば，単体の会計処理は従来に近いものに止まることになる）。

包括利益とは，ある企業の特定期間の財務諸表において認識された純資産の変動額のうち，当該企業の純資産に対する持分所有者との直接的な取引（資本取引）によらない部分をいう。従来の企業会計においては，(1)(2)で解説したように，収益と

費用の差額である純利益（純損失）を当該年度の企業の業績であるとして重視してきた（損益法）が，包括利益はいわば財産の増減をもって企業の業績を計るものであり，財産法への先祖帰りのように見えなくもない。

　このような会計基準の動きは，直接的には国際財務報告基準（IFRS）および米国会計基準（FAS）の動きをわが国が取り入れ，国際的な会計基準の調和を図ろうとすることに起因している。伝統的な会計基準は，企業の業績および経営者の経営手腕を表すことに重点を置いていたのに対して，近時の会計基準は，企業価値の測定により重点を置いている。そして，(3)で前述した退職給付会計，税効果会計，減損会計などの「時価」を重視する会計とともに，包括利益もまた，株式市場や為替相場の変動など，経営者が制御不可能な事象の影響を受けやすいものであり，かつ景気の変動と同じ方向に損益を動かすという傾向があり，損益の増減のブレがかつての会計基準による場合にくらべて大きくなるため，経営者に対してより大きなプレッシャーを与えるという指摘もある。

　(5)　計算書類（財務諸表）の作成者には一定の裁量が認められている。

　企業会計とは，一点の曇りもない真実を映し出すものではない。むしろ，現実の取引や経済的事象が持つ多様性を剝ぎ取り，一定の約束事にしたがってそれを単純な数値に集約するものである。会計情報の利用者は，会計情報がそのようなものであることを踏まえて意思決定を行うことが予定されている。

　数々の会計基準の設定・改廃がなされた現在でも，企業の保有する資産の多くは取得原価によって評価・計上されている。いうまでもなく，取得原価は当該資産の現在の価値とは異なるし，また個別資産の価値を合算した額と資産の組み合わせから生じる企業の収益力とは同じではない。たとえば，A株式会社がある財産の集合体をBに譲渡しようとするとき，それが「重要な財産の処分」（会362条4項1号）に当たる場合や，BがA社の取締役である場合（356条1項2号，365条1項）には，A社の取締役会は当該財産の譲渡を承認する際に，その価格の妥当性を審査することになるが，その際には当該財産の集合体の持つ収益力（収益還元法などによって算定される）や，それが市場で取引されるならばいくらと評価されるか（時価）などの経済実体に即して判断されるべきであり，処分の対象となった資産の計算書類上の評価額（帳簿価額：簿価）を基準とすべきではない。もちろん，資産の収益力や時価はしばしば明らかでないため，その場合には，便法として簿価を一要素として参照することはありうるが，規模の大きな取引である場合や，会社にとって危険が大きな取引である場合には，独立した専門家による価格算定を依頼するなど，簿価を盲信せず時価を探求しようとする努力が取締役の善管注意義務の一環として要求されることも少なくないだろう。

2. 計算書類等の作成

Quiz 1

株式会社の計算について，次の各肢の正誤について，根拠条文を挙げて説明しなさい。

①企業会計基準委員会の設定している「企業会計原則」その他の各種の企業会計基準および企業会計基準適用指針は，すべての株式会社にとって「一般に公正妥当と認められる企業会計の慣行」と解される。

②親会社の株主が子会社の会計帳簿を閲覧する権利を行使できる場合がある。

③計算書類及び事業報告並びにこれらの附属明細書について，それらが書面をもって作成されている場合には，会社債権者は，営業時間内であれば，裁判所の許可を得ることなく当該書面又はその写しの閲覧を請求できる。

④自己株式は，貸借対照表の資産の部に計上される。

⑤株式会社は，法定の手続により承認され確定した貸借対照表などを公告しなければならないのが原則であるが，自社のインターネットで公開することにより，公告を省略できる場合がある。

⑥取締役会設置会社においては，定時株主総会の招集通知に際して，取締役は株主に計算書類および事業報告を提供しなければならないが，同じ方法で附属明細書を提供する必要はない。

Quiz 2

①株主総会による計算書類等の承認が必要である場合に，会社計算規則5条の定める資産の評価計上ルールに反して作成された損益計算書・貸借対照表が株主総会によって承認された。総会決議には効力に影響を及ぼす瑕疵が存在するか。②合理的な理由がないのに，会社が減価償却の会計処理方法を変更した場合には，計算書類は有効といえるか。③株主総会による計算書類等の承認が必要である場合に，A株式会社の第10回定時株主総会で計算書類等が承認されたが，同総会の招集手続に瑕疵があったとして決議取消の訴えが提起された。その後，同訴訟が係属中に，第11回，第12回の定時総会が開催され，計算書類等が承認されたというとき，決議取消訴訟の訴えの利益は失われるか。

②のヒント：企業会計原則の一般原則「五」は，「企業会計は，その処理の原則及び手続を毎期継続して適用し，みだりにこれを変更してはならない」と述べる（継続性の原則）。

③のヒント：最判昭和58・6・7民集37-5-517。

虚偽の計算書類を作成した役員等は，これによって第三者に生じた損害を賠償す

る責任を負う。ただし、無過失を証明すれば責任を免れる（会429条2項。悪意・重過失を要しない点、無過失の立証責任が役員側に課されている点において、同条1項の責任よりも役員等にとって厳格である）。また、虚偽記載と損害との間に相当因果関係が存在しない場合には、2項責任は発生しないが、この場合には会社法429条1項による賠償責任が問題となりうる。この因果関係の解釈が問題となった事例として、本書第9章 *Case 3*（303頁）を参照。

第2節　資本制度・株主への分配

1. 資本金・準備金

ここでは資本金・準備金の金額がどのように定まるのかを学ぶ。資本金・準備金というのはあくまで計算上の数額であり、それに対応する財産が現実に会社に存在することを保障するものではない（**3**参照）。資本金・準備金は、分配可能額（会461条2項）を規定すること、すなわち配当等に限界を画し、債権者を保護するために設けられた技術的概念である。

Quiz 1

①A株式会社は新株発行により8000万円の払込みを受けた。同社の資本金・資本準備金はいくら増加するか。②A社が普通社債の発行により8000万円の資金を調達した場合はどうか。

大雑把に言って会計学では、原材料の仕入れや製造品の販売などの、日常用語でいう取引のことを「損益取引」、新株発行や剰余金配当などを「資本取引」と呼ぶ。損益取引は損益計算書に反映され、資本金・準備金の増減や、剰余金の配当、自己株式の消却などによる資本の部の計数の変動は株主資本等変動計算書に記載されることになる。

なお、会社成立後に資本金・準備金の減少を行う場合には、減少できる金額には制限は設けられておらず、いずれも0円とすることが可能と考えられている（相澤哲編著『一問一答　新・会社法』〔商事法務・2005〕162頁）。

Quiz 2

株式会社の計算について、次の各肢の正誤について、根拠条文を挙げて説明しなさい。

①　会社法に従い資本金を減少させるとき、債権者保護手続きが不要となる場合は

ない。
② 会社法に従い資本金を減少させるとき，株主総会決議が不要となる場合はない。
③ 資本金減少のため債権者保護手続きを行うとき，知れている債権者への各別の催告が不要となる場合がある。
④ 欠損の填補のために準備金を減少させるとき，債権者保護手続きが不要となる場合がある。
⑤ 準備金の額を減少させて資本金を同じ額だけ増加させるためには，株主総会決議は不要であり，取締役会決議または取締役による決定で足りる。
⑥ 資本金減少については無効の訴えがあるが，準備金減少については無効の訴えは規定されていない。
⑦ 発行済株式数が増減するときには，資本金の額も増減する。
⑧ 株主は，株式会社の営業時間内であれば計算書類などの閲覧の請求をすることができるが，債権者には同様の請求は認められていない。

　純資産額が資本金・準備金の合計額を下回るとき，その不足額を「(資本の) 欠損」という。資本金や準備金を減少させることにより欠損を解消することを「欠損(の) てん補」というが，これと新株発行やデット・エクイティ・スワップを組み合わせることで財務悪化企業の再建をはかることがある。欠損の填補については次の *Quiz 3* を参照。

Quiz 3

　現在，甲株式会社の資本金は500万円，準備金は400万円，剰余金は1000万円である。
　①資本金を100万円減少させ，それを準備金の増加に充てることは可能か。剰余金の増加に充てることは可能か。②準備金を減少させ，それを剰余金の増加に充てることは可能か。③これらの場合に，株主総会の決議が必要か。必要な場合には，特別決議・普通決議のいずれが必要か（同時に新株発行がなされる場合に例外があるので，その例外の内容を述べなさい）。④上記の例とは異なり純資産額が800万円であり，これが資本金・準備金の合計額（900万円）を下回っている（資本の欠損が生じている）という場合に，資本金を100万円減少させることによって欠損額を0にする場合には，総会決議は必要か。⑤資本金や準備金を減少させるには，債権者保護手続きが必要か。⑥資本金減少，準備金減少の効力が生ずるのはいつか。

2. 剰余金の配当

Quiz 1

①株式会社が、一事業年度の途中に1回に限り取締役会の決議によって剰余金の配当を行うことができる制度を何というか。②定時総会以外の株主総会（臨時総会）で剰余金の配当を決議することができるか。③会社は、金銭以外の財産を配当することができるか。

　各株主に対して配当される金額は、持株数に比例してなされなければならない（454条3項）。ただし、種類株式（たとえば配当優先株式）について定款規定に応じた扱いをすることは妨げられない。

　大株主Xが、同人に対してのみ会社Yが一定額の金銭を支払う贈与契約に基づいて、Y社に契約の履行を求める訴訟を提起したが、この契約が株主平等の原則に違反し無効であるとして請求を斥けた最高裁判例がある（最判昭和45・11・24民集24-12-1963）。この事件では、Y社の業績が思わしくなく、Y社の経営者は定時総会における計算書類の承認において配当を行わない旨の議案を提出しようとして事前にXに相談したところ、Xが配当に代わる金銭の提供を求めたという事情があり、贈与契約を締結したY社社長が交代した後金銭が支払われなくなったためXが提訴に及んだという事案であった。この問題に関連して、本書第10章**3**を参照。

Quiz 2

　株式会社の計算について、次の各肢の正誤について、根拠条文を挙げて説明しなさい。
① 　株主総会決議で剰余金配当を決定するには、定時総会によらなければならない。
② 　中間配当は、年に1回に限り取締役会の決議によりこれを行うことができる。
③ 　委員会設置会社であれば、定款に定めがなくても、剰余金配当を取締役会限りで行うことができる。
④ 　金銭以外の財産を剰余金配当の対象とするときには、必ず株主総会の特別決議が必要である。
⑤ 　分配可能額に違反して配当された財産を受領した株主に対して、株式会社の債権者は、交付を受けた金銭等の帳簿価額を会社に支払うように請求することができる。
⑥ 　臨時計算書類の制度を利用すれば、前事業年度末から臨時決算日までに生じた損益を分配可能額に反映させることができる。
⑦ 　配当される金銭の額が配当の効力発生日における分配可能額を下回っている場

合でも，配当が行われた事業年度の期末に欠損が生じた場合には，業務執行者は会社に対して欠損の額（配当額を上限とする）を支払う義務を負うが，この責任は過失責任とされている。

平成17年の会社法により従来の最低資本金制度は設立時の出資金額の規制としては撤廃されたが，純資産額が300万円を下回る場合には配当をなしえないこと（458条），また純資産額が300万円を上回る場合でも超過額のみが分配可能額となること（461条2項6号，会社計算規則158条6号）に注意が必要である。

Quiz 3

A社の取締役Bが株主CDE（それぞれA社株式を1株ずつ有する）に対して10万円ずつ配当を行う旨の総会議案を作成し，A社の株主総会でこれが可決され，配当金が支払われたが，A社には分配可能額が15万円しかなかった。①CDEはA社に対してどのような義務を負うか。②BはA社に対してどのような義務を負うか。【ヒント:462条1項柱書】　③CDEは無過失であったことを立証して①の責任を免れることができるか。Bは無過失であったことを立証して②の責任を免れることができるか。【ヒント:462条2項】　④Bが②の義務を果たしたときに，CDEに対して何らかの請求をすることができるか。【ヒント:463条1項】

Quiz 4

A社には分配可能額が15万円しかなかったのに，株主CDE（それぞれA社株式を1株ずつ有する）に対して10万円ずつの配当が行われた。①A社に対して40万円の貸付金債権を有するFは，CDEに対して何らかの請求をすることができるか。【ヒント:463条2項】　②Fがこの①の請求を行うためには，A社が無資力であることは必要か。

Quiz 5

K株式会社の最終の事業年度末の時点での貸借対照表（単位は，百万円）は，下記のとおりである。

流動資産	6000	負債	3000
		資本金	1500
固定資産	1000	資本剰余金	2000
		資本準備金	1500
		その他資本剰余金	500
		利益剰余金	1000
		利益準備金	500
		その他利益剰余金	500
		自己株式	△500
	7000		7000

① 期末日の剰余金の額はいくらか。
② 期末日の分配可能額はいくらか。
③ 期末日から剰余金配当の効力発生日までに自己株式のうち帳簿価額3億円に相当する部分を6億円で処分した場合の剰余金の額はいくらか。
④ ③の場合の分配可能額はいくらか。

第4章　株式会社のファイナンス

第1節　募集株式の発行等

1．「募集株式の発行等」とは

　会社成立後に株式が発行される場合を「新株発行」と呼ぶが，会社法はこれを「募集株式の発行等」の一態様としている。「募集株式の発行等」とは，会社が新たに株式を引き受ける者を募集して，その者（＝株式引受人）に対して新たに発行する株式を割り当てる場合と，株式引受人に対して会社が保有する自己株式を割り当てる場合（自己株式の処分）との両方を包含する概念である。

Quiz 1

　(1)　甲株式会社は，公開会社であり，上場会社でもある。甲会社は，同社の株価が2000円前後で推移しているときに1200円を払込金額として募集株式の発行を行なう旨の公告（201条4項）を行った。株主Aはこの募集株式の発行に不服である。Aは，どのような法的措置を講ずることができるか。

　(2)　乙株式会社は，公開会社であるが，内部で社長派と専務派が対立している。乙会社代表取締役社長Pは，乙社が事業において特に資金を必要としているわけではないのに，自派の株主のみに募集株式を割り当てる内容の募集株式の発行を行おうとして，その旨の取締役会決議を得て，その内容を株主に郵便で通知した（201条3項）。専務派の株主でこの募集株式の発行に不服のあるBは，どのような法的措置を講ずることができるか。

　(3)　丙株式会社代表取締役Qは不当に低い払込金額で募集株式発行を決定し，すでに募集株式が発行されてしまっている。この募集株式の発行に不服のある株主Cがその発行の無効の訴えを提起すると認容されるか。株式発行の効力を争う以外に，Cが講じることのできる法的手段はあるか。

　(4)　戊株式会社の募集株式の発行について，同社代表取締役Rは，取引先Dから現金ではなく，不動産や特許権などを会社に出資してもらい，Dに募集株式の一部を割当てようとしている。①戊会社は，そのために会社法上のどのような手続をとらなければならないか。②この手続きを避けるために，戊社とDは，不動産や特許権

の売買契約を結ぶことができる。具体的に説明しなさい（207条9項5号を参照）。

Quiz 2 ★ 次の表を参照しながら，後の〔問題〕に答えなさい。

	公開会社	非公開会社
株主割当て以外	・取締役会の決議で募集事項の決定（201条1項）。ただし，有利発行の場合は，株主総会の特別決議で募集事項の決定（201条1項，199条2項，309条2項5号。なお200条1項参照）。 ・<u>募集株式の引受人が過半数の議決権を有することとなる場合で，10％以上の議決権を有する株主がこれに反対するときは，一定の場合を除き，株主総会の普通決議により，当該特定引受人に対する募集株式の割当て又は当該特定引受人との間の205条1項の契約の承認が必要</u>（206条の2第4項・5項）。	・株主総会の特別決議で募集事項の決定（199条2項，309条2項5号。なお200条1項参照）。
株主割当て	・取締役会の決議で募集事項等の決定（202条3項3号）。	・株主総会の特別決議で募集事項等の決定（202条3項4号，309条2項5号）。ただし，定款で定めれば，取締役の決議または取締役会の決議で募集事項等の決定（202条3項1号・2号）。

〔問題〕

　A株式会社（以下「A社」）は普通株式のみを発行する公開会社であり，その発行済株式総数は1000株である。A社は，第三者割当ての方法により，新たに600株の普通株式を公正な払込金額でB株式会社（以下「B社」）に発行しようと考えている。
① この第三者割当てにより，B社が600個の議決権を有する株主となる場合，A社は，株主に対し，206条の2第1項の通知または同2項の公告をする必要があるか。
② B社はもともとA社の株式を300株保有しており，この第三者割当てにより，合計900個の議決権を有する株主となる場合，A社は，株主に対し，206条の2第1項の通知または同2項の公告をする必要があるか。また，もともとA社の株式300株を保有しているのがB社ではなくB社の子会社であった場合はどうか。
③ B社はもともとA社の株式を600株保有しており，この第三者割当てにより，合計1200個の議決権を有する株主となる場合，A社は，株主に対し，206条の2第1項の通知または同2項の公告をする必要があるか。
④ 上記表における下線部中の「一定の場合を除き」とは，いかなる場合か。
⑤ 上記表における下線部中の「株主総会の普通決議」の定足数要件を定款で排除することはできるか。

⑥ 本来であれば206条の2第1項の通知または同2項の公告をすべきであったにもかかわらず、かかる公示をせずに特定引受人に募集株式の発行等が行われた場合、この募集株式の発行等には無効原因があることになるか。
⑦ 206条の2第1項の通知または同2項の公告は行われたが、本来であれば206条の2第4項本文の株主総会の決議が必要であったにもかかわらず、かかる決議をせずに特定引受人に募集株式の発行等が行われた場合、この募集株式の発行等には無効原因があることになるか。

　新株発行は、企業の資金調達の目的のほか、友好的な企業買収の手段として、またそれよりも企業結合の効果の小さなものとして会社間の提携の手段として用いられることがある。敵対的な企業買収に対する対抗手段として用いられることもある。業績の悪化した企業の再建策の一環として新株の第三者割当発行が行われることもある。たとえば、ソニー・アイワ事件（東京地判昭和47・4・27判時679-10）で争われた新株発行は、アイワがソニーの子会社となるために、ソニーに対して大量の新株を発行して割り当てたというものである。忠実屋・いなげや事件（113頁【参考判例】）での両社の間でお互いを引受人としてなされた第三者割当は、両社の提携の手段と見ることもできるが、両社の株式を買い進めていた秀和に対する対抗手段と見ることもできる。会社再建に関連して新株発行が行われた事例として、たとえば東京地決平成16・6・23金判1213-61がある（事実・判旨の詳細は本書第3版141頁を参照）。

2．払込金額の公正（特に有利な金額）

Quiz

　募集株式の発行によって既存の株主の持株比率はどうなるか。次の空欄を埋めながら、既存の株主が蒙る経済的な損害を説明しなさい。
　A株式会社の現在の発行済み株式総数が100万株で株価が1000円という場合に、株式の時価総額は＿＿円である。A社が新株100万株を1株あたり発行価額600円で発行すると、それにより企業価値は＿＿円増加し＿＿円になるが、これが株価総額となるように市場価格が形成されると仮定すると株価は＿＿円になる。もしも既存の株主は新株を一切受け取ることがなく、全ての新株が株式引受人B（従来は株主ではない）に割り当てられるとすると、既存の株主は全体で＿＿円の損失を蒙ることになる。

《有利発行に関するこれまでの判例》

　最高裁判例は「公正発行価額は、発行価額決定前の当該会社の株式価格、右株価

の騰落習性，売買出来高の実績，会社の資産状態，収益状態，配当状況，発行ずみ株式数，新たに発行される株式数，株式市況の動向，これから予想される新株の消化可能性等の諸事情を総合し，旧株主の利益と会社が有利な資本調達を実現するという利益との調和の中に求められるべきものである」と述べている（最判昭和50・4・8民集29-4-350）。ただ，買占めがなされるような状況において，急騰した株価が企業の客観的価値を反映しているとみることができるかが問題となった事例において，短期間に急騰した価格は客観的価値を反映しているとみることができないとして，公正価格の判断基準から除外することを認めた裁判例がある（大阪地決昭和62・11・18判時1290-144［タクマ・コスモポリタン事件］。「Y社（＝新株発行を行った会社）の株価の急騰の主たる原因はX（仮処分申立人）によるY社の株式買占めにあったものと推認するのが相当である」と認定している。この事件の事実関係については，大阪地判平成2・5・2金判849-9をあわせて参照）。この判断を「秀和対忠実屋・いなげや事件」決定（東京地決平成元・7・25判時1317-28）（後掲【参考判例】）と対比されたい。

なお，日本証券業協会の「第三者割当増資の取扱いに関する指針」（平成15年3月11日一部改正）によれば，「発行価額は，当該増資に係る取締役会決議の直前日の価額（直前日における売買がない場合は，当該直前日からさかのぼった直近日の価額）に0.9を乗じた額以上の価額であること。ただし，直近日又は直前日までの価額又は売買高の状況等を勘案し，当該決議の日から発行価額を決定するために適当な期間（最長6か月）をさかのぼった日から当該決議の直前日までの間の平均の価額に0.9を乗じた額以上の価額とすることができる。」とされている。この自主ルールは，前記「秀和対忠実屋・いなげや事件」決定を契機として設定されたものであるが，このルール設定後の「高橋産業対宮入バルブ事件」決定では，買い占めの対象となった会社が自主ルールに則った発行価額で第三者割当増資をしたことについて，裁判所は，株価が新株発行決議以前に急騰し，かつ急騰後決議時までに短期間しか経過していないような場合には，右株価は当該株式の客観的価値を反映したものとはいえないから，株価急騰前の期間を含む相当期間の平均株価を以て発行価額とすることも許されるとして，本件新株発行は有利発行に当らないとする判断を下した（東京地決平成元・9・5判時1323-48）。なお，本書執筆時までにこの指針は何回か細部が改訂され，最新のものは平成22年4月1日付けのものである。

これに対して，自主ルールには一応の合理性を認めることができるところ，問題となった新株発行における払込金額が，募集株式の発行決議の日の前日から6か月前までの平均の価額に0.9を乗じた額と比較しても約60パーセントにすぎないことを1つの理由として，新株発行を差し止めた裁判例がある（東京地決平成16・6・1判時1873-159）。会社は，専門的知識を有する第三者の鑑定に基づき払込金額を設定したが，裁判所は，「当該鑑定を精査しても，こうした乖離が生じた理由が客

観的な資料に基づいて前記考慮要因を斟酌した結果であると認めることができず，その算定方法が前記公正発行価額の趣旨に照らし合理的であるということはできない」と判示した。

差止め以外で募集株式の払込金額の公正さが問題となる場合として，公正価額との差額支払義務（212条1項1号）がある。「ソニー・アイワ事件」（東京地判昭和47・4・27判時679-10，東京高判昭和48・7・27判時715-100）は，株価の高騰が特定の株主による株式の買占めなどにより生じたのではなく，事業提携をめぐる噂をきっかけとして一般の投資家による思惑買いにより生じたケースであるが，そこでは短期間に急騰した価格は公正価格の判断基準から除外され，結論として原告株主（847条1項参照）の請求が棄却されている。この事件では，新株発行は敵対的株主の持株比率を低下させるためのものではなく，むしろ子会社化による事業提携を目的として親会社となる会社に新株を割り当てたことから，事業提携から生じるシナジー（協働的効果）が親会社となる会社と一般株主との間でどのように分配されるべきかという問題を含んでいた。

【参考判例】　東京地決平成元・7・25判時1317-28

〔事　案〕

Y社（被申請人）は，資本の額が125億5982万4694円，発行済株式総数が9029万2476株で，東京証券取引所一部上場の株式会社であり，X社（申請人）は，Y社の株式3011万1000株を有する株主である。

Y社の東京証券取引所における株価は，昭和62年12月ころまでは900円ないし1200円前後で推移していたが，昭和63年1月以降急騰し，同年2月から同年5月ころまでには4000円前後となり，その後さらに上昇して，同年8月にはいったん8000円をつけたものの，その後は概ね4800円ないし6000円程度の価格で推移し，本件仮処分申請時まで，Y社の株価が，昭和63年2月以降は3000円を，同年7月以降は4000円を，同年10月以降は4600円をそれぞれ下まわったことはなかった。

X社は，昭和62年10月ころから，Y社の株式を大量に取得し始めたが，その後現在までの東京証券取引所におけるY社の株式の取引高総数に占めるX社の取得株式数の割合は約4分の1に過ぎなかった。

X社は，昭和63年6月から10月にかけて，Y社と会談し，Y社の株式を2700万株ないし2800万株取得したことを明らかにしたうえで，Y社，A社とB社（いずれも訴外会社）の3社合併を提案し，それにともなう人事についてもX社の構想を述べたが，Y社及びA社は右の提案を拒否した。

Y社とA社は，昭和63年12月に本件業務提携の交渉を開始し，業務提携をする

ことについては直ちに合意した後，その具体的方法について交渉を継続し，平成元年2月以降，C企業情報株式会社にその方法についての情報の提供を依頼した。両社間の業務提携の機運は従来からあったが，右両社間でそれを真剣に話し合ったことは昭和63年12月まではなく，本件業務提携は，Y社，A社とB社の合併をX社から提案されたことに誘発され，X社の要求に対抗し，これを拒否するため，一気に具体化したものである。

　Y社は，平成元年7月8日，A社との間で，各会社の取締役会の承認決議を停止条件として，本件業務提携及び資本提携をすることを合意し，同月10日両社の取締役会において，それぞれその承認決議をするとともに，次のとおり本件新株発行をすることを決議し，その発行価額の決定にあたっては，市場価格が極めて高騰していたことを理由に，これを基礎とすることなく，他の株式価格算定方式を用いてY社としてあるべき株式価格を算定し，これを基準にした価格を発行価額とした。

（一）　発行新株数　記名式額面普通株式2200万株
（二）　割当方法　発行する株式全部をA社に割り当てる。
（三）　発行価額　1株につき金1120円
（四）　払込期日　平成元年7月26日

　本件新株発行は，Y社とA社との本件業務提携にともない，同時期に相互に新株を発行して資本提携をする目的でされるものであり，相互に相手方会社の発行済株式総数の19.5パーセントの株式を保有することとしている。そして，Y社のA社に対して発行する新株2200万株の発行価額総額は246億4000万円，A社のY社に対して発行する新株1240万株の発行価額総額は195億9200万円である。両社は，いずれもインパクト・ローン〔編注：銀行が本邦本支店で居住者に対し外貨建で貸付を行うこと。円建の貸出と異なり，貸出金利は規制されない〕によって右資金を調達し，払込期日の直後に相手会社からの新株払込金をもってその返済にあてるが，右発行価額総額の差額である約50億円についても，Y社においてこれを特定の業務上の資金として使用する具体的な目的のもとに本件新株発行がされたわけではなく，A社においては金融機関からの長期借入金としてこれを処理することとしている。本件新株発行が実行されると，Y社の発行済株式総数に対するX社の持株比率は，33.34パーセントから26.81パーセントに低下する。

　X社は，上記新株発行は総会決議を経ない有利発行であり，また不公正発行であるとして差止めの仮処分を申請した。東京地裁は，Y社およびA社による新株発行は，有利発行であり，また不公正発行にも該当するとして（124頁），新株発行の差止めの仮処分を発令した。以下は，有利発行に関する判示の一部である。

〔判　旨〕

　「新株の公正な発行価額とは，取締役会が新株発行を決議した当時において，発行会社の株式を取得させるにはどれだけの金額を払い込ませることが新旧株主の間において公平であるかという観点から算定されるべきものである。本件のように，発行会社が上場会社の場合には，会社資産の内容，収益力および将来の事業の見通し等を考慮した企業の客観的価値が市場価格に反映されてこれが形成されるものであるから，一般投資家が売買をできる株式市場において形成された株価が新株の公正な発行価額を算定するにあたっての基準になるというべきである。そして，株式が株式市場で投機の対象となり，株価が著しく高騰した場合にも，市場価格を基礎とし，それを修正して公正な発行価額を算定しなければならない。なぜなら，株式市場での株価の形成には，株式を公開市場における取引の対象としている制度からみて，投機的要素を無視することはできないため，株式が投機の対象とされ，それによって株価が形成され高騰したからといって，市場価格を，新株発行における公正な発行価額の算定基礎から排除することはできないからである。もっとも，株式が市場においてきわめて異常な程度にまで投機の対象とされ，市場価格が企業の客観的価値よりはるかに高騰し，しかも，それが株式市場における一時的現象に止まるような場合に限っては，市場価格を，新株発行における公正な発行価額の算定基礎から排除することができるというべきである。

　これを本件についてみると，Y社の東京証券取引市場における株価の推移は前記……に認定のとおりであって，3000円以上の状態が1年5か月間，4000円以上の状態が1年間と相当長期間にわたって続いており，しかもこのような株価の高騰は，X社がY社の株式を大量に取得したことにその原因の一があるとともに，Y社の株式が投機の対象となっていることは否定できないところであると考えられる。しかし，本件においては，Y社の株価の推移，特に一定額以上の株価が相当長期間にわたって維持されていることに照らすと，その価格を新株発行にあたっての公正な発行価額の算定基礎から排除することは相当ではない。したがって，本件新株発行において市場価格を無視してこれを基準とすることなく算定され決定された1120円という発行価額は，当時の市場価格からはるかに乖離したものであることからみて，商法280条の2第2項〔会199条3項〕所定の「特ニ有利ナル発行価額」に該当するというべきである。よって，それにもかかわらず同条項所定の株主総会決議を経ていない本件新株発行は，その手続に法令違反があるといわなければならない。」

【参照判例】東京地決平成6・3・28判時1496-123

　支配的な株主が存在しない大規模閉鎖会社であり大規模な子会社を有するY株式

会社が、第三者割当の方法によって新株を発行しようとしたところ、株主Xが、当該新株発行が不公正発行であり、また総会決議を経ない有利発行であるとして差止めの仮処分を申し立てたが、東京地裁は、当該新株発行は著しく不公正でも特に有利な発行価額によるものでもないとしてこれを却下した。その際、新株の払込金額の決定方法について、裁判所は次のような判示をした。

「類似会社比準方式を採用するためには、類似会社が存在すること、その選定が適切に行われることが必要である。……結局、Y社には類似会社が存在しないことになる。……次に、時価純資産方式……ないし収益還元方式又はこれらの加重平均方式を採るべきかどうかを検討する。〔結論として不適当とする〕。本件新株の公正な発行価額を算定する方式としては、配当還元方式が適切であるといわざるを得ない。そして、配当還元方式の中でも、ゴードンモデルといわれる方式は、収益の内部留保による将来の配当の増加をも計算の基礎に加える点で、より優れていると考えられる。もちろん、ゴードンモデル方式による算定価額も、種々の仮定や数値の選択に基づくひとつの理論上の価額にすぎないから、有効性に一定の限界はあろう。資本還元率や再投資率、内部留保率の数値の採り方の妥当性については、本件の場合も、議論の余地があるものと思われる。しかし、本件Y社のように、類似会社が存在せず、非上場だが、概ね順調な業績を続け安定した配当を行っている大規模会社の非支配株に関する価額算定方式としては、株主が現実的に期待し得る利益を理論的に算定するものとして、さしあたりその相対的な適切さを肯定すべきである。」

3. 不公正発行

《不公正発行に関するこれまでの判例》

不公正発行とされるか否かの基準として、これまで機能してきたのは、いわゆる「主要目的ルール」である。これは新株発行の主要な目的が資金調達その他の正当な目的にあれば、不公正発行ではなく、他方、たとえ新株発行がなされたことで資金が調達された面があるとしても、その主要目的が、会社支配権の確保や維持にあった場合には不公正発行となるというものである。判例は、不公正発行か否かを判断する際に、何らかの形で、新株発行の目的に関する考慮をしてきている。

たとえば、「高橋産業対宮入バルブ事件」決定（東京地決平成元・9・5判時1323-48）は、「本件新株発行の主要な目的が申請人らの持株比率を低下させ現経営者の支配権を維持することにあるとまでは断定できず、むしろ、本件新株発行の主要目的は前記認定のとおり資金調達のためのものといわざるを得ないし、また、第三者割当の方法についてもそれが著しく合理性を欠くとすることはできない」と述べている（関連判例として、大阪高判昭和63・12・22判時1311-128）。

なお、不公正発行については、新株発行の差止めや無効が問題となるだけではな

く，不公正発行による株主の持株比率の低下に基づく損害賠償が問題となる場合も
ある。この種の事件として，「会社代表取締役グループ株が発行済株式総数の3分
の1を下回るように，代表取締役らの新株引受権を奪う手段として取締役が公募
名目の新株式6万株の発行を企図し，これを違法・無効な手続により実現した場合，
そのような新株発行は，取締役の経営支配権の侵奪を目的とした不公正発行であり，
それ自体株主である代表取締役らに対する不法行為を構成する」としたものがある
（千葉地判平成8・8・28判時1591-113，同様の点が争点となったものとして，東京地判平
成12・5・24判夕1054-260）。

【参考判例1】　東京地決平成元・7・25（113頁【参考判例】と同事件）
　事実関係は114頁以下を参照。以下は，不公正発行に関する判示部分である。
　「商法は，株主の新株引受権を排除し，割当自由の原則を認めているから，新株
発行の目的に照らし第三者割当を必要とする場合には，授権資本制度のもとで取締
役に認められた経営権限の行使として，取締役の判断のもとに第三者割当をするこ
とが許され，その結果，従来の株主の持株比率が低下しても，それをもってただち
に不公正発行ということはできない。しかし，株式会社においてその支配権につき
争いがある場合に，従来の株主の持株比率に重大な影響を及ぼすような数の新株が
発行され，それが第三者に割り当てられる場合，その新株発行が特定の株主の持株
比率を低下させ現経営者の支配権を維持することを主要な目的としてされたもので
あるときは，その新株発行は不公正発行にあたるというべきであり，また，新株発
行の主要な目的が右のところにあるとはいえない場合であっても，その新株発行に
より特定の株主の持株比率が著しく低下されることを認識しつつ新株発行がされた
場合は，その新株発行を正当化させるだけの合理的な理由がない限り，その新株発
行もまた不公正発行にあたるというべきである。
　これを本件新株発行についてみるに，前記認定事実によると，Y社とA社との業
務提携の機運は従来からまったくなかったわけではないものの，右両者間でそれが
真剣に話し合われたことはなく，本件業務提携は，Y社，A社，B社の3社合併
をX社から提案されたことにより，Y社とA社が，X社の要求を拒否し，対抗する
ため具体化したものであるところ，本件業務提携にあたりY社がA社に対し従来の
発行済株式総数の19.5パーセントもの多量の株式を割り当てることが業務提携上必
要不可欠であると認めることのできる十分な疎明はなく，しかも，本件新株発行に
よって調達された資金の大半は，実質的には，A社が発行する新株の払込金にあて
られるものであって，差額としてY社のもとに留保される約50億円についても，
特定の業務上の資金としてこれを使用するために本件新株発行がされたわけではな
いこと，また，X社がY社の経営に参加することがY社の業務にただちに重大な不

利益をもたらすことの疎明もないことからみると，Y社がした本件新株発行は，X社の持株比率を低下させ現経営者の支配権を維持することを主要な目的とするものであり，又は少なくともこれによりX社の持株比率が著しく低下されることを認識しつつされたものであるのに，本件のような多量の新株発行を正当化させるだけの合理的な理由があったとは認められないから，本件新株発行は著しく不公正な方法による新株発行にあたるというべきである。」

【参考判例２】東京地決平成16・7・30判時1874-143（「ベルシステム24事件」決定）

「（1）商法280条ノ10〔会210条〕所定の「著シク不公正ナル方法」〔「著しく不公正な方法」〕による新株発行とは，不当な目的を達成する手段として新株発行が利用される場合をいうと解されるところ，株式会社においてその支配権につき争いがあり，従来の株主の持株比率に重大な影響を及ぼすような数の新株が発行され，それが第三者に割り当てられる場合に，その新株発行が特定の株主の持株比率を低下させ現経営者の支配権を維持することを主要な目的としてされたものであるときは，不当な目的を達成する手段として新株発行が利用される場合にあたるというべきである（この点について，X社は，特定の株主の持株比率が著しく低下することを認識しつつ新株発行がなされる場合，原則として当該新株発行は著しく不公正な発行にあたる旨を主張するが，商法が公開会社について株主の新株引受権を排除し，原則として株主の会社支配比率維持の利益を保護してはいないことを考慮すると，X社の主張は採用できない。）。

（2）これを本件についてみるに，……Y社の経営方針や役員構成を巡って両者〔X社代表者とY社代表者〕の対立が続いていること，本件新株発行は，Y社のそれまでの発行済株式総数以上の数の新株を発行するものであり，本件新株発行によりX社のY社株式の保有割合が約39.2パーセントから約19.0パーセントへと著しく低下し，他方で，新株を引き受けたＮＰＩの保有割合が約51.5パーセントと過半数に達することとなって，X社はY社の筆頭株主の地位を失うことになることからすると，本件は，Y社の支配権につき争いがあり，従来の株主の持株比率に重大な影響を及ぼすような数の新株が発行され，それが第三者に割り当てられる場合であり，その結果，特定の株主の持株比率が低下することが認められる。

また，……の事実関係を総合すれば，本件新株発行の検討に先立ち，Y社代表者をはじめとするY社の現経営陣の一部が，X社の持株比率を低下させて，自らの支配権を維持する意図を有していたことが推認できないではない。

しかしながら，……Y社には本件業務提携に係る事業計画のために本件新株発行による資金調達を実行する必要があり，かつ当該事業計画自体には一応の合理性があると判断することができ〔る〕。

そうであれば、本件新株発行の検討に先立ち、Y社代表者らが自らの支配権維持の意図を有していたこと、本件業務提携に係る事業計画がこのような意図に起因したものであることは否定できないものの、本件業務提携に係る事業が約1280億円の規模で実行されつつあり、本件新株発行によりそのうち約1030億円が調達され、当該事業のために現実に投資される予定であること、事業計画には一応の合理性が認められ、Y社には相当額の営業利益増が見込まれていることを考慮すると、少なくとも本件新株発行の決議時点において、本件新株発行がY社の現経営陣の支配権維持を主要な目的とするものであったこと、すなわち、本件新株発行がそのような不当な目的を達成する手段として利用されたものであると一応認めることはできない。」

Memo

① Xは本件決定を不服として東京高裁に抗告を行ったが、ほぼ同趣旨で東京高裁は抗告を棄却した（東京高決平成16・8・4金判1201-4）。

② 本決定では、既存の発行済株式に関しては定款所定の基準日の株主名簿に記載された株主に議決権行使を認めるが、基準日後に発行された新株については会社が別に基準日を設定・公告し、その基準日の株主に議決権を認めるという扱いをしている。基準日後に新株発行が行われた場合や、新株予約権の行使により株主となった者が存在するときに、特に基準日を設定しなければ新株主となったものは議決権を行使できないことになるが、会社がこれらの者に対して別の基準日を設定することで株主総会における議決権の行使を認めることは、会社法124条4項により許されると解されている。もっとも、既存株式については、基準日を後ろにずらす扱いをすることは許されない（124条4項ただし書き）。定款所定の基準日の株主に剰余金配当を受け取り議決権を行使する権利が帰属することを前提に、市場での株式の売買が行われているから、事後的にその期待を害してはならないと考えられるからである。

なお、このような基準日に関するルールを前提にすると、新株発行とりわけ第三者割当てが支配権争いにおいて会社経営陣によって悪用される危険は大きくなるが、そのような問題に対しては基準日のルールによってではなく、不公正発行による差し止めにおいて対処するというのが一般的な考え方である。

Exercise

① 【参考判例2】で、裁判所は「新株発行の主要目的が資金調達にあるときには、新株発行は差し止められない（不公正発行に該当しない）」との趣旨を述べているか。

② 【参考判例1】と【参考判例2】とでは，主要目的ルールの内容に表現の違いが見られる。この違いには，どのような意味があると考えられるか（あるいは意味はないのか）。

③ この事件で，裁判官が新株発行を差し止めなかった理由はどのような事実にあると推測されるか。この事件の結論に反対する立場からは，どのような事実を強調して反論すべきであるか。

Case 東京高決平成17・3・23判時1899-56（「ニッポン放送事件」高裁決定）

〔事件の概要〕

Y（株式会社ニッポン放送，原審債務者，抗告人）は，放送法に基づく一般放送事業（AMラジオ放送），BSデジタル音声放送の企画・制作・運営，その他関連物の企画・制作・運営等を主たる事業内容とする，東京証券取引所第二部上場会社であり，AMラジオ業界における売上高1位のラジオ局である。Yは，A（株式会社フジテレビジョン，訴外）とともに，いわゆるフジサンケイグループの一員であり，Yは平成17（2005）年1月時点で，Aの発行済株式総数のうち22.5％を保有している。X（株式会社ライブドア，原審債権者，被抗告人）は，コンピュータネットワークに関するコンサルティング，コンピュータネットワークの管理，コンピュータプログラムの開発・販売，ネットワークコンテンツの編集・デザイン等を主たる事業内容とする株式会社である。

Aは，同年1月17日，Yの経営権を獲得することを目的とし，Yのすべての発行済株式の取得を目指して，証券取引法（以下「証取法」という。）に定める公開買付けを開始することを決定した（以下「本件公開買付け」という。）。本件公開買付けにおいては，買付予定株式数を，Aの既保有分を含めてYの発行済株式総数の50％となる1,233万5,341株（ただし，応募株券の総数が買付予定株式数を超えたときは，応募株券の全部を買い付ける。），買付価格を1株5,950円，買付期間を同年1月18日から2月21日までとしていた。Yは，同年1月17日開催の取締役会において本件公開買付けに賛同することを決議し，同日付の「公開買付けの賛同に関するお知らせ」と題する書面を公表した。

Xは，Yの発行済株式総数の約5.4％（175万6,750株）を保有していたが，本件公開買付け期間中である同年2月8日に，東京証券取引所のToSTNeT-1を利用した取引によって，子会社（X'）を通じて，Yの発行済株式総数の約29.6％に相当する株式972万270株を買い付け，その結果，XはX'保有分を併せ，Yの発行済株式総数の約35.0％の普通株式を保有する株主となった。Xの代表取締役は，同日，記者会見を行い，Y株式の取得の意図について，放送局が保有するWebサイトをポ

ータル化し，シナジー効果を得ることを目的とするものであり，また，フジサンケイグループとの業務提携をも見据えたものであることを明らかにした。

これに対し，Aは，同年2月9日ころ，本件公開買付けについて，取組方針を鋭意検討するとのコメントを発表し，また，Aの代表取締役会長（以下「A代表者」という。）は，記者に対し，Xが求めている業務提携に否定的な考えを示した。Aは同年2月10日に，本件公開買付けの条件を変更し，買付予定株式数の下限を25％，買付期間満了日を同年3月2日まで延長した（さらに同年2月24日には，満了日を同年3月7日に延長している。）。A代表者はまた，同年2月17日に，Yの代表取締役に対し，XがYの株式の過半数を取得し，子会社化した場合は，Aおよびフジサンケイグループは，Yおよびその子会社との従前の取引を中止せざるを得ないと口頭で伝えた。

XとX'は，同年2月21日までに同社株式1,152万9,930株を取得し，Yの総議決権に対する割合が37.85％となった。

Yは，同年2月23日の取締役会において，新株予約権をAに発行することを決議した。新株予約権の発行総額は，158億7,209万320円であり，これがすべて行使された場合に発行される株式数4,700万株は，従来の発行済株式総数の約1.44倍に当たり，その場合，XのY株式保有割合は約17％に減少し，一方，Aの保有割合は，新株予約権の行使により取得する株式数だけで約59％になる。Yは同日付で「第三者割当による新株予約権発行のお知らせ」と題する書面を公表した。この書面には，本件新株予約権の発行は，Yの企業価値の維持と，Yがマスコミとして担う高い公共性の株予約権の発行は，Yの企業価値の維持と，Yがマスコミとして担う高い公共性の，XがYの支配株主となることはYがマスコミとして担う高い公共性と両立しないと判断し，Xによる大量のY株式取得という公開買付けの開始後に発生した事情に影響を受けることなく，Yが賛同を表明したAによるYの子会社化という目的を達成する手段として，Aへの本件新株予約権の付与を決定した旨が記載されていた。また，本件新株予約権の発行により取得する払込金（新株予約権の発行価額の総額）は，（仮）臨海副都心スタジオプロジェクトへの整備資金に充当する予定であるとされていた。

Xは，①本件新株予約権発行は特に有利な条件による発行であるのに，株主総会の特別決議を欠いていること（商法280条の21第1項〔会社法238条3項，240条1項〕），および②著しく不公正な方法による発行（商法280条の39第4項，280条の10〔会社法247条2号〕）であるとして，本件新株予約権発行を仮に差し止めることを求めた。以下では，②のみを紹介する。

原審裁判所は，仮処分命令申立てを認容した（東京地決平成17・3・11商事法務1726-47〔原審仮処分決定〕）ため，Yが保全異議の申立てをしたが，保全異議審も，

本件新株予約権発行が不公正な方法により行われたものと認め，原審仮処分決定を認可した（東京地決平成17・3・16商事法務1726-59〔原審異議決定〕）。

これに対しYは，原審異議決定が，株主構成の変更を目的として新株等を発行することを原則違法としていることや，企業価値の毀損が明らかであることの立証責任を会社側に課していることは誤りであるなどと主張し，保全抗告を申し立てた。

〔判　旨〕

Yの保全抗告を棄却。

2　本件新株予約権の発行の適否について

(1)「取締役会の上記権限（編注：発行可能株式総数の枠内で，公開会社においては，募集株式・募集新株予約権の発行について取締役会の決議事項とされていること）は，具体化している事業計画の実施のための資金調達，他企業との業務提携に伴う対価の提供あるいは業務上の信頼関係を維持するための株式の持ち合い，従業員等に対する勤務貢献等に対する報賞の付与（いわゆる職務貢献のインセンティブとしてのストック・オプションの付与）や従業員の職務発明に係る特許権の譲受けの対価を支払う方法としての付与などというような事柄は，本来取締役会の一般的な経営権限にゆだねている。……〔しかし〕会社の経営支配権に現に争いが生じている場面において，取締役会が，支配権を争う特定の株主の持株比率を低下させ，現経営者又はこれを支持して事実上の影響力を及ぼしている特定の株主の経営支配権を維持・確保することを主要な目的として新株等を発行することまで，これを取締役会の一般的権限である経営判断事項として無制限に認めているものではないと解すべきである。」

「商法上，取締役の選任・解任は株主総会の専決事項であり（254条1項，257条1項〔会社法329条，339条〕），取締役は株主の資本多数決によって選任される執行機関といわざるを得ないから，被選任者たる取締役に，選任者たる株主構成の変更を主要な目的とする新株等の発行をすることを一般的に許容することは，商法が機関権限の分配を定めた法意に明らかに反するものである。この理は，現経営者が，自己あるいはこれを支持して事実上の影響力を及ぼしている特定の第三者の経営方針が敵対的買収者の経営方針より合理的であると信じた場合であっても同様に妥当するものであり，誰を経営者としてどのような事業構成の方針で会社を経営させるかは，株主総会における取締役選任を通じて株主が資本多数決によって決すべき問題というべきである。したがって，現経営者が自己の信じる事業構成の方針を維持するために，株主構成を変更すること自体を主要な目的として新株等を発行することは原則として許されないというべきである。」

「一般論としても，取締役自身の地位の変動がかかわる支配権争奪の局面におい

て，果たして取締役がどこまで公平な判断をすることができるのか疑問であるし，会社の利益に沿うか否かの判断自体は，短期的判断のみならず，経済，社会，文化，技術の変化や発展を踏まえた中長期的展望の下に判断しなければならない場合も多く，結局，株主や株式市場の事業経営上の判断や評価にゆだねるべき筋合いのものである。……」

(2)「会社の経営支配権に現に争いが生じている場面において，株式の敵対的買収によって経営支配権を争う特定の株主の持株比率を低下させ，現経営者又はこれを支持し事実上の影響力を及ぼしている特定の株主の経営支配権を維持・確保することを主要な目的として新株予約権の発行がされた場合には，原則として，商法280条の39第4項が準用する280条の10〔会社法247条〕にいう「著シク不公正ナル方法」による新株予約権の発行に該当するものと解するのが相当である。

もっとも，経営支配権の維持・確保を主要な目的とする新株予約権発行が許されないのは，取締役は会社の所有者たる株主の信認に基礎を置くものであるから，株主全体の利益の保護という観点から新株予約権の発行を正当化する特段の事情がある場合には，例外的に，経営支配権の維持・確保を主要な目的とする発行も不公正発行に該当しないと解すべきである。」

「例えば，株式の敵対的買収者が，〔1〕真に会社経営に参加する意思がないにもかかわらず，ただ株価をつり上げて高値で株式を会社関係者に引き取らせる目的で株式の買収を行っている場合（いわゆるグリーンメイラーである場合），〔2〕会社経営を一時的に支配して当該会社の事業経営上必要な知的財産権，ノウハウ，企業秘密情報，主要取引先や顧客等を当該買収者やそのグループ会社等に移譲させるなど，いわゆる焦土化経営を行う目的で株式の買収を行っている場合，〔3〕会社経営を支配した後に，当該会社の資産を当該買収者やそのグループ会社等の債務の担保や弁済原資として流用する予定で株式の買収を行っている場合，〔4〕会社経営を一時的に支配して当該会社の事業に当面関係していない不動産，有価証券など高額資産等を売却等処分させ，その処分利益をもって一時的な高配当をさせるかあるいは一時的高配当による株価の急上昇の機会を狙って株式の高価売り抜けをする目的で株式買収を行っている場合など，当該会社を食い物にしようとしている場合に，濫用目的をもって株式を取得した当該敵対的買収者は株主として保護するに値しないし，当該敵対的買収者を放置すれば他の株主の利益が損なわれることが明らかであるから，取締役会は，対抗手段として必要性や相当性が認められる限り，経営支配権の維持・確保を主要な目的とする新株予約権の発行を行うことが正当なものとして許されると解すべきである。」

「したがって，現に経営支配権争いが生じている場面において，経営支配権の維持・確保を目的とした新株予約権の発行がされた場合には，原則として，不公正な

発行として差止請求が認められるべきであるが，株主全体の利益保護の観点から当該新株予約権発行を正当化する特段の事情があること，具体的には，敵対的買収者が真摯に合理的な経営を目指すものではなく，敵対的買収者による支配権取得が会社に回復し難い損害をもたらす事情があることを会社が疎明，立証した場合には，会社の経営支配権の帰属に影響を及ぼすような新株予約権の発行を差止めることはできない。」

3　本件新株予約権の発行の目的について

　「債務者は，本件新株予約権の発行の目的は，F社の子会社となり債務者の企業価値を維持・向上させる点にあり，現経営陣の経営支配権の維持が主な目的であるとはいえないと主張する。

　そこで検討すると，……本件新株予約権の発行は，Yの取締役が自己又は第三者の個人的利益を図るために行ったものでないとはいえるものの，会社の経営支配権に現に争いが生じている場面において，株式の敵対的買収を行って経営支配権を争うX等の持株比率を低下させ，現経営者を支持し事実上の影響力を及ぼしている特定の株主であるAによるYの経営支配権を確保することを主要な目的として行われたものであるから，……これを正当化する特段の事情がない限り，原則として著しく不公正な方法によるもので，株主一般の利益を害するものというべきである。」

4　本件新株予約権の発行を正当化する特段の事情について

　「Yは，債権者がマネーゲーム本位で債務者のラジオ放送事業を解体し，資産を切り売りしようとしていると主張する。……

　しかしながら，債権者が上記のような債務者の事業や資産を食い物にするような目的で株式の敵対的買収を行っていることを認めるに足りる確たる資料はない。」

5　XによるYの経営支配による企業価値の毀損のおそれとFグループに属して債務者を経営支配することの企業価値との対比について

　「Yは，XがYの親会社となり経営支配権を取得した場合，Y及びその子会社に回復し難い損害が生ずるのは極めて明らかであり，Yがフジサンケイグループにとどまり，Aの子会社となって経営されることがより企業価値を高めることから，そのための企業防衛目的の新株予約権の発行であると主張する。

　しかしながら，YがXの経営支配下あるいはその企業グループとして経営された場合の企業価値とAの子会社としてフジサンケイグループの企業として経営された場合の企業価値との比較検討は，事業経営の当否の問題であり，経営支配の変化した直後の短期的事情による判断評価のみでこと足りず，経済事情，社会的・文化的な国民意識の変化，事業内容にかかわる技術革新の状況の発展などを見据えた中長期的展望の下に判断しなければならない場合が多く，結局，株主や株式取引市場の事業経営上の判断や評価にゆだねざるを得ない事柄である。そうすると，それらの

判断要素は，事業経営の判断に関するものであるから，経営判断の法理にかんがみ司法手続の中で裁判所が判断するのに適しないものであり，上記のような事業経営判断にかかわる要素を，本件新株予約権の発行の適否の判断において取り込むことは相当でない。

したがって，Yの上記主張は主張自体失当といわざるを得ない。」

Exercise

① この決定で裁判所が述べていることは，従来のいわゆる「主要目的ルール」と同じか。同じであるとすれば，そのことは「判旨」のどの部分で述べられているか。あるいは，従来のルールとは異なるとすれば，それは「判旨」のどの部分で述べられているか。

② この決定で使われている「特段の事情」の内容は何か。なぜ「特段の事情」という用語を使わなければならなかったのか。

③ この決定と同じく，新株予約権を用いた敵対的買収への対抗措置（買収防衛策）の差止めの是非について判断した裁判例として，最決平成19・8・7民集61-5-2215（本書188頁）がある。この最高裁決定が示した判断基準（278頁3行目から同頁16行目）と，本件決定が示した判断基準とを比較しなさい。そして，両者に違いが生じた理由は，次のどの点から生じたと考えるべきか，検討しなさい。(1)本件では新株予約権が第三者割当てにより友好的株主に割り当てられたのに対して，最決の事案では新株予約権〔差別的行使条件・差別的取得条項が付されたもの〕が株主に無償割当てされたこと。(2)本件では新株予約権の発行が不公正発行に該当するか否かが争われたのに対して，最決の事案では新株予約権の無償割当てが法令に違反するか否かが争われたこと。(3)本件では買収防衛策を講じることの決定が取締役会によって行われ株主の承認はなかったのに対して，最決の事案では買収防衛策を講じることについて株主の大多数が承認していたこと。

4．無効の訴え・不存在確認の訴え

募集株式発行の一態様である新株発行に瑕疵があっても新株引受人や新株の転得者の保護，法律状態の早期安定を図るために（取引の安全）新株発行の無効事由を狭く解するのが従来の判例・学説であった（以下，条文は現会社法のそれとする）。すなわち，瑕疵のある新株発行は効力を生じる（209条）までであれば差止めが広く認められるが（210条各号），効力を生じた後には新株発行無効の訴え（828条1項2号）が認容されることは定款所定の発行可能株式総数（37条）を超過する新株発行などごく限られた場合に限られるというのである。

Quiz 1

これまでの最高裁判例について，次の空欄を埋めなさい。

[1] 最判昭和36・3・31民集15-3-645
　対外的に会社を代表する権限のある取締役が新株を発行した以上，たとえ新株発行に関する有効な取締役会の決議がなくても，新株発行は有効である。

[2] 最判昭和46・7・16判時641-97
　代表取締役が新株を発行した場合には，それが株主総会の決議を経ないでなされた有利発行であるとしても，新株発行は＿＿＿である。

[3] 最判平成6・7・14判時1512-178
　会社を代表する権限のある取締役が新株を発行した以上，たとえ新株発行が不公正発行であるとしても，新株発行は＿＿＿である。このことは，新株を引き受けた者が取締役であり，現在もその新株を保有し続けている場合であっても，また新株を発行した会社が小規模で閉鎖的な会社であっても変わらない。

もっとも，

[4] 最判平成5・12・16民集47-10-5423
　会社法210条に基づく新株発行差止請求訴訟を本案とする新株発行差止めの仮処分命令があったのに，右命令に違反して新株発行がされた場合には，新株発行は＿＿＿となる。

[5] 最判平成9・1・28民集51-1-71
　新株発行に関する事項の公示（株主への通知または公告）を欠くことは，新株発行に差止め事由がない場合でない限り，新株発行の＿＿＿事由となる。

つまり

「新株発行の差止め事由」＋「差止機会が保障されなかったこと」＝無効

と考えることができる。

　以上を踏まえれば，上記[1][2]の判決は，現在では，｛①株主への公示がなされていた場合　②株主への公示がなされていなかった場合｝にだけ妥当するというべきである。

　また，平成2年改正，平成17年会社法制定により非公開会社についてはルールが大きく変更されたため，[3]判決の後段は妥当しないとの見解が強まっていたところ，

[6] 最判平成24・4・24民集66-6-2908
　非公開会社においては，株主総会の特別決議を経ないまま株主割当以外の方法による募集株式の発行がされた場合，その発行手続きには重大な法令違反があり，この瑕疵は上記株式発行の＿＿＿原因になる。

閉鎖的な株式会社においては，利害関係人の一部型の利害関係人を排除して，内密に自派のみに新株発行を行う事例が少なくない。このとき，排除される側の株主が新株発行に気付いた時には，すでに新株発行の差止めや新株発行無効の訴えという法的手段をとることができなくなっている場合が生じる。すなわち，従来は新株発行無効の訴えの提訴期間は発行の日から6か月間と定められたが（平成17年改正前商280条ノ15），この期間内に無効の訴えを提起することに困難があるとして，「新株発行不存在の確認の訴え」が判例法として発展し，そこでは提訴期間の制限が及ばないものとされたのである（最判平成15・3・27民集57-3-312）。なお，新株発行無効の訴え（形成の訴えの一種）とは異なり，新株発行不存在の確認の訴えは，民事訴訟法上の確認の訴えの一種とされる。

会社法は，提訴期間の問題について2つの改正を行っている。第1に，株式発行無効の訴えに関して，非公開会社における提訴期間を1年に拡張したことである（828条1項2号かっこ書）。これは，提訴期間を延長しても取引安全が害されることの弊害は大きくないこと，提訴期間の延長により発行の日から提訴期間が経過するまでの間に株主総会が開催されることになれば，株主が株主総会に関連して株式発行の事実を知る蓋然性が高いと考えられたこと，による。

第2に，「新株発行等不存在の確認の訴え」の一類型として「新株（株式）発行不存在の確認の訴え」が明文化されたことである（829条1号）。

なお，前掲・最判平成15年は新株発行が不存在である場合として「新株発行の実体がないのに新株発行の登記がされているなどその外観が存する場合」と述べているが，その具体的内容は必ずしも明らかでなく，下級審判例には，物理的な不存在の場合（登記のみが存在し，法定の新株発行手続・株式払込みが一切存在しない場合）に限定するものと，物理的不存在の場合のほかに新株発行の手続的・実体的瑕疵が著しい場合も含まれるとするものとがある。なお，結論として新株発行の不存在を認めた判決として，浦和地判平成12・8・18判時1735-133がある。

【参考判例1】 最判平成5・12・16民集47-10-5423

〔事　案〕

Y社（被告・上告人）は，昭和33年に設立されたタクシー事業及び貸切バス事業等を営む株式会社であり，昭和59年8月当時の資本の額は3500万円，会社が発行する株式の総数は10万株，発行済株式の総数は7万株であったところ，同年8月23日開催の取締役会において，発行株式の種類及び数を記名式普通額面株式1万株，発行価額を1株につき3907円，申込期日を同年9月13日，払込期日を同月14日，募集の方法を第三者割当，割当てを受ける者を株式会社A（訴外）とする新株発行

を決議した。

　Y社の株主であるX1（原告・被上告人）は，本件新株発行に対して，京都地方裁判所に商法280条ノ10〔会210条〕に基づく新株発行差止請求訴訟を本案とする新株発行差止めの仮処分の申立てをし，昭和59年9月12日，仮処分命令を得た。その上で，Y社の株主であるXらは，同月20日，新株発行差止請求の訴えを提起した。右訴えの理由とするところは，本件新株発行は，現在の取締役会の方針に反対する株主の持株比率を減少させ，Y社の支配確立を目的としたもので，商法280条ノ2第2項〔会199条3項。編注：本件当時の商法においては，非公開会社であっても有利発行でない限り，取締役会決議によって新株発行を決定するというルールであった〕に違反し，かつ，著しく不公正な方法によるものであって，株主であるXらが不利益を受けるおそれがあるというものであった。

　Y社は，昭和59年9月13日，本件仮処分命令に対して異議を申し立てたが，本件新株発行はそのまま実施することにし，前記A社から払込期日に新株払込金の支払を受けた。本件新株発行に対する差止請求訴訟は，昭和59年10月23日に第1審の第1回口頭弁論期日が開かれて以来審理が続けられたが，昭和60年10月31日の第1審第8回口頭弁論期日において，Y社から本件新株発行は既に実施されているから新株発行差止請求は訴えの利益がなくなったとの主張がされた。

　そのため，Xらは，昭和60年12月2日に第1審に提出した同日付け準備書面で，本件仮処分命令に違反する新株発行は効力を生じないが，仮に効力を有するとすれば，予備的に，右新株発行差止請求の訴えを商法280条ノ15〔会828条1項2号〕に基づく新株発行無効の訴えに変更する旨の申立てをした。右新株発行無効の訴えで主張する無効事由は，仮処分命令違反が付加された以外は，それまで差止事由として主張してきたものと同一であった。

　最高裁は次のように判示して，新株発行無効の訴えを認容した原審判決を支持し，上告を棄却した。

〔判　　旨〕

「旧訴である新株発行差止請求の訴えと新訴である新株発行無効の訴えとの間には請求の基礎に同一性があるものというべきである。……

　訴えの変更は，変更後の新請求については新たな訴えの提起にほかならないから，変更後の訴えにつき出訴期間の制限がある場合には，出訴期間の遵守の有無は，原則として，訴えの変更の時を基準としてこれを決すべきであるが，変更前後の請求の間に存する関係から，変更後の新請求に係る訴えを当初の訴えの提起時に提起されたものと同視することができる特段の事情があるときは，出訴期間が遵守されたものとして取り扱うのが相当である……

これを本件についてみるに，……本件で変更された新株発行無効の訴えについては，新株発行差止請求の訴え提起の時に提起されたものと同視することができる特段の事情が存するものというべきである。
　……新株発行無効の訴えへの変更を認め，無効原因として本件仮処分命令違反の主張をすることは許されるとした原審の判断は，その結論において是認することができる。……」
　「商法280条ノ10に基づく新株発行差止請求訴訟を本案とする新株発行差止めの仮処分命令があるにもかかわらず，あえて右仮処分命令に違反して新株発行がされた場合には，右仮処分命令違反は，同法280条ノ15に規定する新株発行無効の訴えの無効原因となるものと解するのが相当である。けだし，同法280条ノ10に規定する新株発行差止請求の制度は，会社が法令若しくは定款に違反し，又は著しく不公正な方法によって新株を発行することにより従来の株主が不利益を受けるおそれがある場合に，右新株の発行を差し止めることによって，株主の利益の保護を図る趣旨で設けられたものであり，同法280条ノ3ノ2〔会201条3・4項〕は，新株発行差止請求の制度の実効性を担保するため，払込期日の2週間前に新株の発行に関する事項を公告し，又は株主に通知することを会社に義務付け，もって株主に新株発行差止めの仮処分命令を得る機会を与えていると解されるのであるから，この仮処分命令に違反したことが新株発行の効力に影響がないとすれば，差止請求権を株主の権利として特に認め，しかも仮処分命令を得る機会を株主に与えることによって差止請求権の実効性を担保しようとした法の趣旨が没却されてしまうことになるからである。
　右と同旨の見解に立ち，本件仮処分命令に違反して行われた本件新株発行を無効とした原審の判断は正当として是認することができる。」

【参考判例２】　最判平成９・１・28民集51-1-71

　最高裁は，新株発行無効の訴えを認容した原審判決を支持し，上告を棄却した。
　「原審の適法に確定したところによれば，Ｙ社（被告・上告人）の昭和63年6月の新株発行については，(一)新株発行に関する事項について商法280条ノ3ノ2〔会201条3・4項〕に定める公告又は通知がされておらず，(二)新株発行を決議した取締役会について，取締役Ａ(訴外)に招集の通知(同法259条ノ2)〔会368条〕がされておらず，(三)代表取締役Ｂ(訴外)が来る株主総会における自己の支配権を確立するためにしたものであると認められ，(四)新株を引き受けた者が真実の出資をしたとはいえず，資本の実質的な充実を欠いているというのである。
　原判決は，このうち(三)及び(四)の点を理由として右新株発行を無効としたが，原審のこの判断は是認することができない。けだし，会社を代表する権限のあ

る取締役によって行われた新株発行は，それが著しく不公正な方法によってされたものであっても有効であるから（最高裁平成2年(オ)第391号同6年7月14日第1小法廷判決・裁判集民事172号771頁参照），右（三）の点は新株発行の無効原因とならず，また，いわゆる見せ金による払込みがされた場合など新株の引受けがあったとはいえない場合であっても，取締役が共同してこれを引き受けたものとみなされるから（同法280条ノ13第1項）〔編注：平成17年会社法により取締役の引受担保責任の規定は削除された〕，新株発行が無効となるものではなく（最高裁昭和27年(オ)第797号同30年4月19日第3小法廷判決・民集9巻5号511頁参照），右（四）の点も新株発行の無効原因とならないからである。

　しかしながら，新株発行に関する事項の公示（同法280条ノ3ノ2に定める公告又は通知）は，株主が新株発行差止請求権（同法280条ノ10）〔会210条〕を行使する機会を保障することを目的として会社に義務付けられたものであるから（最高裁平成元年(オ)第666号同5年12月16日第1小法廷判決・民集47巻10号5423頁参照），新株発行に関する事項の公示を欠くことは，新株発行差止請求をしたとしても差止めの事由がないためにこれが許容されないと認められる場合でない限り，新株発行の無効原因となると解するのが相当であり，右（三）及び（四）の点に照らせば，本件において新株発行差止請求の事由がないとはいえないから，結局，本件の新株発行には，右（一）の点で無効原因があるといわなければならない。

　したがって，本件の新株発行を無効とすべきものとした原判決は，結論において是認することができる。論旨は，原判決の結論に影響のない事項についての違法をいうものにすぎず，採用することができない。」

　預合い・見せ金などの「仮装の払込み」（なお，「仮装」の判断基準を示した判例として，165頁の参考判例を参照）については，何度かの法改正により議論の状況が複雑になっている。簡単にまとめると次のとおりである。

　A：株式引受人（払込みを仮装）
　B：取締役。仮装の払込みに関与。
　C：取締役。仮装の払込みに関与せず。
　D：その他の関与者（預合いにおける払込取扱機関）

＊欄は，法規定がなく解釈に委ねられた部分。

	(1)Aの責任	(2)BCの責任	(3)Dの責任	(4)新株発行の効力
平成17年改正前商法	＊	引受・払込担保責任（無過失責任）	返還義務	＊
平成17年会社法	＊	＊	募集設立64条2項 発起設立　＊	＊
平成26年改正	213条の2	B　213条の3（過失責任） C　＊		＊

(1) 平成26年改正前は，「預合い・見せ金は払込みとして有効か」という問いでこの問題を論じていたが，同年改正によりこの論点は実益を失った。

(2) かつての引受・払込担保責任は，仮装の払込みだけを念頭に置いた規定ではなかったが，発行予定の新株のうち引受け・払込みがなされたなかった部分については取締役が共同して引受け・払込みの義務を負うと定めており（無過失責任），仮装の払込みの場合にも適用された。平成17年会社法制定時に，取締役の関与の有無，過失の有無に関係なくこのような義務を負わせることは不当であるとして，引受・払込担保責任の制度は廃止された。

(3) 平成17年改正前商法は募集設立だけでなく発起設立についても払込取扱機関の払込金の保管証明の制度を定めており，それと合わせて不返還の合意を無効と定めていた（現在の会社法64条1項2項に対応）。同年の会社法により発起設立については払込金の保管証明の制度が廃止されたため，64条2項に相当する規定が発起設立から姿を消した。

(4) 仮装の払込みにより発行された株式の効力については，かつても現在も法規定は置かれていない。平成17年改正前商法の時代には，取締役が引受・払込担保責任を負うことから，新株発行は有効であると解されていた。同年の会社法でこれが廃止されたため，新株発行は無効または不存在であるという見解が徐々に有力になった。平成26年改正会社法下においては，この点の解釈はまだ定まっていない。

Quiz 2 ★

A株式会社（以下「A社」）は，Bに対して払込金額1000万円で募集株式を発行したが，Bによる払込みは全額仮装されたものであった。A社の取締役Cは，この仮装払込に関与している。

① A社の株主は，株主代表訴訟により，Bの責任（A社に1000万円を支払う義務）やCの責任（A社に1000万円を支払う義務）を追及することはできるか。

② (a)BやCがA社に1000万円の支払いをする前に，Bは払込みを仮装した募集

株式について株主の権利を行使できるか。(b)CがA社に1000万円を支払った場合，Cが当該株式の株主となるのか。(c)CがA社に1000万円を支払った場合，Bは当該株式について株主の権利を行使できるか。(d)CがA社に1000万円を支払った場合，CはBに求償をすることができるか。
③　Bは払込みを仮装した当該株式をDに譲渡した。BやCがA社に1000万円の支払いをする前に，Dはこの株式について株主の権利を行使できるか。
④　仮装払込みによる募集株式の発行等の効力をどう考えるべきか。

Writing 1

次の事実1～3を読んで，**〔設問〕**に解答しなさい。

1　甲株式会社は，自動車の電子部品を製造する会社である。甲会社は兄弟であるA1とB1が中心となってその設立を行ったものであり，その後も，A1とB1が協力して甲会社の経営を行ってきた。

　甲会社は，平成X年4月に，ゲームソフト開発部門を創設した。その際，B1と親交があったCがゲームソフト開発部門の責任者に就任した。Cの入社を契機として，甲会社の業績は急速に向上した。甲会社は，平成X＋8年4月には，新興市場に上場を果たした。

　甲会社の取締役会は5名で構成され，A1及びその妻A2，B1及びその友人B2並びに取引金融機関から出向しているDが取締役に就任していた。

2　甲会社は，平成X＋10年の秋以降，その成長に陰りが見え始めた。これとともに，その経営方針をめぐって，A1とB1との間で争いが生ずるようになり，甲会社の株価も300円前後と低迷した。

　このような状況下で，自動車部品の総合メーカーである乙株式会社から，甲会社に対し，自動車部品の製造におけるシナジー（相乗）効果を期待して，経営統合の話が持ち込まれた。A1は，自動車部品製造の業界における自力での生き残りは難しいと判断して，乙会社の提案に前向きの姿勢を見せた。これに対し，B1は，あくまで自主経営を目指すべきであるとして，B1を中心とする経営陣による甲会社株式に対する公開買付け（MBO）の実施について外資系ファンドとの交渉を始めた。甲会社をめぐるこれらの動きが新聞で報道されたことを契機として，甲会社の株価は平成X＋11年5月中旬には900円台に急騰した。

3　平成X＋11年6月7日，甲会社は，臨時取締役会を開催して，乙会社に対する募集株式の第三者割当てを決定した。具体的には，1株当たりの払込金額を300円とし，450万株を発行するものとし，払込期日は平成X＋11年6月26日と定められた。本件株式の発行により，乙会社は当社の発行済株式総数の45パーセントの株式を保有する株主となる。

この件に関しては，甲会社の株主総会は開催されていない。かかる決定に際しては，B1らの反対が予想されたため，A1は，B1及びB2が海外出張に出かけた時期を見計らって臨時取締役会を開催することとした。甲会社の定款には，取締役会の招集通知について会日の2日前までに発するとする定めがあり，当該取締役会の書面による招集通知はB1及びB2が海外出張中である6月4日に発され，また，B1及びB2は，同日に電子メールでも招集通知と同内容の連絡を受けた。しかし，B1及びB2は，結局6月7日の臨時取締役会までに帰国することができず，同取締役会では，取締役5名中3名が出席し，出席者全員の賛成で募集株式の発行に係る議案が可決された。

　なお，前記の払込金額は，平成X＋10年12月7日から平成X＋11年6月6日までの6か月間の甲会社の株価の平均額に90パーセントを掛け合わせたものとして算定されている。

〔設問〕　甲会社の乙会社に対する募集株式の発行について，B1はどのような法律上の措置を執ることができるか。株式の発行が効力を生じる前と後で区別して論じなさい（MBOについては139頁を参照）。

Writing 2 ★

次の問題文を読んで，下記の設問1・2に答えなさい。

1　X株式会社（以下，「X社」）は，太陽光パネルの製造販売を行う資本金1億5000万円の非公開会社である。X社の株主はA・B・Cの3名で，各自の有する議決権の数はいずれも1000個であった。

2　X社は取締役会設置会社で，取締役にはA・B・Cの3名が就任しており，そのうちAが代表取締役に選定されていた。

3　X社では，原発事故後の経営環境の変化に対する対応方針の違いから，平成X年の秋頃より，A・BとCとの間に意見の対立が生じた。A・Bは，再生可能エネルギーへの期待が高まっていることを受け，このビジネス・チャンスを掴むためには，各種の入札条件をクリアしやすくするために資本金を増強すべきだと主張したのに対し，Cは，身の丈に合った堅実な経営を続けるべきだと主張し，議論は平行線のままだった。

4　そうこうしているうちに，平成X＋1年3月にCが交通事故でしばらく入院を余儀なくされたことから，Aは，その間に株主に株式の割当てを受ける権利を付与する方法で新株を発行することを画策した。X社の定款には，新株発行の決定機関に関して，特段の規定は設けられていなかった。

5　同年4月10日，Aは，B及びCに対し，議題を特定しないまま取締役会の開催を通知し，同月20日，入院中のCが欠席する中で取締役会が開催された。当該

取締役会においては，株式の募集事項の原案が決定されるとともに，その承認のための臨時株主総会を4月30日に開催することが決まった。

6　Aは，新株発行の計画がCの知るところとなると厄介だと考え，Cには招集通知を出さないまま，4月30日に臨時株主総会を開催し，出席したA・Bの賛成により新株発行が承認された（以下，「本件新株発行」）。

7　新株の発行価額は1株5万円で，発行予定の株式総数は3000株であった。AとBはこの増資に応じたが，同年5月31日の払込期日までに入院中のCが株式の割当てを受ける権利を行使することはなかった。X社は，A・Bによる出資の総額を資本金としたため，資本金は2億5000万円となった。

8　この新株発行に際し，Aは自己の所有する時価5000万円の土地を現物出資することで対応した。当該土地については，価格の適正性について不動産鑑定士Pの証明書と弁護士Qの証明書を得ていたが，新株発行の直後に地価が暴落したことによって，新株の効力発生後から6ヶ月たった時点で3000万円に値下がりした。

9　Bは，払込取扱金融機関であるR信用組合から5000万円を借入れ，それを払込みに充当した。Bは，新株発行直後に，Aと相談して，X社から無利子・無担保で5000万円を借り入れることとし（以下，「本件借入れ」），この会社からの借入金をR信用組合への返済に充当した。なお，本件借入れにあたって，A・BはCに一切の相談をしなかった。

〔設問1〕　平成X＋1年6月20日に退院したCが本件新株発行の効力を争いたいと考えた場合，どのような法律構成が考えられるか。

〔設問2〕　Cが，本件での新株発行その他の一連の経緯に照らして，A・Bの民事の責任を追及することにした場合，どのような法的手段を講じることが考えられるか。

第2節　負債の諸問題

1．デットとエクイティ（融資と出資）

株式会社が外部から資金を調達するには，銀行借入・社債発行のようにデット（debt，負債）による場合と，新株発行のようにエクイティ（equity，株式・持分）による場合とがある（融資と出資にほぼ対応）。エクイティはデットとは異なり，通常は倒産（111頁を参照）の引き金を引くことはない。自己資本比率（＝自己資本金額÷資産総額）の低い会社や収益にムラがあり財務上のリスクの高い会社は，エクイティによる資金調達を行うことで会社の経営を安定させることができる。

反面，これまで必要資金のほとんどを共同経営者以外の人から調達し，経営者の

出資額が相対的に小さいという会社においては，エクイティによる資金調達を行えば，経営者は会社経営の改善・合理化に大きな熱意を感じないという問題がある。たとえば，経営者の出資額が100万円で外部の投資家の出資額が9900万円であるという場合には，経営者は経費削減の努力をして投資家への配当金額を高めることよりも，社長室を豪勢に飾り付けるほうが，経済学でいう，より大きな効用を感じることが多いのではないだろうか。このように，株主の利益に反する行動を経営者が採用することを，経済学ではエージェンシー問題と呼ぶ。

先の例で，経営者の出資額100万円以外の必要資金（9900万円）を負債により調達しても，会社が債権者への元利払いを行えると見込まれるのであれば，そのほうが合理的であろう。経営者は経費削減によって得た利益を株主である自分に配当することができるので経営を合理化しようとするからである。負債を上手に用いれば，エージェンシー問題を改善することができるわけである。

2. 社債の発行と流通

銀行が企業に貸し出しを行う場合には，①企業の信用力（債務弁済力）を審査し，②適当な財務上の特約を盛り込んだ契約書を作成し，③貸付後は債務者が契約条項を遵守しているかどうかを監視し，④違反があった場合には状況に応じて違反から生じる責任を免除するか，債権の回収を図るか，のいずれかを選択する。しかし，社債では社債権者の数が多数である場合があり，その場合には①個々の社債権者が独自に社債発行会社の信用力を審査したり，②社債権者の団体と社債発行会社との間で財務上の特約などについての交渉を行ったり，③個々の社債権者が発行会社の契約遵守状況を監視したり，④契約違反があった場合に社債権者の団体が債権の保全を図ることは，いずれも不可能に近い。

そこで，実務では，社債が多くの投資家に対して発行されるという場合には，③契約遵守状況の監視は社債管理者（銀行など）（702条）がこれを行うものとされ，④違反があった場合の債権保全は，発行会社との実質的な交渉は社債管理者によりなされ，社債権者集会（715条）は事前に社債管理者に交渉権限を授権したり，事後に社債管理者のまとめた交渉案を了承するという形をとる。

なお，わが国では戦後，社債の発行は法律および金融当局の行政指導により厳しく制限されてきた。①②に関しては，1996年1月に，企業の財務指標により社債を発行できる企業を制限する「適債基準」，社債契約に付す財務上の特約の内容を定める「財務制限条項」というそれまでの行政指導が撤廃され，それ以降はこれらの問題については市場原理および市場関係者（証券会社・銀行等）の努力に委ねられている。

> **Quiz**
> ① 合名会社は社債を発行することができるか。
> ② 株式会社において社債の発行を決定する機関は何か。
> ③ 社債発行にあたって社債券を発行しないことは可能か。
> ④ 社債発行にあたって社債管理者の設置が必要でないのはどのような場合か。
> ⑤ 社債権者集会の招集権者は誰か。

3. 私的整理（100％減資，デット・エクイティ・スワップ等）

　債務者が履行期限の到来した債務を弁済できなくなることを「倒産」という。株式会社において継続的に倒産状態が生じている場合，会社は清算か再建かの岐路に立つ。

　倒産処理には，裁判上の倒産処理と裁判外の倒産処理（私的整理）とがある。裁判上の倒産処理においては，利害関係者の申立てに対して裁判所が要件を充たしていると判断すると倒産手続が開始し，債権者は債務者である会社に対して強制執行などによって債権を回収することが禁止される半面，債権者の利益を代表する者によって会社は総債権者の利益のために管理されることになる。

　清算型手続においては，債務者の財産は最上の価格で処分され，債権者間でその優先順位に応じて分配される。倒産しているのであるから，株主に対して分配される残余財産は通常は残っていない。債権者に対して全額の分配がなされることも稀で，多くの場合には無担保の一般債権者は債権額よりも相当低い額の弁済しか受けられない。清算の終了とともに，会社は解散し，その法人格は消滅し，解散の登記がなされる。裁判上の手続として，破産法による破産手続，会社法上の特別清算（510条以下）などがある。

　再建型倒産処理は，債務を削減し，元利払いをなしうる状態にして，債務者の収益から債権者が弁済を受けようとするやり方をいう。会社の継続企業価値（going-concern value）を維持しながら債務を分割弁済するほうが，清算の場合に比べて高い弁済率を確保できるという見込みがある場合には，再建型処理を選択することにより債権者の利益をより大きくすることができる。会社の継続企業価値がその解体価値（清算価値　liquidation value）を上回る場合は少なくない。

　株式会社は，裁判上の再建型倒産手続として，会社更生法による会社更生手続，民事再生法による民事再生手続などを利用することができる。

　清算目的であれ再建目的であれ，世の中の倒産処理の大半は裁判外の手続（私的整理）によって行われている。その理由として，裁判上の倒産手続が多額の費用を要することに加えて，特に再建型の倒産処理にとっては，事件が裁判所で取り扱われ，公に知られることそれ自体による企業価値の劣化（たとえば，取引先からの取引

の打ち切りなどによるもの）が著しいことが挙げられる。

　債権者が債務者である株式会社に対して有している債権とその株式会社が発行する新株を交換することを，デット・エクイティ・スワップという。デット・エクイティ・スワップを行うための方法にはいろいろあるが（たとえば，債務者が債務を弁済し，その金銭を債権者が直ちに債務者に出資してもよい），債権者が債権を債務者に現物出資することが多い。デット・エクイティ・スワップは，債務者企業が健全な場合に行われることもあるが，多くの場合には債務者の財務状況が悪化した状況で行われる。

　先に，再建型倒産処理の利点を述べたが，利点ばかりではない。清算型倒産処理では分配を得られないはずの株主が再建型倒産処理においては株主権を維持することがあり，特に問題が大きいのは，現在の経営陣が居座りつづけることを目的として，これらの利害当事者によって，たとえば民事再生手続の申し立てがなされることがある。

　また，先に私的整理の利点を述べたが，私的整理においては，各種類の請求権者の内部における多数決によって少数派を拘束することが法律上不可能であることから，少数派の「ゴネ得」が生じやすく，また，再建型処理においては優先順位に忠実な倒産処理が難しいという問題がいっそう増幅される傾向がある。

　このような再建型倒産処理・私的整理にしばしば見られる問題点は，これまでに利害関係を持たなかったスポンサーが資金を提供し，外部の専門家（監査法人など）が債務者企業の資産価値を厳格に洗い直して（いわゆるデュー・ディリジェンス）実現可能性の高い再建計画を作成する場合には生じにくい。他方，既存の利害当事者だけで新たな資金の供与なしに債務者企業の資本構成だけを変更し，事業の改善に踏み込まない場合には問題の先送りにとどまる危険が高い。

4. 社債の管理

Quiz 1　次の空欄を埋めなさい。

　社債管理者は，社債権者のために社債の管理をなすにおいて，公平誠実義務・善管注意義務を負う（＿＿条）。社債管理者が発行会社に対して有する権限は法律で定められた法定権限（705条等）と社債管理委託契約などから生じる約定権限に分類されることが一般的である。規定に明記されていないが，法制定の経緯から，上記の公平誠実義務・善管注意義務は法定権限だけでなく約定権限に関しても妥当すると解されている。

　社債管理者は法律または社債権者集会の決議に違反する行為をしたときには，社債権者に対して賠償責任を負う（＿＿条＿項）。同条2項により，社債の元利払いがなされず，または発行会社において支払の停止があったあとまたはその前3か月

以内に，1号から4号所定の事由により社債管理者が自己等が社債発行会社に対して有する債権を優先的に回収したことにより社債権者が害された場合には，社債権者は1項の事由（たとえば社債管理者の善管注意義務違反）を証明しなくとも社債管理者に賠償請求をすることができ，これを免れるためには社債管理者は2項ただし書の事由を証明しなければならない。

　発行会社が支払能力を失いつつある時期に社債管理者が自己の債権の回収を社債権者のそれに優先させることは，公平誠実義務・善管注意義務の違反を推認させる事実であるといえるが，710条2項が特に具体的で厳格な責任を社債管理者に課している理由として，社債発行会社に対して最大額の債権を有する銀行（いわゆる主取引銀行・メインバンク）が社債管理者となることが法律では禁じられず，実際にもそのような例が少なくないことが挙げられる。社債発行会社のメインバンクは，発行会社の財務状況や社債契約遵守状況を監視することが他の銀行等（社債管理者の有資格者。703条）にくらべて容易である（つまり，低い監視コストで実効的に監視できる）。発行会社の財務状況が悪化すると，社債権者とメインバンクの利害は対立する。つまり，いずれが早く債権を回収するかが実務上重要であり（民法424条，破産法160条以下等の制度によっても，これを実際に行使して先になされた弁済を全額回復することは不可能に近い），社債権者がメインバンクよりも迅速な債権回収を行うことは法的にも現実的にもありえない。よって，発行会社の財務状況の悪化後はメインバンクは社債管理者となるには適切ではないといえるが，しかしほとんどの社債発行会社は倒産しないし，わずかの確率しかない倒産に備えて最初からメインバンク以外の者に社債管理を行わせることはあまりにも非効率的である。この問題は平成5年の商法改正において社債に関連する規定の大改正を行った際に議論されたが，けっきょくメインバンクが社債管理者となること自体は禁止しないことにし，代わりに社債管理者に厳格な責任が課された。

　平成17年会社法では，発行会社の財務状況が悪化したときには，社債管理者が早期に辞任して新たな社債管理者に事務を承継（714条）してもらうことを容易にするために，711条2項が定められた。これによって，社債委託契約にあらかじめ事務を承継する社債管理者の定めを置くことにより（711条2項ただし書参照），当初の社債管理者には発行会社のメインバンク等が就任し，利益相反状況が生じそうになると利益相反関係のない他の銀行等に事務を承継するという扱いが可能になった。712条により辞任の権利を濫用することについては歯止めがかけられている。

Quiz 2　次の空欄に会社法の条文を埋めなさい。
　社債管理者は社債権者のためにいわば保存行為ともいうべき行為については社債

権者集会の決議を待つことなくこれを行う権限を有する（＿＿条1項）。これに対して，社債につき発行会社に対して猶予，債務不履行責任の免除，法的倒産手続の申立などを行うには，社債権者集会の決議がなければ社債管理者はこれを行えないのが原則である（＿＿条1項本文）。しかし，それでは倒産手続に時間がかかり，発行会社の債権者全般ひいては社債権者にとっても不都合なことが少なくないことから，新会社法では法的倒産手続の申立に関しては，募集要項の中で定めた場合（＿＿条＿号）に限り，社債権者集会の決議なくして社債管理者はこれを行えるものとされた（＿＿条1項ただし書）。

　会社が資本金減少等を行う際に債権者は異議を述べる権利を有するが（449条1項），社債発行会社において個々の社債権者が異議を述べることは煩雑であり，また私的整理の成立を過度に困難にするおそれもあるため，社債権者集会の決議によらなければ社債権者は異議を述べることができないものとされているが（＿＿条1項），平成17年会社法により社債管理者が社債権者に代わって異議を述べることができることとされた（同条2項）。もっとも社債管理委託契約に別段の定めがある場合にはその限りではない（同項ただし書）。

　社債権者集会は，会社法に規定された事項のほか，社債権者の利害に関する事項について決議することができる（＿＿条）。決議の成立要件は＿＿条に定めがある。株主総会の場合には，決議に瑕疵があると思われる場合にのみ関係者が取消の訴え等を提起するが（830条・831条参照），社債権者集会の場合には，常に裁判所による審査が行われ，決議は認可されてはじめて法的効力を生じることになる。不認可事由は＿＿条各号に定められている。

　1つの会社が複数の種類の社債を発行しているときには，社債権者集会は社債の種類ごとに組織される（＿＿条）。「種類」の定義は681条1号にあるが，原則としては発行ごとに種類を構成し，同時に発行されても権利内容が異なる社債は異なる種類を構成するのが原則である。もっとも，676条12号及び681条1号に基づき定められる法務省令によって，権利内容の等しい社債であれば，同じ種類の社債を後から追加発行する（いわゆる銘柄統合）ことが可能である。銘柄統合により，社債の市場での流通量を増し，社債の流動性を高めることが期待されている。

第3節　新株予約権

1. 概　　説

　新株予約権とは，権利者（新株予約権者）が，あらかじめ定められた期間（行使期間）内に，あらかじめ定められた価額（権利行使価額）を会社に払い込めば，会

社から一定数の株式を受けることができる権利をいう（会社法上の定義は会2条21号）。新株予約権者にとって，権利行使を行うか否かは自由である。権利行使を受けた会社は，新株を発行してこれを権利者に割り当てるか，保有する自己株式を移転するかを選択できる。

Quiz 1

次の空欄に会社法の条文を埋めなさい。

平成17年改正前商法では，新株予約権を有償で発行する場合には，新株予約権の割り当てを受けた者は会社が定めた払込期日までに払込みをしないと権利を失い，払込みをすることにより払込期日に新株予約権者になるというルールが採られていた。しかし，会社法では，有償発行において新株予約権者となる者が払込みを行う時期を新株予約権の割当日よりも後とすることが可能となった。すなわち，募集新株予約権にかかる払込みは，特に払込みの期日を定めない場合には，行使期間（236条＿＿項＿＿号）の初日の前日までに，募集事項として特に払込みの期日を定めたとき（＿＿条1項＿号）にはその期日までに，行わなければならない（＿＿条1項）。

Quiz 2

① A株式会社が公募で新株予約権を発行することを決定し（238条），投資家Bが新株予約権の引受けの申込みをなし（242条），A社はBに一定数の新株予約権を割り当てた（243条）とする。Bが新株予約権者となるのはいつか。

② 新株予約権が有償で発行され，新株予約権者が払込期日（238条1項5号，246条1項かっこ書）までに払い込みを行わないときには，どのような法的効果が生じるか。

③ 新株予約権が有償で発行されるときに，新株予約権者は現金以外の財産で払い込みをなすことができるか。

④ 既存の株主が，新株予約権の発行により損害を蒙ると考えるときには，どのような法的措置を採ることが考えられるか。

Quiz 3

① 新株予約権者が権利を行使するときに，出資義務（236条1項2号）を会社に対して有する債権と相殺することで果たすことは可能か。

② 新株予約権者が権利を行使するときに，現物出資を行うことは可能か。

③ 新株予約権者はいつ株主となるか。

④ 新株予約権者が権利行使に際して現物出資を行ったが，出資財産があらかじめ定められた出資価額（236条1項2号）に不足する場合には，どのような法的問

題が生じるか。不足が，新株予約権の内容の決定後の出資財産の値下がりによって生じたものであり，内容決定時には予測困難であったという場合にはどうか。

Quiz 4

① (1)新株予約権原簿（249条）の閲覧（252条）を行えば，新株予約権者の氏名・住所を知ることができるといってよいか。(2) 新株予約権者は新株予約権原簿の閲覧の請求（252条2項）をすることができるか。

② 証券発行新株予約権（定義は249条3号ニにある）の譲渡は新株予約権証券の交付により行われるが（255条1項本文），証券の発行されていない新株予約権では譲渡はどのようにして行われるか。

③ 株式の譲渡制限を行っている会社では，譲渡制限は株式の内容として定款に記載されるが（2条17号・107条2項1号・108条2項4号），新株予約権の譲渡を制限するには定款の定めが必要か。なお，「譲渡制限新株予約権」の定義は243条2項2号にある。

④ 株式の譲渡制限を行っている会社では，株式の譲渡人は会社に対して譲渡を承認しない場合には別の買受人を指定する旨を請求できるが（136条・138条1号ハ），譲渡制限新株予約権の譲渡承認請求（262条以下）において，会社が譲渡を承認しない代わりに買受人を指定する制度は存在するか。

株式会社が有する自己の新株予約権を「自己新株予約権」という（255条1項）。従前の商法では株式会社が自己新株予約権を取得することができるか，取得すると混同（民法520条）により消滅するのか否かが明らかではなかったが，会社法は明文の規定を置くことにより，会社は自己新株予約権を取得することができ，そのとき混同による消滅は生じないことが明らかにされた。自己新株予約権の取得については，自己株式の取得の場合のような規制（155条以下）は置かれていないため，特に制限なく取得が可能である（なお，取得条項付新株予約権については，273条から275条の規制がある）。また，処分についても，自己株式の処分の場合のような法的規制はない。平成17年会社法により自己株式の処分と新株発行が「募集株式の発行等」という概念に統合された（199条1項柱書）のとは異なり，自己新株予約権の処分については，新株予約権発行との手続の統合は図られていない（238条1項柱書の「募集新株予約権」の概念には含まれない。199条1項柱書と文言を比較せよ）。自己新株予約権の処分は，「新株予約権の譲渡」（会254条以下）の一種ということになる。

Quiz 5
① 会社は自己新株予約権を行使することができるか。
② 証券発行新株予約権を譲渡するには証券の交付が必要であるが，会社以外の者の間で新株予約権が譲渡される場合と会社が自己新株予約権を処分する場合とでは証券の交付時期に差がある。この点につき説明しなさい。

　新株予約権には，さまざまの利用法がある。発行会社の取締役や従業員に対してインセンティブ報酬の一種として新株予約権が割り当てられることがある。また，社債と組み合わせたり単独で，資金調達の手段として用いられることもある。友好的な企業買収や企業間提携を段階的に進める際に新株予約権が用いられることがあるとともに，敵対的買収に対する対抗策（買収防衛策）として特殊な設計の施された新株予約権が用いられることも一般化してきている。

2. 有利発行

　新株予約権の有利発行を検討するには，新株予約権という権利の経済的特性についての理解が必要となる。以下では，会社法の条文や判例を概観しながら，同時に新株予約権の経済的特性への理解を深めることとする。
　新株予約権の発行は，株主総会の特別決議で行われるのが原則である（238条2項・309条2項6号）。法定の条件に従って，株主総会は新株予約権発行の決定を取締役（会）に委任することができ（239条），また公開会社（2条5号）においては取締役会決議により決定されるのが原則である（240条1項）。株主割当で新株予約権を発行する場合にも例外がある（241条3項）。しかし，いわゆる有利発行の場合（238条3項）には，株主総会が決定を行うか，発行する新株予約権の内容・上限と発行価額の下限を総会で定めて取締役（会）に委任を行う（239条1項）ことが必要で（特別決議，309条2項6号），株主総会では有利発行が必要となる理由を説明しなければならない（238条3項柱書・239条2項）。以上のルールは，募集株式の発行等の場合とおおむね同じである。
　有利発行であるのに総会決議を経ずに行われた場合は，法令違反の新株予約権の発行（247条1号）となり，株主は発行の差止めを求めることができる。
　会社法においては，有利発行とは，無償発行（238条1項2号）の場合にはそれが引受人にとって特に有利な条件である場合（238条3項1号・239条2項1号），有償発行（238条1項3号）の場合には払込金額が引受人にとって特に有利な金額である場合（238条3項2号・239条2項2号）をいう。
　新株予約権はオプションの一種である*。オプション評価理論とは，株価等の定量的情報に基づき，オプションの理論価値を算定するための理論モデルの総称であ

＊オプションとは，その保有者にあらかじめ定められた期日，あるいはそれ以前に一定の価格で株式を買う権利・売る権利を与えるものをいい，保有者が株式を買う権利を持つものを「コール・オプション」，株式を売りつける権利を持つものを「プット・オプション」という。オプションを発行しこれを保有者に与える者（保有者が権利行使を選択したときにこれに応じる義務を負う者）をオプションのライターという。つまり，新株予約権は会社自身がライターとなるコール・オプションである。

今日がコール・オプションの行使期間の末日であり，行使価額が p^* 円，今日の株価が p 円，オプションを1単位行使すると1株が入手できると仮定すると，オプションの理論価値は $p>p^*$ のときは $(p-p^*)$ 円，$p<p^*$ のときは（オプション保有者はオプションを行使せずに捨てるので）0円ということになる。しかし，行使期間の末日まで長い期間が残っている場合には，$p<p^*$ であってもオプションの理論価値は0円にはならない。行使期間の末日までに $p>p^*$ となる可能性があるからである。また，$p>p^*$ のときにも理論価値は $(p-p^*)$ 円ではなく，それよりも少し大きな値になる。

オプション評価理論の代表的なものは，ブラック＝ショールズ・モデルである。このモデルでは，①行使価額，②株式の時価，③株式のボラティリティー（株価変動の標準偏差），④残存期間，⑤無リスク金利，の数値を算式に代入することでオプションの価値を算定できる。他の条件が同じであれば，株式のボラティリティーが高いほど，残存期間が長いほど，オプションの価値は大きくなる。

ブラック＝ショールズ・モデルは単純な仮定の下で妥当するモデルであるため，より複雑な状況の下では同モデルを修正したモデルによりオプション価値を算定することが多い。

オプションについては，藤田友敬「Law & Economics 会社法　株式会社の企業金融(5)(6)」法学教室268号108頁，269号124頁，リチャード・ブリーリーほか著（藤井眞理子ほか訳）『コーポレート・ファイナンス（第8版）下』5～29頁を参照。

上記の数学的な解説に苦手意識がある読者は，下記の簡単な算数による説明で，オプションの価値を直感的に把握するようにしてほしい。

(1)　1年後に10％の確率で1000円，20％で1200円，40％で1500円，20％で1800円，10％で2200円と見込まれるP株式会社があると，その株価は（利息とリスクを無視すれば）

100＋240＋600＋360＋220＝1520円となるはずである。

P株式会社の株式を取得できるオプションで，明日から1年後までを行使期間とし，行使価額が1300円のものの理論価値は，

$0+0+(200×0.4)+(500×0.2)+(900×0.1)=270$円となる（$1520-1300=220$，よりも大きくなる）。

行使価額が1500円ならば，

$0+0+0+(300×0.2)+(700×0.1)=130$円となり$1520-1500=20$円よりも大きくなる。

(2) 別のQ株式会社の株式は，1年後に10%の確率で700円，20%で900円，40%で1500円，20%で2100円，10%で2500円と見込まれている。株価は

$70+180+600+420+250=1520$円となるはずである。

Q株式会社の株式を取得できるオプションで，明日から1年後までを行使期間とし，行使価額が1300円のものの理論価値は，

$0+0+(200×0.4)+(800×0.2)+(1200×0.1)=360$円となる（P社と予想株価は同じでも，株価の分布が広い＝リスクが大きいQ社のほうが，オプション価値が高くなることに注意）。

(3) 上記の各種の投資商品の価格変動の大きさを比較してみよう。上記(1)の株式は，現在1520円で1年後の株価は最低で1000円，最高で2200円であるから，前者の場合の値下がり率は$(1520-1000)÷1520×100=34.2\%$，後者の場合の値上がり率は$(2200-1520)÷1520×100=44.7\%$である。これに対して，この株式を取得することのできる前述の行使価額1,300円のオプションは現在の理論価値は270円であるが，1年後の価値は最小で0円，最大で$2200-1300=900$円であり，値下がり率は$(270-0)÷270×100=100\%$，値上がり率は$(900-270)÷270×100=233.3\%$である。

このことから，株式と，それを元に作られたオプションとでは，値上がり値下がりのリスクはこの事例ではオプションのほうが大きい。

(4) 同様に，Q社株式の値下がり率・値上がり率は，1520円が700円にも2500円にもなりうるので，53.9%，64.5%であり，行使価額を1300円とするオプションの値下がり率，値上がり率は，360円が0円にも2500円にもなりうるので，100%，594.4%である。P社のオプションとQ社のオプションを比較すると，値上がり・値下がりのリスクはQ社のほうが大きい。

【参照判例】 東京地決平成18・6・30判夕1220-110

Y株式会社（債務者）の株主であるX（債権者）らは，Y社による募集新株予約権の発行について，その払込金額が特に有利な金額による発行であるのに株主総会の特別決議を経ていないため，会社法240条1項，238条2項および3項2号ならびに309条2項6号の規定に違反し，また，著しく不公正な方法による発行であるとして，その発行を仮に差し止めることを求めた。裁判所は，当該募集新株予約権

の発行は，右価額よりも特に低い払込価額によってされたということができ，有利発行になると一応認めることができるとして，申立てを認容した。判旨は次の一般論を述べている（事案・判旨の詳細は，本書第3版223頁を参照）。

「会社法238条第3項2号にいう「特に有利な金額」による募集新株予約権の発行とは，公正な払込金額よりも特に低い価額による発行をいうところ，募集新株予約権の公正な払込金額とは，現在の株価，行使価額，行使期間，金利，株価変動率等の要素をもとにオプション評価理論に基づき算出された募集新株予約権の発行時点における価額（以下「公正なオプション価額」という。）をいうと解されるから，公正なオプション価額と取締役会において決定された払込金額とを比較し，取締役会において決定された払込金額が公正なオプション価額を大きく下回るときは，原則として，募集新株予約権の有利発行に該当すると解すべきである。」

3. 不公正発行

新株予約権の発行が著しく不公正な方法により行われる場合（247条2号，いわゆる「不公正発行」）にも，株主は差止めを求めることができる。

上場会社では，経営者にとって好ましくない株主による株式の取得（いわゆる敵対的買収）に対して，新株の第三者割当発行が対抗策として用いられることがある。同様に，新株予約権も買収防衛策として利用されることがあり，新株発行の場合と同様に不公正発行の問題を生じる。

詳しく見ると，買収への対抗策には，①買収者による株式の大量取得が始まった後に，株式・新株予約権の発行（第三者割当）を行うもののほかに，②買収開始前に株式・新株予約権の発行を行うか，あるいは将来の株式・新株予約権の発行の内容・方針を公表することで，敵対的買収に対して一定の抑止効果を発揮しようとする場合がある。具体的には，(1)新株予約権を株主に割り当てて発行するが，それが行使可能となるのが特定の株主による大量の株式取得が始まった後であると定められる場合や，(2)買収が始まった直後に株式分割・新株予約権の株主割当てを行うが，買収者には新株・新株予約権は交付されないと定めておくなどの方法がある。いずれの場合にも，買収が始まるまでは会社の支配権や財務にはほとんど影響は生じないが（いわば眠った状態にある），買収が始まると低い発行価額によって大量の新株発行が生じることによって，敵対的買収者が取得する株式を価格・議決権の両面で大幅に稀釈化させようとするわけである。

実務家の間では，①を「有事導入・有事発動型」，②を「平時導入・有事発動型」と呼ぶことがある。これまでの有事導入型の防衛策は敵対的買収を確定的に撃退することを目指しているのに対して，近時の平時導入型の防衛策は，買収者に対して情報と（経営者が対策を用意するのに必要な）時間を提供し，また買収価格につ

4. 新株予約権発行の無効・不存在

　新株発行の場合と同様に新株予約権の発行についても，無効の訴え（828条1項4号，形成の訴え）および不存在確認の訴え（829条3号，確認の訴え）の規定が設けられている。いずれも，「会社の組織に関する訴え」（定義は834条柱書）に該当するから，請求を認容する確定判決は対世効を有する（838条）。

　新株予約権の発行は，募集手続による場合（238条から246条の手続きを経て行われる）と無償割当ての手続による場合（277条から279条）等があるが（そのほかに，合併等の組織再編行為や取得請求権付株式・取得条項付株式の取得の効果として新株予約権が発行される場合もある），828条1項4号・829条3号はいずれも「新株予約権の発行」とのみ述べており募集新株予約権の発行に限っていないことから，無効の訴え・不存在確認の訴えは募集新株予約権の発行の場合だけでなく，無償割当てによる新株予約権の発行にも用いることができる（これに対して，新株予約権の差止めを定める247条は条文の文言からも条文の置かれている位置に照らしても募集手続による発行の場合を念頭に置いた規定である。もっとも，新株予約権無償割当ての場合にも同条が類推適用される場合があることは広く認められている。最決平成19・8・7民集61-5-2215〔本書274頁〕を参照）。

　新株予約権の発行に瑕疵がある場合，新株予約権の行使による新株発行にその瑕疵が引き継がれるか（新株発行の差止めや無効，不存在の原因となるか）という問題がある。次の【参照判例】はこの点を論じたものであるが，この裁判例の採用した法律構成は当事者の主張に沿ったものであり，他の法律構成（たとえば新株予約権発行無効の訴えを本案として，新株予約権の行使により会社が株式発行を行うこと等を禁止する仮処分を提起するなど）が否定されることを意味するものではないだろう。

【参照判例】東京高決平成20・5・12判タ1282-273

　公開会社である（ただし過去に上場会社であったが上場廃止によって本件当時は上場会社ではなくなっている）Y株式会社が，取締役会の決議により，差別的な取得条項（取得の対価として，X以外の株主にはY社の株式が交付されるが，Xには現金等が交付される）の付された新株予約権の無償割当てを決定し，即日その効力を生じさせたところ，Xが当該新株予約権無償割当ては株主平等原則に反し著しく不公正な発行にあたるとして，本件新株予約権に基づく新株の発行を仮に差止めることを求めた。

原々決定（新潟地決平成20・3・27金判1298-59）は，

「新株予約権発行はその行使による新株発行を当然に予定している手続であり，新株予約権の発行について法令違反や定款違反，あるいは不公正発行といった瑕疵がある場合には，それに続く新株発行の手続きも当然これらの瑕疵を引き継いだものとなるというべきである。したがって，先行する新株予約権発行手続きに会社法247条の差止事由がある場合には，それに引き続いて行われる新株発行手続にも当然に同法210条の差止事由があるというべきである。」

と述べた上で，本件新株予約権の株主無償割当ては，著しく不公正な方法によるものであるとし，仮処分命令申立てを認容した。Y社の保全異議の申立てに対して，原決定（東京地決平成20・4・3金判1298-56）は原々決定を認可し，Y社は抗告の申立をした。東京高裁による本決定も，本件新株予約権無償割当は株主平等原則の例外として許容される場合に該当しないと判示して原々決定・原決定を支持し，抗告を棄却した。

5. 新株予約権付社債

平成13年改正前の商法には，エクイティとデットを組み合わせた金融商品として，①転換社債，②新株引受権附社債（非分離型），③新株引受権附社債（分離型）などが存在した。①は普通社債に株式への転換権が付されたもので，保有者が会社に対して転換の意思表示をすると，社債が株式に転換する（社債が消滅し，新株が発行・交付される）というものである。②③は先の①とは異なり，権利行使には新たな出捐を必要とするが，権利行使後も社債が消滅せず保有者の手元に残るのが原則である。そして，②は両者を一体としてのみ譲渡できるのに対して，③は両者を別々に譲渡できるというものであった。

現行法では，③は社債と新株予約権を同時に同じ投資家に対して発行するものと整理され，そのための特別の規定は置かれていない。つまり，社債発行と新株予約権の発行の規定により法律関係が規律される。②は現行法では「新株予約権付社債」という概念に属するものとされる。これに関する規定として，たとえば2条22号・254条2項3項・248条・236条2項・238条1項6号・242条6項・243条3項かっこ書・245条2項・249条3号ニなどがある。

①従来の転換社債は，現行法では新株予約権付社債のうち，新株予約権の行使に際して行う出資を金銭ではなく社債によって行う（代用払込）もの（236条1項3号）として位置づけられる。この場合に関する規定として280条4項がある。

第 4 節　自己株式

1. 総　説

　自己株式については，取得・保有・処分・消却がそれぞれ問題となる。
　自己株式の処分は，平成17年会社法によって新株発行とともに「募集株式の発行等」という概念の下に統一的に規制されることになった（199条以下）（なお，会社法は両者を包含する概念として「株式の交付」という語を用いることが多い。2条21号，108条2項5号ロ・6号ロ，152条1項，236条1項7号ニなど）。経済的効果の等しい行為が同一のルールによって規律されているといえる。
　自己株式の保有については，会社法はそこから弊害が生じることはないと考えて，特段の規制を置いていない。会社は，たとえば自己株式を100年保有しつづけることができるし，取得してから15年後に消却することも妨げられない。
　自己株式の消却は，便宜上，第5章第1節 **4**（176頁）で扱う。

> **Quiz**
> 　次のルールの根拠規定を述べよ。①会社は自己株式につき議決権を持たない。②相互保有株式について，A社がB社の一定比率以上の議決権を有している場合などには，B社は保有するA社株式につき議決権を持たない。③自己株式に対しては配当はなされない。

　以下では，自己株式の取得を中心に扱う。

2. 自己株式の取得

> **Quiz 1**
> 　株式会社による自己株式の取得は，法令に定めのある場合にのみ許されるが，取得が許される場合が広く定められている（＿＿条）。
> 　自己株式の取得は，大別して，①会社と株主との合意による場合（＿＿条から＿＿条），②株主が＿＿株式の取得を会社に請求することによる場合（＿＿条から＿＿条），③会社が＿＿株式を取得する場合（168条から＿＿条），④会社が＿＿株式を取得する場合（171条から＿＿条），⑤相続その他の一般承継により譲渡制限株式を取得した者に対して，会社が定款規定に基づきその売渡を請求する場合（＿＿条から＿＿条），⑥その他，組織再編などによる場合がある。
> 　経済的にいうと，②は株主がプット・オプションを，③④は会社がコール・オプ

ションを有している場合に当たる（なお、③と④の違いは、第5章 **6**（178頁）で解説する）。

　従来、組織再編行為による自己株式の取得の可否につき議論があったが、平成17年会社法では、吸収合併において存続会社の有する消滅会社株式に存続会社株式を割り当てることはできないこと、および消滅会社の有する自己株式について存続会社の株式等を割り当てることができないことが明記された（749条1項3号）。

　自己株式の取得は、かつては商法により厳格に規制された。それは、自己株式取得には次のような弊害が伴いがちであると考えられたためである。(1)過大な対価が会社から流出すると会社の財産的基礎が害され、会社債権者が害される。(2)特定の株主のみから会社が高値で株式を買い取ることによって他の株主の犠牲の下に当該株主が優遇される危険がある。(3)特定の株主が株式を買い集めたり会社に対して権利主張を行っているような状況で、経営者が当該株主（いわゆるグリーンメーラー）から安易に株式を買い取ったり、あるいは他の株主から株式を買い集めることによって当該株主の株式買収・権利行使を困難にするなどして、会社支配を経営者に有利な方向に歪める手段として用いられるおそれがある。(4)会社の利益や取締役の個人的利益を図るための、内部者取引や相場操縦などの不公正取引の手段として用いられるおそれがある。

　もっとも、会社が有効な使途を持たない余剰資金を大量に抱えている状況は、経済全体にとっても株主にとっても好ましいものではなく、余剰資金は株主に返還されることが望ましいといわれる。また、余剰資金の返還方法として、剰余金配当と自己株式の買受けにはそれぞれのメリット・デメリットがあるともいわれる（参照、藤田友敬「株式会社の企業金融(7)」法学教室270号62頁、特に69頁以下）。そこで、会社法は自己株式取得については弊害防止に重点を置き、一律の禁止は現在では行われていない。

　上記(4)の弊害については、金融商品取引法上の内部者取引規制などの規制を強化するとともに、摘発体制（証券取引等監視委員会の組織の拡充など）を図ることで対処している。(1)から(3)の弊害について、会社法がどのような予防規制を置いているか、次に見てみよう。

(1) **財源規制**

　461条2項が「分配可能額」を定義し、同条1項により、剰余金配当に加えて会社が株式の取得・買取を行う各種の場合にも、会社が株主に交付する金銭等が分配可能額を越えてはならないものと定めている。

Writing 1

次の事実1～8を読んで、〔設問〕に解答しなさい。

1 甲株式会社（以下「甲社」という。）は、種類株式発行会社ではない大会社である。Bは、甲株式会社（以下「甲社」という。）の創業者として、その発行済株式総数1000万株のうち250万株の株式を有している。

2 甲社の代表取締役であるBと交渉し、甲社は、Bとの間で、Bの有する甲社株式250万株の全てを相対での取引により一括で取得することとした。

3 甲社は、平成X＋1年6月1日開催の取締役会及び同月29日開催の定時株主総会により、適法な手続きにより、Bから甲社株式250万株を取得することを決定した。なお、定時株主総会に先立ち株主に発送された貸借対照表によれば、平成X＋1年3月31日現在の分配可能額は「3,500百万円」であった。

4 甲社は、定時株主総会の終了後引き続き、同日、取締役会を開催し、Bの有する甲社株式250万株の全てを同月30日に取得すること、同月28日のP証券取引所における甲社株式の最終の価格が1株800円であったものの、この価格を25％上回る1株当たり1000円をその取得価格とすることなどを決定した。これに基づき、甲社は、Bから、同月30日、甲社株式250万株を総額25億円で取得した（以下「本件自己株式取得」という。）。

5 同年3月31日から同年6月30日までの間、甲社は、B以外の甲社の株主から甲社株式を取得しておらず、また、甲社には、分配可能額に変動をもたらすその他の事象も生じていなかった。

6 ところが、甲社において、同年9月1日、従業員の内部告発によって、西日本事業部が平成X年度に架空売上げの計上を行っていたことが発覚した。そこで、甲社は、弁護士及び公認会計士をメンバーとする調査委員会を設けて、徹底的な調査を行った上で、平成X＋1年3月31日時点における正しい貸借対照表を作り直したが、これによれば当時の分配可能額は「500百万円」にすぎなかった。

7 調査委員会の調査結果によれば、今回の架空売上げの計上による粉飾決算は、西日本事業部の従業員が会計監査人ですら見抜けないような巧妙な手口で行ったもので、甲社の内部統制の体制には問題がなく、Cが架空売上げの計上を見抜けなかったことに過失はなかったとされた。

8 その後、甲社では、その業績が急激に悪化した結果、甲社の平成X＋2年3月31日時点における貸借対照表を取締役会で承認した時点で、30億円の欠損が生じた。

〔設問〕 ①本件自己株式取得の効力及び本件自己株式取得に関する甲社とBとの間の法律関係、②本件自己株式取得に関するCの甲社に対する会社法上の責任について、それぞれ説明しなさい。

(2)(3) 株主平等・会社支配の公正の確保

特定の株主と会社経営者が馴合って，その者から特に高値で会社が株式を買い取る危険のある場合は，155条各号のうち3号の場合が主といってよい。この場合には，特定の株主の優遇・株主の不平等取扱いの問題への対処は次のようになされている。

Quiz 2

自己株式の取得が会社と株主との合意による場合，原則として，(1)会社は取得する株式の数の上限，対価として交付する金銭等の内容・総額（上限）および期間（1年以内）を定め（＝いわば「自己株式の取得枠」を設ける），(2)その範囲内で具体的な株式の取得についての決定をそのつど行う。

(1)の決定は原則として株主総会決議によって行われる（＿＿条）。その上で，すべての株主に売却の機会を与えて自己株式の取得を行う方法として，(2A)取締役会による具体的な取得価格等の決定を行い（＿＿条），その内容を株主に通知・公告し（＿＿条），売却を希望する株主から譲渡の申込みを受け付ける（＿＿条）というやり方，(2B)会社が株式市場で取得するか，公開買付け（金商法27条の2以下）により取得するやり方がある（会＿＿条。この場合を「市場取引等による取得」という）。(2A)(2B)いずれの方法でも，株主の平等取扱いは確保されている。株式市場で取得する場合には，会社は売主が誰であるかを知ることができないし，株式を売りたい株主（証券会社を通じて株式市場に売り注文を出している）はいずれにせよ平等に取り扱われる（会社が買主となる場合と，その他の者が買主となる場合があるが，いずれにせよ市場価格により売買が行われる）と考えられる。

他方，特定の株主から自己株式を取得しようとするとき（＿＿条以下）には，先に240頁で述べた自己株式の取得から生じうる弊害の第2，第3の危険が特に大きいため，当該株主以外の株主を保護するため特に厳重な規制が置かれている。この場合には，(1C)自己株式の取得枠を設ける総会決議は特別決議によらなければならない（309条＿＿項＿＿号）。そして，この場合には，売主の氏名・名称が議案の内容に含まれるところ，会社はそのような総会決議を行うに先立ち他の株主は「売主追加請求権」を有することを通知しなければならず，この権利を行使した株主は売主に加わることができる（160条2・3項）。そして，総会の特別決議においては，売主となる株主（「特定の株主」）は議決権を行使することができない（＿＿条＿＿項）。総会決議が成立すれば，会社は，(2C)取得価格等の決定を行い（157条），「特定の株主」に対して通知を行うことになる（160条5項・158条）。もっとも，特定の株主からの自己株式の取得であっても，このような厳格な手続が必要でない場合もある（161条以下）。

先の(2B)の方法による自己株式の取得(市場取引等による取得)の場合には、株主の平等取扱いが特に強く図られており、会社経営者や特定の株主による制度の濫用のおそれが小さいため、(1)の例外として、その旨の定款規定を置いている株式会社においては、(1D)自己株式の取得枠を(株主総会決議によるほか)取締役会決議でも決定することができる(＿＿条＿＿項・＿＿項)。上場会社を念頭に置いて、特に迅速な余剰資金の投資家への返還を促進するための制度である。

Quiz 3

上記(1C)の例外として、特定の株主から取得する場合でも、売主追加請求権(160条2項・3項)が排除される場合が4つある。説明せよ。これらのうち、1つの場合は、いわゆる上場会社の間での株式持合いの解消の便宜を図る趣旨で設けられたものであるが、それはどれか。

なお、(2A)の場合、および(1C)→(2C)の場合で売主追加請求権が行使された結果、会社が買い取ろうとする株式数よりも譲渡しの申込みがあった株式数が多い場合には、会社は各株主の申込数に按分比例した株式数を買い取ることになる(159条2項)。たとえば、株主甲が1万株、乙が5000株の譲渡しを申し込み、総会決議により定められた取得総数が1万2000株の場合には、会社は甲から8000株、乙から4000株を買い受けることになる。

子会社が有する株式を親会社が取得する場合には特定の株主の優遇・株主の不平等取扱いの弊害が生じないこと、むしろ子会社が親会社株式を保有するという好ましくない状態が是正されることに鑑みて、156条から160条までの規定を適用除外とし、取締役会限りでの自己株式の取得を許容している(163条)。

Writing 2

次の事実1〜6および【資料】を読んで、〔設問〕に解答しなさい。

1 甲株式会社(以下「甲社」という。)は、会社法上の公開会社であり、その株式をP証券取引所の新興企業向けの市場に上場している。Aは、甲社の創業者として、その発行済株式総数1000万株のうち250万株の株式を有していたが、平成X年12月に死亡した。そのため、Aの唯一の相続人であるBは、その株式を相続した。なお、甲社は、種類株式発行会社ではない大会社である。

2 甲社の代表取締役であるCがBと交渉したところ、BはCに対し、「創業以来のAの多大な貢献を考慮した価格であれば、甲社株式の全てを手放しても構わない。」と述べた。そこで、甲社は、Bとの間で、Bの有する甲社株式250万株の全てを相対での取引により一括で取得することとし、その価格については、市場価格

を25％上回る価格とすることで合意した。

　3　甲社は，平成X＋1年6月1日に取締役会を開催し，同月29日に開催する予定の定時株主総会において，(ア) Bから甲社株式250万株を取得することを議案とすることを決定した。

　4　3の(ア)を第1号議案とする平成X＋1年6月29日開催の定時株主総会の招集通知・株主総会参考書類（【資料】はその概要を示したものである。）等が同月10日に発送された。なお，甲社は，B以外の甲社の株主に対し，第1号議案の「取得する相手方」の株主に自己をも加えたものを株主総会の議案とすることを請求することができる旨を通知しなかった。

　5　甲社は，同月29日，定時株主総会を開催した。第1号議案の審議に入り，甲社の株主であるDが，「私も，値段によっては買ってもらいたいが，どのような値段で取得するつもりなのか。」と質問したところ，Cは，Bから甲社株式を取得する際の価格の算定方法やその理由を丁寧に説明した。採決の結果，多くの株主が反対したものの，Bが賛成したため，議長であるCは，出席した株主の議決権の3分の2をかろうじて上回る賛成が得られたと判断して，第1号議案が可決されたと宣言した。

　6　甲社は，定時株主総会の終了後引き続き，同日，取締役会を開催し，Bの有する甲社株式250万株の全てを同月30日に取得すること，同月28日のP証券取引所における甲社株式の最終の価格が1株800円であったため，この価格を25％上回る1株当たり1000円をその取得価格とすることなどを決定した。これに基づき，甲社は，Bから，同月30日，甲社株式250万株を総額25億円で取得した（以下「本件自己株式取得」という。）。

〔設問〕　本件自己株式取得の効力及び本件自己株式取得に関する甲社とBとの間の法律関係について，説明しなさい。

【資料】　株主総会参考書類
議案及び参考事項
　第1号議案　特定の株主からの自己の株式の取得の件
　　　当社は，今般，当社創業者A氏の唯一の相続人であるB氏から，同氏の有する当社株式全てについて市場価格を上回る額での売却の打診を受けました。そこで，キャッシュフローの状況及び取得価格等を総合的に検討し，以下の要領にて，市場価格を上回る額で自己の株式の取得を行うことにつき，ご承認をお願いするものであります。
　　(1)　取得する相手方
　　　　B氏
　　(2)　取得する株式の数

当社株式2,500,000株（発行済株式総数に対する割合25％）を上限とする。
(3) 株式を取得するのと引換えに交付する金銭等の内容及びその総額
金銭とし，25億円を上限とする。
(4) 株式を取得することができる期間
本株主総会終結の日の翌日から平成Ｘ＋１年７月19日まで

3. 子会社による親会社株式の取得

　子会社・親会社の定義の定義（２条３号・４号）においては，平成17年会社法により，対象となる範囲を株式会社・有限会社に限定せず，また議決権の過半数という形式基準によるほか，実質的に支配しているか否かという基準により判断するものとされた（会社法施行規則３条）。また，「子会社」「親会社」には外国会社や組合も含まれる（同条１・２項，同規則２条３項２号）。

　子会社が親会社の株式を取得することは，２（162頁）で述べた(1)～(4)の弊害を生じるおそれがある。135条は，２項の各号に定められた場合にのみ子会社による親会社株式の取得を許容しているが，その範囲は155条による自己株式取得の場合よりもかなり狭い。また，135条３項は，「子会社は，相当の時期にその有する親会社株式を処分しなければならない」と定めているが，このような規定は自己株式については見られないものである。この規定により，親会社が子会社の保有する子会社株式を取得する（163条）ことが少なからず行われると予想される。

　なお，いわゆる三角合併等を行うために子会社が一時的に親会社株式を取得し当該組織再編行為のときまで保有することが800条で許容されている。たとえば，アメリカ・デラウェア州で設立され，ニューヨーク証券取引所に株式を上場しているＡ社が日本のＪ社を買収しようとするときに，設立準拠法を異にするＡ・Ｊ間では合併・株式交換等は不可能であると考えられているので，Ａが日本に（日本法を設立準拠法として）100％子会社であるＡ'社を設立し（現金を出資），Ａは保有する自己株式をＡ'に売却し，しかるのちにＡ'が存続会社となってＡ'とＪ（いずれも日本法人）の間で吸収合併を行う際に，Ｊ社の株主には合併対価としてＡ'社の株式ではなく，親会社Ａ社の株式を交付する（749条１項２号ホ）といった利用が考えられている（いわゆる「合併対価の柔軟化」）。

第5章　株式制度

第1節　株式の内容・株主の権利についての定め

1.　概　　説

(1)　定款規定による株式（株主間）の権利内容の設定

　会社は，発行するすべての株式について，定款で譲渡制限・取得請求権（株主が会社に権利を有する）・取得条項（会社が株主に権利を有する）を定めることができる（107条1項・2項）。

　また，会社は定款に必要な規定を置いて，さまざまな事項について内容の異なる2つ以上の種類株式を発行することができる（108条1項・2項）。この場合には，各種類ごとに所定の事項および「発行可能種類株式総数」，すなわち株式会社が発行することができるある種類の株式の上限数を定めることが必要である（108条2項・101条1項3号）。

　会社法109条1項は，従来は学説・判例法上の理論であった「株主平等の原則」を明文化している。しかし，同項は，「株式会社は，株主を，その有する株式の内容および数に応じて，平等に取り扱わなければならない」と述べるので，内容を異にする株式（種類を異にする株式）の間では平等原則がほとんど働かないことが示唆されている。

　株主の数が少なく，株主が会社経営に関与する度合いが強いほど，各株主の個性が重要となるので，形式的な株主平等原則から外れた取扱いを行う必要が高まる。会社法は，公開会社よりも，非公開会社に対してより広く平等でない取扱いを認めている。

Quiz 1

　①次の株式会社は公開会社（2条5号）か，非公開会社か。「A株式会社は2種類の株式を発行しており，そのうち種類P株式には譲渡制限の定めはないが，種類Q株式には譲渡制限の定めがある」。

　②先の例で，PとQは譲渡制限以外の点では株式の内容が全く同じであるとすることは適法か。つまり，譲渡制限の有無においてのみ内容の異なる種類株式を作り

第1節　株式の内容・株主の権利についての定め　131

出すことは可能か。

　先述のように，会社法は，公開会社よりも，非公開会社に対してより広く平等でない取扱いを認めている。第1に，役員選任に関する種類株式（108条1項9号）（下記の，定款条項(2)が一例）は公開会社や委員会設置会社には認められない（108条1項柱書）。第2に，公開会社においては議決権制限株式の数が発行済株式総数の2分の1を超えることは原則として許されず，その場合には会社はその数を2分の1以下にするために必要な措置を直ちに取ることを義務付けられているが（115条），そのような規制は非公開会社には存在しない。

　第3に，非公開会社では，105条1項各号に掲げられた権利については，株式の内容としてではなく株主ごとに異なる取扱いを行う旨を定款に定めることができる（109条2項）。たとえば，種類株式を用いて，「(1)種類甲株式1株は種類乙株式1株の受け取る剰余金配当額の2倍の金額の剰余金配当を受け取る。(2)種類甲株式は取締役を2名，種類乙株式は取締役を1名と監査役1名を，各々選任する」という定款規定を置くやり方のほかに，非公開会社においては，「(3)株主Aは株主Bが受け取る剰余金配当額の2倍の金額の剰余金配当を受け取る。(4)株主Aは取締役を2名，株主Bは取締役を1名と監査役1名を，各々選任する」という定款規定を置くやり方も認められる。

　109条2項による株主間の異なる取扱いの例として，上記のほかに，出資額や持株数に関係なく，総会決議での議決権を各株主同数（いわゆる頭数多数決）としたり，同額の剰余金配当を受けるものと定めることも挙げられる。

Quiz 2

　上記の(1)(2)の定款規定の根拠となる条項を挙げよ。また，議決権制限株式（定義は115条）の定款規定の根拠となる条項を挙げよ。

　(2)　株主間契約
　種類株式のニーズ（利用法）の多くは，現在の日本の会社実務では，種類株式によってではなく，株主間契約によって実現されていることにも注意が必要である。たとえば，企業間で異なる能力の結合を目的として合弁会社が設立されることがあるが，この場合には合弁に参加する企業の間で書面により株主間契約を作成し，次のような定めを置くことが一般的である。

　「議決権拘束契約」　取締役選任等に関して当事者間の合意に従い議決権を行使する旨を定めるもの。

　「同意条項」　他方当事者の承認なしに株式を譲渡しない旨を定めるもの。

「先買（さきがい）権条項」　一方当事者が株式を処分しようとする場合には他方当事者に対し事前の通知義務を負い，通知を受けた当事者が当該株式について優先的に取得できる権利を有する旨を定めるもの。

「売渡強制条項」　一方当事者が合弁契約上の債務不履行や支配権の移転が生じた場合などの一定の事由が生じた場合，当該株主が他の株主に対して所有株式を売り渡す義務が発生する旨を定めるもの。

以上のほかに，新株発行，新株予約権発行，合併・事業譲渡その他の組織再編行為につき，会社法で必要とされる取締役会・株主総会に加えて，少数派株主の同意を必要と定める契約条項が用いられることも一般的である。

種類株式を用いれば（株主間契約と種類株式その他の定款の定めは併用することが可能である），契約違反の行為（たとえば議決権拘束契約に反する議決権の行使による取締役の選任）を無効にすることができる（定款の定め等がなければ，株主間契約の違反があっても取締役の選任を無効にすることは容易ではない。もちろん解釈論上の工夫はあってしかるべきである）。しかし，わが国では種類株式の内容は登記されなければならず（911条3項7号），外部に公示されることが嫌われているとの指摘もある。

なお，いわゆる中小企業（小規模で閉鎖型のタイプの会社）では，取締役として能動的に経営に参加することを望む株主が多いが，会社法は資本多数決による役員の選任を定めているが，仮に内部紛争が生じ，多数派株主のみが役員ポストを占めると，取締役としての報酬や，会社との取引などの方法によって会社の利益を一部の株主のみが享受し，少数派株主は持株割合に比例した利益の配分にあずかれなくなる危険が大きい。そこで，少数株主の取締役等への選任を保障する仕組みが重要となる。しかし，わが国ではこのタイプの会社において種類株式や株主間契約が用いられることは一般的ではないようである。

2．剰余金配当に関する種類株式

Quiz　甲株式会社が次のような4種類の種類株式を発行している状態は，適法か。①議決権のある普通株500万株（種類A株）のほかに，②取締役選任については議決権を有しない旨が定款に定められた普通株式1000万株（種類B株），③　①②の普通株式と剰余金配当に関して同順位であるが，①の普通株の2倍の額の配当金を受け取るという種類C株500万株（議決権あり），④　①から③の普通株式と剰余金配当に関して同順位であるが，配当額が甲社の完全子会社である乙社が甲社に支払う剰余金配当額に連動して定まるという種類D株100万株（議決権あり）。

他の種類の株式に先立って会社からの剰余金配当を受ける権利を有する種類株式を「（配当）優先株式」，他の種類株式よりも配当を受け取る順位が後れる種類株式

を「(配当)劣後株式(後配株)」と呼ぶことがある。ここでの優先・劣後という概念は，配当を受け取る論理的な順位を意味し，たとえば優先株主への配当を行ったところで分配可能額が尽きてしまう場合にはより後順位の株式への配当はなしえないということになる。優先・劣後は配当金額の多寡とは無関係である。

　配当優先株は，経済的には株式と社債の中間的な性格の権利を作り出すために用いられることが一般的である。たとえば，ある株式会社が，①「無議決権・配当優先株式。発行価額が5万円で，残余財産分配における優先金額も同額である。優先配当を1000円，中間配当を1000円行う（年率4％）。優先配当は非参加型・累積型。15年後に利益をもって発行価額で償還される」という配当優先株式を発行する場合と，②「普通社債。発行価額・償還価額が5万円で，期間は15年。利息は半年ごとに1000円ずつ支払われる」という社債を発行する場合を考える。いずれも，会社が投資家に支払う元利の額は同じである。しかし，前者は株式であるために，株主への配当・償還には分配可能額と株主総会の決議（一定の場合には取締役会の決議。459条）が必要であり，決議がないのに投資家が会社に支払いを求めることはできないし，支払いがなされなくとも会社の倒産のきっかけになることがない。この点においては，依然として①は「株式」（エクイティ）であり，②は「負債」（デット）である（第4章第2節1を参照）。金融機関が国際業務を行うためには国際決済銀行（BIS）が定めた自己資本比率規制を達成することが必要とされるが，BISのルールにおいて優先株によって調達された資金は原則として自己資本として扱われることとされているのはこのためである。

　配当に関する種類株式は，優先・劣後という形式を取るものでなくとも良い。たとえば，(1)種類A株式は種類B株式の2倍の剰余金配当を受け取る，といった定めや，(2)種類A株式は発行会社の〇〇部門（子会社の場合もある）から生じる剰余金のみから配当を受け，種類B株式は発行会社の他の部門から生じる剰余金のみから配当を受ける」というような定めを置くこともできる。(2)は「トラッキング・ストック」と呼ばれるもので，発行会社の全体ではなく，特定の部門・子会社の業績に応じて株価が上下するところに特徴があり，わが国ではソニーが2001年6月に発行したものが有名である。ソニーの例では，同社の100％子会社が同社に行う配当をそのままトラッキング・ストックへの配当金とすることが定められていたが，同社の取締役会は2005年10月26日の決議で，同年12月1日にトラッキング・ストックを普通株式に一斉転換する旨を定めた。

3．役員選任に関する種類株式

Quiz　後述の〔設問〕に答えなさい。
　間もなく設立されるベンチャー企業である丁株式会社において，次のような種類

株式を発行することで関係者の間で合意した。ベンチャー・キャピタルであるA社は1億円を出資し，優先株を1万株取得する。丁社の創業者であり某大学工学部の大学院博士課程を中退したばかりの技術者であるBは10万円を出資し，普通株を1万株取得する。Bの大学院時代の指導教授や友人のC_1からC_5はそれぞれ50万円ずつ出資して議決権制限・配当普通株式を50株ずつ取得する。また，丁社の基幹従業員であり，Bに準じる高い技術力を有するD_1からD_3は将来に1万円を行使価額とする新株予約権（1万円で普通株1株を取得できる）をそれぞれ2000株分ずつ与えられる（無償発行）。なお，いずれの種類株式にも定款上，譲渡制限の定めがなされている。

それぞれの役割は次のように株主間契約に定められている。Bは丁社のビジネスの成功までは，私的な楽しみを放棄して新規技術の開発とその商品化に努める。A社はベンチャー・キャピタルとしての経験を生かして，経営指導を行ったり，適当な顧客・役員候補者をBらに紹介する。CらはBの相談に乗ることを期待されているが，丁社のビジネスには容喙しない。

このような役割に応じて，それぞれの種類株式の内容は以下のように定款に定められている。(a) Aは取締役2名および監査役1名を選任する権利を有する。Bは取締役2名を選任する権利を有する。(b) AとBは合同でさらに取締役を1名選任する。この最後の1名の選任は，多数決として行われるのではなく，AB両者が同意した場合にのみ可能とされる。Cは取締役選任に関する権利を持たない。(c) その他のことがらに関しては，ABCは株式数に応じて1株1議決権を有するが，株主総会の特別決議が必要となることがらについては，総会決議に加えてAの種類株主総会による同意がなければ効力を生じない。(d) Aの有する優先株は，議決権があり，1株について毎年500円ずつ優先配当を受け取る権利を持ち，普通配当にも他の普通株と同順位で参加する（単純参加方式＝優先配当の後，他の普通株主が，1株500円の配当を受けるまではAには配当はなされず，その後Aと他の普通株主は同額の配当を受ける）。未払いの優先配当額は累積する。残余財産分配においては，1株につき1万円プラス未払い金額について優先的な分配を受けることができ，かつ配当の場合と同じく単純参加方式で，他の普通株主とともに残余財産分配に参加する。(e) Aの有する優先株は，丁社が証券取引所に上場するか，あるいは他社に買収される場合には，その上場ないし買収の瞬間にBが有するのと同じ種類の普通株式に転換し，優先株1株が普通株1株に自動転換する。(f) なお，これらの種類株式については，全株主の同意がない限り株式分割・株式併合を行わないものとする。

〔設問〕

① (a)から(c)までの定款規定，および(e)の定款規定の根拠となる会社法

規定を挙げよ。

　②　Ｂの選任した取締役のうち１名はＢの意見に従わずＡの意見に同調することが多くなり，Ｂは苦々しく思っている。Ｂはどのような法的措置を採るべきか。

　③　(1)　丁社はその後大きく成長し，平成24年10月１日に東京証券取引所に上場することとなった。譲渡制限株式は証券取引所の上場規則により上場できないため，丁社は定款変更をして譲渡制限条項を削除する必要がある。そのことにより，本件での種類株式についての定款上の定めに法律上の問題が生じることはないか。その問題を避けるためには，定款規定をどのように定めておくことが合理的であるか。

　(2)　丁社はある程度は成長したのだが，当初の予想を下回る業績しか上げることができず，関係者全員の合意の上で丁会社がＡから優先株式を全て買い取って消却することとし，Ａは丁社から手を引くことを現在交渉している。それが実現すると，取締役等の選任に関する種類株主間の合意は，どのようになるか。

4．取得請求権付株式・取得条項付株式

　株式の内容として，株主が会社に対して（会社の意思に反してでも）株式を取得するように請求する権利（プット・オプション）を有するものを「取得請求権付株式」（２条18号・166条），会社が株主に対して（株主の意思に反してでも）株式を取得する権利（コール・オプション）を有するものを「取得条項付株式」（２条19号・168条）と呼ぶ。取得請求権付株式・取得条項付株式は，会社がその発行する全部の株式の内容として定めが置かれる場合と（107条１項２号・３号），種類株式の内容として定めが置かれる場合（108条１項５号・６号）がある。取得請求権・取得条項いずれにおいても，株式の取得の対価として交付されるもの（現金，他の種類の株式など）の内容は，定款に定められる（107条２項２号３号・108条２項５号６号）。

　対価の内容（たとえば交付される金額や株式の数量）は，取得請求権付株式・取得条項付株式の発行時点において固定的数値として明らかになっている必要はなく，算式で表示されるものであっても良い。ただし，最初に定められた数式などに取得時点での数値を代入するなどして，取得時点では数値が一義的に定まること（数字が２つ以上出てこないこと）が必要である。

5．買収防衛策の設計

　会社法では株式の内容設計の自由度が増したために，従来よりもたとえば買収防衛策の設計のバラエティーが広がったといわれている。以下では，種類株式等のルールを体験するために，買収防衛策を題材として用いるが，いくつか注意点がある。第１に，ある設計が会社法の条文に乗ることは，その防衛策が適法であることを

必ずしも意味しない。第2に，防衛策が株主・投資家に受け入れられるためには，その設計が適法であるだけでは足りず，防衛以外の局面での経営者の言動をも加味して，投資家の理解が得られることが重要である。

本書157頁，254頁で新株予約権を用いた防衛策に触れるので，ここでは議決権を差別化する仕組み（いわゆる黄金株）を扱うことにする。

Quiz　Ａ株式会社（現在，非上場会社）では，上場に先立ち買収防衛策を導入するため，種類甲株式と種類乙株式を発行し，種類甲のみを取引所に上場することとし，種類乙株式は経営者自身や従業員持株会などが保有する仕組みを検討している。次のような仕組みは，会社法の条文に反することなく設計することが可能か。可能とするためにはどのような注意が必要か。また，実用的といえるか。検討に当たっては，経営者の出資額は株主全体の出資額のうちのごくわずかにすぎないことを念頭に置くこと。

〔例1〕種類甲株式と種類乙株式の内容はほとんど同じであるが，種類甲株式の単元株式数は1000であるのに対して，種類乙株式の単元株式数は1である。つまり，種類甲株式は1000株で1議決権を有するが，種類乙株式を1000株保有すれば1000議決権を有することになる。188条3項，308条1項ただし書を参照。

〔例2〕種類甲株式は株主総会において取締役の選任については議決権を持たず，それ以外の事項についてのみ議決権を有するが，種類乙株式は株主総会においてすべての事項について議決権を行使することができるものとする。108条1項3号，115条を参照。

〔例3〕種類甲株式はごく普通の株式とする。種類乙株式は，役員の選任，会社の合併・分割・株式交換・株式移転につき拒否権を有するものとする。108条1項8号を参照。

なお，証券取引所は各種の規則を制定してこれを上場企業に課している（いわゆる自主規制の一種）。各取引所の自主規制により，上述のような買収防衛の仕組みは利用が制限されている（取引所の許可を得ずに上記のような仕組みを採用しようとすると，そのような会社は上場廃止処分を受ける可能性が高い）。本書執筆時には，例1，例3のタイプの仕組みを採用している会社が，それぞれ1社存在している（前者は最近に上場したハイテク・ベンチャー企業，後者は資源開発などを行う国策系企業）。

6．全部取得条項——100％減資，ＭＢＯにおける締め出し

(1)　全部取得条項付種類株式

ある種類の株式について，株主総会の決議によって会社がその全部を取得するこ

とのできる条項を「全部取得条項」と呼び，そのような条項のつけられた種類株式を「全部取得条項付種類株式」という（108条1項7号）。取得条項付株式（107条1項3号・108条1項6号）と全部取得条項付株式は，いずれも会社側の意思表示により株式の取得の効果が生じる点では共通するが，次のような違いがある。

　第1に，取得条項付株式では会社が株式を取得する条件として定められる一定の事由（取得事由）は比較的自由に定めることができるが（107条2項3号・108条2項3号参照），全部取得条項付株式の取得事由は株主総会の特別決議に限られる。第2に，取得条項付株式では発行済株式の（現に種類株式を発行している会社においてはある種類株式の）一部のみを取得する（たとえば抽選により選ばれた株式を有する株主のみから取得する）ことが可能であるのに対して（107条2項3号ハ，108条2項6号イ・169条），全部取得条項付種類株式では当該種類株式の全部が取得される。

　これらの違いがあるため，(1)既存の株式の内容を変更して取得条項付株式にする場合と，(2)既存の株式の内容を変更して全部取得条項付種類株式にする場合とでは，必要な手続に差が設けられている。(1)を行うための定款変更には，種類株式発行会社でない会社においては株主全員の同意が，種類株式発行会社においては当該種類の株式を有する株主全員の同意が必要である（110条・111条1項）。これは，取得条項付株式については，取得の対価が過小であれば取得の対象となる株式を有する株主が不利益を受け，取得の対価が過大であれば他の（取得の対象とならない）株主が不利益を受けるため，株式の内容の変更時に株主間の平等取扱いを確保しておく必要があるためである。これに対して，(2)を行うための定款変更には，当該種類の株式を有する種類株主を構成員とする種類株主総会の決議（324条2項1号により特別決議）が必要とされるに止まる（111条2項。なお，たとえば種類A株式と種類B株式を発行している会社において，種類A株式に全部取得条項を付けようとするときに，種類B株式が取得請求権付株式または取得条項付株式であり，取得に際して交付される対価が種類A株式であると定められている場合には，種類Aの株主による種類株主総会に加えて，種類Bの株主による種類株主総会も必要となる。111条2項2・3号参照）。これは，全部取得条項付種類株式においては取得時に種類株主の平等取扱いが確保されているため，株式の内容の変更時には多数決による少数派の拘束を認めてよいからである。

　以上の違いがあるため，通常は，取得条項付株式は（発行後に定款変更によってそうなるのではなく）株式発行前からそのようなものとして定款に定められるのが一般的であるに対して，全部取得条項付種類株式は（株式発行前に全部取得条項が定款に定められるのではなく）株式の発行後に定款変更によって全部取得条項が付されるという利用法が一般的である。全部取得条項付種類株式の場合には，株式の取得を定める株主総会決議において取得の対価を定めることができる（171条1項1号。予

め定款で対価の内容を定めることは可能であるし，そのような事例は皆無ではないが，その場合であっても定款の定めを置く時期と取得の決定とは時間的に近接していることが一般的であろう）。

　なお，全部取得条項付種類株式は，種類株式発行会社でなければ発行することができないという点においても取得条項付株式とは異なるが，この点は立法論としては特に合理的な理由は見出せない（種類株式発行会社でない会社が，その発行する全部の株式を全部取得条項付株式と定めることを認めることに，特に問題はない）。もっとも，この点は次に述べるところから，実務的にはあまり負担となっているわけではない。

　「種類株式発行会社」とは，株式会社の定款において内容の異なる2以上の種類の株式の内容が規定されている（108条2項参照）会社を意味し，現に2以上の種類の株式を発行しているということを意味するものではない（相澤哲＝岩崎友彦「株式（総則・株主名簿・株式の譲渡等）」商事法務1739号35頁，37頁）。会社法は現に2以上の種類の株式を発行している場合には，そのことを明示する表現を用いている（184条2項かっこ書など）。発行済株式の全部取得を行うには，まず新たに発行する株式についての定款の定めを設け，しかる後に発行済株式を全部取得条項付種類株式に変更するための定款変更を行い，この全部取得条項を実施する総会決議を行い，この種類株式のすべてを取得し，同時に新株を発行することになる。なお，これら一連の手続き＝新しい種類株式の定款規定・全部取得条項を定める定款規定・全部取得条項の実施などは，一回の株主総会ですべての決議を行いうる（『会社法制現代化の概要』（別冊商事法務288号）42頁［江頭憲治郎執筆］）。

　（2）　いわゆる100％減資

　会社更生手続や民事再生手続においては，更生計画・再生計画において，①債務の猶予・減免を定めるとともに，②破綻した会社の発行済株式を全て無償で消却し，資本金を0にし，③同時に支援者（いわゆるスポンサー）に対して新株発行（第三者割当）を行うことが一般的である。このように債務者企業の資本構成を再構築する（restructuring）過程のうちの，②の部分を「100％減資」と呼び，②③を合わせて「減資と増資を同時に行う」と呼ぶことが多い*。資本金を0（または0に近い数字）にすることの意味は資本の欠損や債務超過を解消することにあり（本書第3章第2節1，第4章第2節3を参照），発行済株式の全て（ないし大部分）を消却することの意味は直後に行われる新株発行でスポンサーとなる者が再建後の会社の株式の大部分を取得できるようにしてスポンサーとなるインセンティブを確保することにある。なお，債務者企業が破綻して債務を弁済できなくなっている以上，破綻前に同社の株主であった者が株式の無償消却によって株式を失うことは，適正な手続の下では許されると考えられている。

＊会社法においては株式数と資本金の関係は完全に切断されているので，今後は②を100％減資と呼ぶことはあまり適切な用語法とはいえないかもしれない。②のポイントは資本金を0にすることよりも，発行済株式を消却する点に置かれているからである。

　新会社法の下では，会社更生手続や民事再生手続によることなく，つまり裁判外の私的整理の一環として100％減資を行うことが可能になった。具体的には，
　(1)現在発行されている普通株式とは異なる種類の株式についての定款の定めを置く。従来の普通株式を以下では種類A株式，新しく発行される予定の株式を種類B株式と呼ぶことにする。
　(2)発行済株式の全てを会社が取得して社外株式が0株となることは，会社法上にルールはないが原則として許されず，同時に新株発行が行われる場合に限って許されると解される（反対の見解もある）。仮に全ての種類A株式の株主が自己の株式が無償で消却されることにつき同意するのであれば，同時に種類B株式を発行すれば（つまり，種類A株式全部の無償消却を条件として，それと同時に種類B株式を発行する旨をあらかじめ取締役会または株主総会で決議しておけば），100％減資と増資を同時に行うことはもちろん可能である。しかし，現実には全ての種類A株主が100％減資に賛成することは稀であるので，多数決によりこれを実現する方法が求められる。具体的には，(2-1)種類A株式に全部取得条項を付け，(2-2)これを実現して種類A株式の全部を会社が取得する（その際の対価は無償か，ごく少額の金銭等と定められる）こととすればよい。
　(3)なお，全部取得条項を付す定款変更を行うための株主総会決議においては，反対する株主には株式買取請求権が定められ（116条1項2号），全部取得条項を実行する旨の株主総会決議においては反対株主は裁判所に取得価格の決定の申し立てをすることができる（172条）。もっとも，倒産したことが明らかな企業においては，裁判所が公正な買取価格を0円ないしそれに近い名目的金額と定めることが一般的であろう。

Quiz 　上記の(1)(2-1)(2-2)はすべて（種類）株主総会の特別決議により行われる。その根拠規定を挙げよ。

(3) マネジメント・バイアウト（MBO）
　最近では，経営者による自社の買収（MBO）の手段として，全部取得条項付種類株式が用いられることが増えている。MBOとは，ある会社を現在経営している者でその会社の株式をほとんど持たない者が株式を取得して大株主となる取引の総

称であり，株式の公開とは反対に，所有と経営が一致していない会社で所有と経営を一致させる効果を持つ取引である。非上場会社のMBOに加えて，最近では上場会社にMBOを行い，非上場化する例も見られるようになってきている。

上場会社を買収しようとすると巨額の資金が必要になり，それをすべて経営陣・従業員が出すことは現実的でないため，投資ファンドの資金を用いることが一般的であるが，多くの事例では，投資ファンドはデット（負債）を提供するだけでなくエクイティ（自己資本となる株式等による出資）を提供している。

MBOのメリットとしてあげられるのは，次のようなものである。まず，MBOは所有と経営を一致させることから，会社経営者は会社・株主の利益に沿った経営を行うインセンティブを持つようになる。上場会社の経営者には，採算性の低い事業分野に進出したり，採算性の低い事業部門を放置する（撤退しない）という傾向がある（それをやめるインセンティブがない），あるいは社長室を豪華に飾りつける（経営者の私的利益の追求）インセンティブを持つといわれるが，MBOは不採算事業からの撤退・収益性の高い事業部門への集中・私的利益よりも会社利益の追求というインセンティブを経営者に与えるというのである。

また，上場に伴う経費を節減できることが，非上場化を伴うMBOのメリットといわれている（146頁の**Column**「なぜ上場するのか」を参照）。従来でも，法定開示書類の作成などのコストは会社規模の小さな上場会社にとっては負担であったが，金融商品取引法により義務付けられる財務報告上の内部統制システムの整備のコストが非常に大きなものになりつつある現在，非上場化を真剣に考える企業が増えてくるだろう。そのほかにも，上場のデメリットとして，投資家の判断は短期的に過ぎ，長期的視野に立った経営を行うことが難しいと感じる経営者もいる。敵対的買収を避けるために非上場化を検討する経営者もいるだろう。

他方，MBOのデメリットとして，経営者と株主の間に利益相反関係があることが指摘されている（後述）。

MBOを実行するには，具体的には次のような手続が取られる。上場会社Aの株主aから買収者（経営陣等）Bが株式を取得するときには，買収者が予め買収目的会社B′を作っておき，①B′が金融機関から借入を行い，これが買付者となって公開買付け（TOB）を行う。しかし，②買収者は通常100％の株式取得を望むところ，A社の株主にはTOBに応じない株主や所在不明株主がいるため，会社法の手続き（多数決で少数派を拘束できる）を使って少数派株主を締め出す。

この締め出しの方法として，全部取得条項付種類株式が用いられることが一般的である。たとえば，現在の株式10万株を会社が取得して，その対価として1株を交付することにすれば，残存株主で10万株を保有する者がいなければ，残存株主には株式に買えて保有する株式に相当する金額の金銭が支払われることになる。

なぜこのような不思議な手続が取られるのだろうか。会社法だけを見ると、同じ結果を得るためには、Aが完全子会社、B′が完全親会社となる株式交換を行い、aには対価として現金を交付することも可能であるが、この方法では法人税法上の適格組織再編の要件を充たさないことがネックになっているという。

　また、上記の全部取得条項付種類株式を用いるよりも、株式併合を使って10万株を1株に併合することのほうがストレートなやり方に見えるが、このやり方では、平成26年改正前会社法の下では、対価（価格）に不満のある株主がこれを争う手段が保障されていないという問題が指摘されていた。この点については、同年改正により一定の手当てがなされた。改正後のルールについて、第2節2.株式の併合を用いるキャッシュアウト（143頁）を参照。

　MBOには、次のデメリットがある。MBOにおいては、取締役は株式を買う側の人間であるから、株式を売る側（株主）とは反対の利害関係を持つ。取締役に任せれば、株主にとって適切な買収価格が設定されると期待することが難しい。つまり、MBOで提示される売却価格が不当に低く、株主の利益が害されているのではないかが問題となる。

　この点については、価格が低すぎると判断すれば、株主は売却に応じなければ良いだけの話で、多くの株主が株式公開買付（TOB）に応募しなければMBOは失敗するようにも思える。しかし、TOBは強圧性の問題を生じることがある。たとえば、ある株主が1200円が適正な価値だと考えていても自分以外の株主が1000円でのTOBに応じてしまい、少数派として自分が会社に取り残されることの危険を考えると、TOBに応じざるを得ない、というように、売却判断に不当な圧力がかかることがある。

　このような危険があることに鑑み、経済産業省は2007年9月4日に「企業価値の向上及び公正な手続確保のための経営者による企業買収（MBO）に関する指針」を公表して、MBOが株主の利益を害することのないような良き実務慣行が確立することを促している（http://www.meti.go.jp/press/20070904004/20070904004.html）。

【参照判例】　最決平成21・5・29金判1326-35

　Aは、平成18年11月10日、上場会社であるY社（原々決定相手方・本決定抗告人）の株式1株につき23万円を買付価格とする公開買付け（本件買付け）を実施する旨を公表した。本件買付けはMBOの一環であり、これが成立した場合、Y社の代表取締役BはAに33.4％出資すること、当面の間取締役としてY社の経営にあたることが予定されていた。本件買付けが成立した後に、Y社は全部取得条項付種類株式を利用して、買付けに応募しなかった株主から本件買付けの買付価格を基準とする額の金銭を対価として株式を強制的に取得することを予定している旨も公表され

た。

　Y社は本件買付けに先立つ平成18年8月21日，約半年前に公表していた同年12月期の連結業績予想の下方修正（本件修正）を公表した。本件修正の直前のY社の株価は，30万円を少し超える水準であったが，本件修正を受けて株価は大幅に下落し20万円前後で推移するようになった。

　本件買付けは平成18年11月11日から12月12日まで実施され，平成19年3月28日にはY社で定時株主総会および種類株主総会で全部取得条項付種類株式を利用して本件買付けに応募しなかった株主から株式を取得するために必要な決議が行われた。本件買付けに応募せず，事前にこれらの決議に反対する意思を通知し，かつ決議に反対したXらは，裁判所に対して株式取得価格の決定の申立てを行った。

　原々決定（東京地決平成19・12・19判時2001-109）は買付価格と同額の23万円を取得価格とした。これに対して，原決定（東京高決平成20・9・12金判1301-28）はこれを33万6966円と変更した（本件の事実関係からは買付価格が公正な価格であるとは評価できないことを前提として，ある程度の裁量を行使して，公正な価格の探求・認定を行ったものであると考えられる）。Y社は最高裁判所に抗告を申し立てた。

　最高裁は，「本件事実関係の下においては，所論の点に関する原審の判断は，その裁量の範囲内にあるものとして是認することができる」と述べて，抗告を棄却した。田原睦夫裁判官が次の補足意見を述べている。

　「株式会社による全部取得条項付種類株式の取得の価格」は，「株式買取請求権行使の場合と同様，公正な価格を意味するものと解すべきである。……株主により取得価格の決定が申し立てられると，裁判所は，取得日（173条1項）における当該株式の公正な価格を決定する。

　その決定は，取得価格決定の制度の趣旨を踏まえた上での裁判所の合理的な裁量によってされるべきものである。すなわち，取得価格決定の制度が，経営者による企業買収（MBO）に伴いその保有株式を強制的に取得されることになる反対株主等の有する経済的価値を補償するものであることにかんがみれば，取得価格は，①MBOが行われなかったならば株主が享受し得る価値と，②MBOの実施によって増大が期待される価値のうち株主が享受してしかるべき部分とを，合算して算定すべきものと解することが相当である。」

第2節　株式の単位

1. 単元株制度，株式の分割・併合

Quiz

(1) 甲株式会社の発行済株式総数は5万株であり，100株を1単元とする単元株制度を採用している。現在甲社の株価は1000円前後を推移しているが，甲社の取締役は株主管理コストとの見合いや同業他社の株価との関係上，投資単位を20万円程度に引き上げたいと考えている。

①株式併合を行って投資単位を引き上げるには，どのような手続きを経る必要があるか。

②単元株制度を利用して投資単位を引き上げるには，どのような手続を経る必要があるか。また同社の定款はどのような項目を書き換えなければならないか。またこの方法によるとき，①の場合と比べて，どのような法律上・実務上の利点・限界があるか。

＜ヒント＞株式併合や一単元の株式数の引き上げの具体的な数字を述べることが必要。必要となる株主総会決議の種類に触れるほか，基準日公告（124条）の要否についても検討すること。

(2) 甲社の株主Aは，従来157株の株式を保有していた。甲社が(1)の①または②の手段で投資単位を引き上げると，Aは何をどういう量で保有することになるか。投資単位の引き上げ後，Aは中途半端な株式保有（単元未満株式）を嫌うのであれば，どのようにして中途半端でない投資形態を実現することができるか。

投資単位の調整のために大規模な（たとえば1株を10株にする）株式分割が行われたり，増配を投資家にアナウンスする目的で小幅の（たとえば1株を1.1株にする）株式分割が行われることがある。

2. 株式の併合を用いるキャッシュアウト

Quiz ★　次の表を参照しながら，後の〔問題〕に答えなさい。

	金銭を対価とする組織再編（以下では株式交換完全子会社側に適用される条文のみ引用）	株式併合	全部取得条項付種類株式	②特別支配株主の株式等売渡請求
事前開示	必要（782条）	①　一定の場合に，必要（182条の2）	必要（171条の2）	③必要（179条の5）
株主総会の特別決議	原則として，必要（783条1項，309条2項12号）	必要（180条2項，309条2項4号）	必要（171条1項，309条2項3号）	不要 ＊④対象会社の承認は必要（179条の3）
株主の差止請求権	原則として，⑤あり（784条の2）	①一定の場合に，⑤あり（182条の3）	⑤あり（171条の3）	⑤あり（179条の7）
反対株主の株式買取請求権等	原則として，⑥あり（785条・786条）	①一定の場合に，⑥あり（182条の4・182条の5）	価格決定申立権あり（172条）	価格決定申立権あり（179条の8）
事後開示	必要（791条）	①一定の場合に，必要（182条の6）	必要（173条の2）	③必要（179条の10）
無効の訴え等	組織再編無効の訴え（株式交換無効の訴えは828条1項11号）。組織再編の効力発生前は，総会決議無効・不存在確認の訴え（830条）や⑦総会決議取消しの訴え（831条）	総会決議無効・不存在確認の訴え（830条）や⑦総会決議取消しの訴え（831条）	総会決議無効・不存在確認の訴え（830条）や⑦総会決議取消しの訴え（831条）	⑧売渡株式等の取得の無効の訴え（846条の2から846条の9）

〔問題〕

(1) 下線部①の「一定の場合」とはいかなる場合か（すなわち，いかなる株式併合が対象になるのか）。

(2) 下線部②でいう「特別支配株主」とはいかなる株主か。

(3) 下線部②について，特別支配株主は，株式売渡請求と併せて，新株予約権についても売渡請求をすることができるか。

(4) 下線部②について，特別支配株主が株式等売渡請求をしようとする場合，特別支配株主は，まず，誰に対して，その旨及び当該請求に関する事項（対価や取得日等）を通知するのか。また，誰が，対象会社の売渡株主等に対して，対象会社が承認した旨，特別支配株主の氏名等及び当該請求に関する事項（対価や取得日等）などを通知・公告するのか。

(5) 下線部③の事前開示および事後開示を行うのは誰か。

(6) 下線部④について，対象会社が取締役会設置会社の場合，いかなる機関の承認決議が必要になるか。また，対象会社の承認を必要としたのはなぜか。

(7) 下線部⑤について，会社に著しい損害あるいは回復することができない損害が発生することが要件として必要か。

(8) 下線部⑤について，対価が著しく不当であることが差止事由の一つとして明示されているものはどれか。

(9) 下線部⑥の反対株主の株式買取請求に関して，当該請求に応じて会社が自己株式を取得する場合，分配可能額規制は適用されるか。

(10) 下線部⑦について，たとえば全部取得条項付種類株式を全部取得する旨の株主総会決議により株主の地位を失った者は，当該総会決議の取消しの訴えの原告適格を有するか。

(11) 下線部⑧の売渡株式等の取得の無効の訴えの被告は誰か。また，無効事由は法定されているか（たとえば対価の著しい不当が無効事由となるか）。

第3節　株式の流通

1. 概　説

Quiz 1　次の文章の空欄を埋めなさい。

　会社法によると，株式会社は定款に規定のある場合に限り（214条）株券を発行する義務を負う（＿＿条＿項）。株券を発行する旨の定款規定を置いている会社（「株券発行会社」。＿＿条＿項に定義がある）においても，公開会社でなければ，会社は株主から請求があるまでは株券を発行しなくとも違法ではない（215条＿項）。

　株券発行会社の株主は会社に株券不所持を申し出ることができる（＿＿条＿項）。申し出があれば，会社は当該株式については株券を発行しない旨を株主名簿に記載する（＿＿条3項）。

　株券は流通性の強い無記名証券であり，株式について株券が発行されている場合には当事者間では裏書なしの交付のみによって権利が移転し（＿＿条1項本文），裏書なしの交付によって善意取得が生じうる（＿＿条＿項）。会社に対する権利行使は，株券の提示によってなすのではなく，株主名簿への名義の記載・記録に従って行われ（＿＿条2項），株券は名義書換を行う際に株式譲受人が自己の権利を証明するために用いられる（131条＿項）。株券不所持制度を利用している株主も，会社が株券発行会社である限りは，保有する株式を他に譲渡しようとする場合には会社に株券の発行を求め（217条＿項），この株券の交付により株式を譲渡することになる。

　株券発行会社でない株式会社では，会社だけでなく第三者に対する関係でも，株主名簿の名義書換が株式譲渡の対抗要件とされる（＿＿条1項）。

Quiz 2　次の文章の空欄を埋めなさい。

　会社成立前の株式引受人の地位を「＿＿」と呼ぶが，＿＿の譲渡は当事者間では

有効であるが，成立後の会社に対してはこれを主張することができない（＿＿条2項）。また，会社成立後であっても株券発行会社においては，株券発行前にその株券にかかる株式を譲渡しても，当事者間では有効であるが会社に対しては効力を生じない（128条＿項）。

しかし，会社が株券を発行する義務に反して株券を発行しないなど会社に帰責事由がある場合には，相当の時期が経過すれば株券なしでも当事者は株式の譲渡を行えると解するのが最高裁判例である（最判昭和47・11・8民集26-9-1489）。(**2の*Writing*を参照**)

上場会社の株式について，平成21年1月5日に「社債，株式等の振替に関する法律」（社債等振替法）が施行され，同日に一斉に株券が効力を失い，振替株式の制度に移行させられた（「株券の電子化」などと呼ばれる。制度の概要や投資家にとっての注意点は，たとえば金融庁のウェブページ http://www.fsa.go.jp/ordinary/kabuken/index.html，http://www.fsa.go.jp/ordinary/kabuken/densika.html 等を見るのが分かりやすい）。振替株式の制度の概要は，第4節(3)（192頁）を参照。

> **Column　なぜ上場するのか**
>
> 　ある株式会社がその発行する株式を証券取引所に上場しようとするためには，詳細な書類を作成して証券取引所に上場の申請をしなければならない。各取引所は，上場のための手続きを定めた有価証券上場規程を作成しており，また上場させるにふさわしい会社かどうかを審査するための株券上場審査基準を作成している。むろん上場される株式には，会社の定款で譲渡制限の定めが置かれていないこと（譲渡自由であること）が前提である。
>
> 　上場会社は，適時開示制度やコーポレート・ガバナンスのあり方，買収防衛策の導入などについて，取引所が定めたルールに従うことを求められ，これに違反するときには違約金等を課せられるほか，上場廃止とされることもある（以上につき，たとえば東京証券取引所の規則を集めたホームページ http://www.tse.or.jp/rules/index.html などを参照）。
>
> 　上場会社の株式は市場での売買が可能になるため，株式に流動性が与えられる（株主は売りたいときに株式を売却して換金することができる）。そのため，上場会社は広く公衆から出資を募ることが容易になる（逆にいうと，たとえ定款上は譲渡自由の株式であっても，取引所に上場していなければ，株式の保有者が株式の譲受人を探すことは多くの場合には困難であるため，会社経営に対して一定の影響力を発揮できる状況にない者がそのような会社の株式を取得することは稀である）。
>
> 　しかし，株式に流動性を与え，資金調達を容易にすることは，会社上場の唯一の

理由ではない。たとえば、西武鉄道は、有価証券報告書の主要株主の記載欄に虚偽の記載をしていたため、2004年12月に上場廃止となったが、同社は1949年に上場してから上場廃止までの間に一度も新株等の発行により資金調達をしたことがなかったといわれている。資金調達以外の株式上場のメリットとして、会社の知名度やイメージ・社会的信用が向上し、取引先との取引条件を有利にすることや、優秀な人材を集めることが容易になることが挙げられる。また、創業者が持株の一部を売却して金銭を得たり（金商法上の「売出し」）、上場により創業者一家の負担する相続税の軽減効果が生じるという指摘もある。日本の証券市場には、英米などと比較して、親子会社がともに上場するという現象が比較的多く見られるが、そのことの是非や理由については明らかでない部分が多い。

　上場により、会社や経営者には次のような負担も生じる。第1に、上場会社は金融商品取引法を守って、詳細な開示を行なうなどの義務を負う（厳密には、上場会社でなくとも過去に多額の資金調達を行った企業などは金商法上の開示義務を課されることがある）。そのための人員を置くことなどから生じる費用は、決して小さなものではない。第2に、情報開示以外にも、上場会社やその役職員には金商法の厳格な規制が課され、また証券取引所による自主規制ルールにも従わなければならない。証券取引所には、もちろん手数料を支払わなければならない。また、会社の業績に重要な影響を与える事実が生じたときには、上場会社は直ちにそのことを投資家に対して開示しなければならないが（適時開示）、この開示は一部の者だけを優遇するやり方で行われてはならず、投資家全般に対して公平な形で情報開示を行うことが求められる。第3に、上場会社の株式は市場で自由に売買することができることから、どのような者が株主として現れるか会社側はコントロールすることができず、ひいては敵対的買収の標的となるリスクもある。

　上場会社の中には、上場のメリットよりもデメリットのほうが大きいと判断して、上場廃止を選択する事例も現れている（139頁の「マネジメント・バイアウト（ＭＢＯ）」を参照）。

2. 株式の譲渡制限

Quiz 1　次の文章の空欄を埋めなさい。

　「譲渡制限株式」の定義は＿＿条17号にある。株式譲渡制限の制度を定めるためには、定款の定めをおく必要がある（発行する全部の株式内容として譲渡制限を定める場合の根拠規定は＿＿条1項1号、種類株式について譲渡制限を定める場合の規定は＿＿条1項＿号）。譲渡制限の定款規定を設けるためには決議要件が極めて厳格ないわゆる「特殊の決議」が必要となる（発行する全部の株式内容として譲渡制限を定める場合は309条3項1号、種類株式について譲渡制限を定める場合は111条2項、＿＿条3項1

号)。また，株式の譲渡制限は「株式の内容」として登記事項である（＿＿条3項7号）ため，変更登記を申請する必要がある（915条）。

Quiz 2 次の文章の空欄を埋めなさい。

　会社法は，株式の譲渡制限の制度について定款自治の範囲を拡大した。
　取締役会を置いている会社でも，株主総会や代表取締役を承認機関としたり（会社が買取人となる場合を除く。140条2項），現在の株主に対して譲渡する場合には譲渡承認を不要としたり，また特定の者に対する株式の譲渡については譲渡承認を不要（たとえば，「甲社の従業員が，他の甲社従業員に譲渡する場合には，譲渡承認の手続きは不要である」）とすることが可能となる（107条2項1号ロ，＿＿条＿項4号）。また，指定買取人をあらかじめ定款で定めることも認められるようになった（＿＿条＿項ただし書）。
　相続や合併などの一般承継による株式の移転は「譲渡」（これは特定承継である）にはあたらないが，会社の閉鎖性の維持という観点から相続等による株式の移転も譲渡と同様に制限したいというニーズが実務には存在する。平成17年会社法は，定款規定を置けば，相続その他の一般承継により譲渡制限株式を取得した者に対して，会社が当該株式の売渡請求をできる旨を定めている（＿＿＿条以下）。なお，そのような定款規定がない場合であっても，会社が相続人等から株式を譲り受ける旨を合意することは可能であり，その場合には株主総会の決議が必要であるが，同年改正により他の株主は売主追加請求権（160条3項）を有しないものとされている（＿＿＿条本文）。

Writing 1

　次の事実1～8を読んで，〔設問1〕から〔設問3〕までに答えよ。
　1　Y株式会社（以下「Y社」という）は，取締役会及び監査役を置く会社法上の公開会社でない会社であり，かつ，株券発行会社でない会社である。
　　Y社は，昭和59年に設立された会社であり，その発行済株式総数は1000株で，A及びAの弟であるBがそれぞれ400株を，Aの長男C及びAの妻Dがそれぞれ100株を有していた。Y社の取締役にはA，B及びCの3人が，代表取締役にはAが，監査役にはDがそれぞれ就任している。
　2　AとBは，平成16年頃から，Y社の経営方針についての考え方の違いが生じたため，互いに話をしなくなり，Bは，その頃から，Y社の取締役会に全く出席しないようになった。
　3　Bは，平成23年1月頃，自らの有するY社の全ての株式を処分しようと考え，知人が経営するY社と同業のX株式会社（以下「X社」という）に対してY社の株

式の買取りを打診し，X社の承諾を得た。
　そこで，Bは，X社に対し「譲渡等承認請求に関する一切の件をX社に委任する」という内容の，委任状（以下「譲渡等承認委任状」という）及び「株主名簿の名義書換請求に関する一切の件をX社に委任する」という内容の委任状（以下「名義書換委任状」という）を交付した。

4　X社は，同年3月15日，Y社に対し，譲渡等承認委任状を添付して，X社がBからY社の株式400株を取得した旨及び取得についての承認を求める旨の通知をした（以下この通知による請求を「本件譲渡等承認請求」という）。
　なお，本件譲渡等承認請求においては，Y社又は指定買取人による買取りについては，請求がされなかった。

5　Aは，同月25日，Y社の取締役会を開催した。この取締役会には，A及びCが出席したが，Aも，Cも，X社が株主となることを警戒し，取締役会は，X社の株式の取得を承認しない旨を決定する決議をした。
　なお，この取締役会の招集通知は，Bに対し，発せられなかった。

6　X社は，Y社から本件譲渡等承認請求に対する取締役会の決定の内容についての通知を受けなかったため，同年4月30日，Bに対して株式の譲渡代金を支払うとともに，Y社に対し，名義書換委任状を添付して，株主名簿の名義をBからX社に書き換えるように通知して請求した。

7　同年5月2日，Y社は，X社に対し，X社の株式の取得について取締役会で承認しない旨を決定したために名義書換請求に応ずることはできない旨を回答し，併せて，Aは，Bに対し，Bの有するY社の株式をAが買い取る旨を提案した。
　そこで，Bは，X社に対して受領した譲渡代金の返還を申し出た上でAの提案に応じようと考えたが，X社から拒絶されたため，Aの提案に応ずることができなかった。

8　Y社は，同年6月，取締役会決議に基づき，A，B，C及びDに対して定時株主総会の招集通知を発送し，A，B，C及びDが出席した定時株主総会において，この定時株主総会の終結の時に任期が満了するA，B及びCを取締役に選任する旨の取締役選任議案を決議した。
　なお，Y社は，定時株主総会に関し，定款に基準日に係る規定を置いておらず，また，基準日に係る公告もしていない。

〔設問1〕
　平成23年3月25日に開催された本件譲渡等承認請求に係るY社の取締役会の決議の効力について論ぜよ。

〔設問2〕
　Y社の定時株主総会の決議に関し，X社は，その効力を争うことができるか。

〔設問3〕
　仮に，ＢがＡからの提案（上記7の提案）に応じてＹ社の株式400株をＡに譲渡して代金を受領し，Ｙ社がＡの株式の取得を取締役会で承認するとともに，定時株主総会の招集通知の発送前までにＡ及びＢの求めに応じてＢからＡに株主名簿の名義を書き換え，Ａ，Ｃ及びＤに対して定時株主総会の招集通知を発送していたとしたら，Ｙ社の定時株主総会の決議に関し，Ｘ社は，その効力を争うことができるか。

第4節　基準日と名義書換え・個別株主通知

(1) 名義書換

　甲株式会社の株主Ａが持株全てをＢに譲渡したが，株主名簿の名義書換が未済であるという場合，甲社は通常はＢではなくＡを株主として扱い，Ａに対して株主総会の招集通知を発送し，Ａに配当を支払い，また株主割当てで新株発行を行う場合には，Ａに新株引受権を与える。株主割当の新株発行は新株の引受けを促すため通常は時価以下の価格で行われる。そのため，たとえば現在の株価が1000円であるが，1株の株主に対して新株1株の新株引受権が与えられ，発行価額が600円であるとすると，発行後の株価はおよそ800円程度になることが予想される。仮に先の例で，Ａが新株引受権を行使すると，Ａは600円の出捐で800円の価値のある株式を得，Ｂは保有株式の価値を200円喪失することになる。

　最高裁判例は，次のように述べている。「正当の事由なくして株式の名義書換請求を拒絶した会社は，その書換のないことを理由としてその譲渡を否認し得ないのであり……，従つて，このような場合には，会社は株式譲受人を株主として取り扱うことを要し，株主名簿上に株主として記載されている譲渡人を株主として取り扱うことを得ない」（最判昭和41・7・28民集20-6-1251。会社が過失により名義書換えを失念し，株式の譲渡により株主でなくなった者に対して新株の割当を通知したところ，株式譲渡人が払込金を支払って新株を引き受けようとし，これを拒む会社に対して新株式の交付を請求して提訴し，敗訴した事例）。

　名義書換未済の状況で，会社側から譲受人を株主としてその権利行使を認めることは許されるであろうか。次の事件は，譲受人を株主として扱った会社の株主総会決議の取り消しが争われたものである（結論として，請求棄却）。

【参考判例1】　最判昭和30・10・20民集9-11-1657

　清算中の株式会社であるＹ社に対して，同社の株主であるＸが株主総会決議の取消しを求めて提訴した。最高裁は，請求を棄却した原審を維持し，上告を棄却した。「本件においては，訴外ＡがＢのＹ社（被告・控訴人・被上告人）の株式10株を

譲り受けたことについて，株主名簿に記載〔が〕ないことは所論のとおりであるが，それは右譲渡をもつてY社に対抗し得ないというに止まり，会社側においては，株主名簿の書換が何らかの都合でおくれていても，右株式の譲渡を認めて譲受人Aを株主として取り扱うことを妨げるものではない。そして仮に所論のとおり，会社がAを株主名簿の記載により500株の株主と認めてこれに株主総会招集の通知を発したものであるとしても，原審は，証拠により，Aが昭和18年12月1日BからY社の株式10株を譲り受け，その頃Y社に名義書換を請求したことを認定しているのであるから，Y社が，Aを，その所有株数を何程と認めたかは別として，株主と認めてこれに株主総会招集の通知を発したこと及びこれに基き同人が株主総会に出頭したこと自体は，結局において違法ということはできない。」

(2) 基準日

会社に対して株主としての権利を行使するのは，原則としてその時点における株主名簿上の株主である。しかし，株主が多数いる会社では誰がその時点における名簿上の株主かを把握することが容易ではないので，会社法は，会社が一時点における株主に権利行使を認めるために基準日を設けることを認めている（124条）。

3月末を決算期末とする上場会社において，6月下旬に株主総会が開催されるとして，ある時点（遅くとも招集通知を発送するよりも前の時点）の株主を6月総会における株主（議決権を行使し，利益配当を受領する者）として確定する必要がある。実務では決算期末である3月31日を基準日と定めることが一般的である。基準日の有効期間は3か月と定められているため（124条2項），3月末決算会社は遅くとも6月末日までに株主総会を開催することになる。

定時総会の場合には開催の日時が大まかに定まっているために，あらかじめ定款に基準日を定めておくことができるが（124条3項ただし書），臨時株主総会を行う場合には基準日の2週間前までに基準日と基準日株主が行使できる権利の内容を公告しなければならない（同項本文）。株式分割を行い基準日株主に新株を与える場合や，株主割当で新株発行，新株予約権無償割当てを行う場合の基準日を定める場合などにも，2週間前までに基準日公告がなされることになる（実例として，188頁 *Case* を参照）。

決算期末である3月31日を定款で基準日と定める会社が，基準日後で6月下旬の株主総会までの期間に新株を発行した場合に，新株の株主は6月の株主総会において議決権を行使することができるか否かという問題があった（94頁 **Memo** の①を参照）。基準日の株主名簿には新株を取得した者は記載されていないから，議決権を行使できないのが原則であるが，新会社法では，基準日公告を行ってこのような株主にも議決権行使を認めることができることが124条4項により明文化された。

もっとも，新株ではなく基準日前から存在する株式について，投資家は基準日を信頼して株式を売買しているのに，基準日後に公告によって議決権を行使できる者が変更されることになれば，投資家の信頼は害されることになり適切ではない。そこで同項但書は「当該株式の基準日株主の権利を害することができない」と定め，基準日後に公告により議決権行使を認めることができる対象は，基準日後に新株発行や転換社債の転換権行使により株主となった者などに限られることを意味している。なお，配当を受ける権利については，基準日後の新株発行等により株主となった者に権利を認めることは認められていない。

(3) 振替株式と株主の権利行使（個別株主通知）

上場会社の株価は，基準日を前提に形成されている。たとえば，先の(1)の事例で，甲株式会社が3月末を決算期末としており，3月末日を基準日とし，4月1日から4月30日まで株主名簿を閉鎖するとしている場合には，3月31日までに名義書換を済ませた株式譲受人は利益配当を受け取ることができる（権利含み）が，名義書換が間に合わなかった株主は配当を受け取れない（権利落ち）ので，名義書換が間に合う日とその翌日の間に，株価は予想される配当額だけ下落するのが通例である。

かつては，株式の譲渡が権利落ちの前に行われたが，譲受人が名義書換えの手続を行わなかった場合（何らかの目的があり意図的に名義書換えを行わない場合が多い）につき，譲受人Bは譲渡人Aに対して配当金の引渡請求（不当利得の返還請求）をすることができるかという問題があった。また，会社が（配当ではなく）株式分割を行った場合に，分割後に発行される株式（子株）は株主名簿上の株主Aに交付されることから，分割前の株式（親株）を有する株主BはAに対して子株の引渡しを請求することができるかについて議論があった（従来の議論については，本書第3版276頁以下を参照）。

しかし，平成21年1月5日に上場会社の株式についていわゆる株券の電子化（株券の廃止，振替株式制度への移行）が行われ，振替株式においては剰余金の配当や株式分割を行うときには，その基準日の株主の氏名・持株数などのデータは各証券会社の口座から名寄せされ，ほふりを通じて会社に伝達される「総株主通知」という仕組みが適用されるに至っている（第3節**1**参照）。制度の概要は後述するが，この制度では証券会社を通じて行う投資家間の売買の記録は配当などの際に必ず会社に知らされるようになった（従来のように株券の引渡しにより売買がされるが譲受人はそのことを会社に通知しないということが，不可能になった）。そのため，従来の名義書換と基準日にかかる議論は，現在ではほとんど実益のないものとなっている（非上場会社のほとんどは株券発行会社ではなく，仮に株券発行会社であるとしても株式に譲渡制限の定めを置く場合が多いことから，かつて上場会社の株式において見られた問題が

これらの会社で生じる可能性は極めて低い）。

　そこで，以下では振替株式の譲渡と株主の権利行使につき概観し，この点について生じている新しい法律問題を見ることにする。

　上場会社の株式を取引しようとする者は，証券会社（社債等振替法では「口座管理機関」）に口座を開設する（加入者）。投資家（加入者）間で株式が売買されると，その保有する株式数の減少・増加は証券会社（口座管理機関）の振替口座簿に記録される（以上につき，社振法128条・2条3項4項・44条・132条・140条・12条3項・45条2項・129条1項）。

　会社が株主総会の開催や剰余金の配当などを行うため，権利行使者を決めるための一定の日を定めたときは，振替機関（わが国では証券会社保管振替機構〔ほふり〕。社振法3条1項）は会社に対し，株主の氏名・持株数などを通知する（総株主通知。社振法151条1項）。その際，証券会社（口座管理機関）は直近上位機関に対して投資家（加入者）に関する事項を報告する。総株主通知がなされれば，当該一定の日に株主名簿の名義書えがされたとみなされる（社振法152条1項）。

　他方，株主が会社に対してたとえば株主提案権や新株発行の差止めの仮処分の申請などの権利行使を行おうとするときには，自己（加入者）が口座を有する証券会社（口座管理機関）に申出をすることでほふり（振替機関）から発行会社に通知をしてもらう（個別株主通知。社振法154条3項以下）。標準的な通知日程では，申出日の4営業日後の日に発行会社に通知される，証券会社等によって発行会社に対する通知日は異なり，申出日から10営業日程度を要する場合もあるという。また，個別株主通知の予定日は，申出の翌営業日以降に，証券会社等から連絡される（平易な解説として，株式会社証券保管振替機構「個別株主通知のご案内」（平成25年3月）http://www.jasdec.com/download/ds/annai_kobetu.pdf を参照）。

　株主が権利行使をするためには個別株主通知はいつまでに会社に到達していなければならないか，という問題について，最判平成22・12・7民集64-8-2003が一定の立場を示した。全部取得条項付種類株式の取得について株主が裁判所に対して買取価格の申立てを行ったという事案について，会社法172条1項所定の価格決定申立権が社債等振替法154条1項，147条4項所定の「少数株主権等」に該当することを前提に，「振替株式についての会社法172条1項に基づく価格の決定の申立てを受けた会社が，裁判所における株式価格決定申立事件の審理において，申立人が株主であることを争った場合には，<u>その審理終結までの間に個別株主通知がされることを要するものと解するのが相当である</u>」と判示した（審理終結までの間に個別株主通知がされていなかったことから，株主の申立てを却下した）（下線は解説者が付加。株主総会の日から20日以内〔172条1項柱書〕に個別株主通知が会社に到達していることは必要ではない）。

他方，最高裁の判断が異なる事案・論点についてどこまで及ぶのかは明らかではない。大阪地判平成24・2・8判時2146-135は，最判平成22年を引用しつつ，次のように述べる。「会社法上，追加議題及び議案の要領を招集通知に記載して発送するための準備期間として，最短でも6週間を確保するためには，遅くとも株主提案権の行使期限である株主総会の日の8週間前までに，会社が，株主の株式継続保有要件の有無を確認することができるようにすることが必要であり，このときまでに個別株主通知がされることが必要であるというべきである。……他方，個別株主通知は，……株主提案権の行使に先立ってされる必要があるとまではいえない……」（個別株主通知が株主総会の8週間前までになされなかったとして，招集通知に株主提案にかかる議題・議案の要領を記載しなかったことを理由とする株主総会決議取消請求を棄却）。

最高裁とこの大阪地裁の違いは，次のように考えることになろうか。この場合のように，株主の権利行使に対して会社が一定の措置を講じることが求められる場合で，かつ一定の日までに権利行使がなされることが法令で要求されている場合には，その一定の日までに個別株主通知が必要となる。他方，会社の措置に対して株主が裁判所に救済を申し立てる場合（新株発行の差止仮処分の場合や，最高裁の事案のような価格決定の申立ての場合等）には，たとえ一定の日までに権利行使が要求される場合であっても，個別株主通知の到達は審理終結までの間になされれば足りる，と。

個別株主通知の制度趣旨については，前掲の最判平成22年の次の叙述が参考になる。

「社債等振替法154条が，振替株式についての少数株主権等の行使については，株主名簿の記載又は記録を株式の譲渡の対抗要件と定める会社法130条1項の規定を適用せず，個別株主通知がされることを要するとした趣旨は，株主名簿の名義書換は総株主通知を受けた場合に行われるものの，総株主通知は原則として年2回しか行われないため（社債等振替法151条，152条），総株主通知がされる間に振替株式を取得した者が，株主名簿の記載又は記録にかかわらず，個別株主通知により少数株主権等を行使することを可能にすることにある。そして，総株主通知と異なり，個別株主通知において，振替口座簿に増加又は減少の記載又は記録がされた日等が通知事項とされているのは（社債等振替法154条3項1号，129条3項6号ヲ），少数株主権等の行使を受けた会社が，振替株式の譲渡の効力発生要件（同法140条）とされている振替口座簿の上記記載又は記録によって，当該株主が少数株主権等行使の要件を充たすものであるか否かを判断することができるようにするためであるから，上記会社にとって，総株主通知とは別に個別株主通知を受ける必要があることは明らかである。同じ会社の振替株式であっても，株価の騰落等に伴ってその売買が短期間のうちに頻繁に繰り返されることは決してまれではないことにかんがみると，

複数の総株主通知においてある者が各基準日の株主であると記載されていたということから，その者が上記各基準日の間も当該振替株式を継続的に保有していたことまで当然に推認されるものではないから，ある総株主通知と次の総株主通知との間に少数株主権等が行使されたからといって，これらの総株主通知をもって個別株主通知に代替させることは，社債等振替法のおよそ予定しないところというべきである。まして，これらの総株主通知をもって個別株主通知に代替させ得ることを理由として，上記価格決定申立権が会社法124条1項に規定する権利又は同項に規定する権利に関する規定を類推適用すべき権利であると解する余地はない。

　また，社債等振替法154条2項が，個別株主通知がされた後の少数株主権等を行使することのできる期間の定めを政令に委ねることとしたのは，個別株主通知がされた後に当該株主がその振替株式を他に譲渡する可能性があるために，振替株式についての少数株主権等の行使を個別株主通知から一定の期間に限定する必要がある一方，当該株主が少数株主権等を実際に行使するには相応の時間を要し，その権利行使を困難なものとしないためには，個別株主通知から少数株主権等を行使するまでに一定の期間を確保する必要もあることから，これらの必要性を調和させるために相当な期間を設定しようとすることにあるのであって，少数株主権等それ自体の権利行使期間が，社債，株式等の振替に関する法律施行令40条の定める期間より短いからといって，個別株主通知を不要と解することはできない。

　そして，個別株主通知は，社債等振替法上，少数株主権等の行使の場面において株主名簿に代わるものとして位置付けられており（社債等振替法154条1項），少数株主権等を行使する際に自己が株主であることを会社に対抗するための要件であると解される。そうすると，会社が裁判所における株式価格決定申立て事件の審理において申立人が株主であることを争った場合，その審理終結までの間に個別株主通知がされることを要し，かつ，これをもって足りるというべきであるから，振替株式を有する株主による上記価格決定申立権の行使に個別株主通知がされることを要すると解しても，上記株主に著しい負担を課すことにはならない。

　以上によれば，振替株式についての会社法172条1項に基づく価格の決定の申立てを受けた会社が，裁判所における株式価格決定申立て事件の審理において，申立人が株主であることを争った場合には，その審理終結までの間に個別株主通知がされることを要するものと解するのが相当である」。

第5節　株式の共有

Quiz　会社法106条，および最判平成2・12・4民集44-9-1165および最判平成9・1・28判時1599-139を読んで，次の各問題の肢のうち正しいのはどちらか，解

答しなさい。
1 判例によると，被相続人が保有する株式が同人の死亡により複数の相続人に相続される場合には，{①当該株式は相続持分に応じて相続人の間で当然に分割される ②当該株式は相続人の共有に属する}。
2 株式の共有者が，当該株式についての権利行使者を定めるには，{①共有者全員の同意によらなければならない ②共有持分の過半数によって行うことができる}。
3 共有株式について権利行使者の指定・通知がなされていない場合，共有者は，{①会社に対して当該株式について議決権を行使したり配当を受ける権利を主張することはできないが，株主総会決議の効力を争う訴えを提起することはできる ②会社に対して当該株式についての権利を行使することができないのが原則であるが，特段の事情があればその限りではない}。
4 共有株式について権利行使者の指定・通知がなされていない場合，会社は，{①共有者による権利行使を認めることは原則として許されず，共有者全員が共同して権利を行使する場合にのみこれを認めることができる ②共有者による権利行使を認めることができるが，共有者間に意見の相違があること等を知っていたのに会社がそのうちの一部の者による権利行使を認めることは，たとえば株主総会決議の方法が著しく不公正な方法によるものとして取消事由に当たるなどの可能性がある}。

最判平成11・12・14判時1699-156は，株式を共有する数人の者が株主総会において議決権を行使する場合，商法203条2項の手続を履践して権利行使者を指定して会社に通知した上で，この権利行使者が議決権を行使しなければならないが，前記手続を欠く場合は，共有者全員が議決権を共同して行使する場合を除き，会社の側から議決権の行使を認めることは許されない旨，判示している。他方，平成17年会社法106条但書は，「株式会社が当該権利を行使することに同意した場合は，この限りでない」，すなわち権利行使者の指定・通知がなくとも共有株式についての権利行使が可能であると定めている。会社法制定に関わった法務省の担当官は，最判平成11年判決を否定する趣旨でこの規定を設けたようである。

第6節 その他の問題

ここでは，所在不明株主の問題と，株券喪失登録の問題を取り上げる。

Quiz 1　次の空欄を埋めなさい。

会社は株主に対して各種の通知や催告をすることがあるが（たとえば株主総会の招集通知），通知等は株主名簿に記載された住所に当てて発送すれば良く，たとえ到達しなくてもその通知等が通常到達すべきであったときに到達したものとみなされる（＿＿＿条1項・2項）。

株主が転居先を会社に知らせないなどの理由で，会社が名簿上の住所に通知等を発送し続けたのに5年以上継続して到達しない場合には，会社は通知・催告をする必要がなくなる。ただし，この場合も株主は剰余金配当を受け取る権利等を失うわけではなく，会社が義務を履行する場所が株主の住所から会社の住所地に変更されたことになる（＿＿＿条1項・2項）ので，会社は所在不明株主への配当金を留保しておき，株主が取りに来ればこれを渡せばよい。

株主への通知等が5年以上到達せず，かつ株主が継続して5年間配当を受領しなかった場合には，会社は所在不明株主の有する株式を売却することができる（197条）。売却代金は株主に支払われるが，株主が所在不明であるため，実際には供託されることになる（民494条）。売却は原則として競売によるが（会197条1項），他のより簡便な方法によることも認められている（同条2項・3項）。

Quiz 2　次の空欄に適当な語や条文番号を埋めなさい。

株主が株券を喪失した場合，手形・小切手などの場合と同様にかつては公示催告・除権判決＜現在では非訟事件手続法第3編に公示催告・除権決定の規定がある＞を得て会社から株券の再発行を受けることになっていたが，平成14年の商法改正により同制度に代わって株券失効制度が導入され，会社法では，株券喪失登録制度となった（公示催告等は株券には適用がなくなった）。この制度においては，株券を喪失した者は会社（株主名簿管理人を置く会社においては株主名簿管理人）に（222条・123条）株券喪失登録の請求をすることができる（＿＿＿条）。請求がされると会社は株券喪失登録簿（221条）に申請者を「株券喪失登録者」として喪失登録をして，株主名簿上の株主・登録質権者に一定の事項を通知する（＿＿＿条1項）。喪失登録がされた株券が株主としての権利行使のために会社に提出されたときには，会社は株券を提出したものに対して喪失登録がされていることを通知する（224条2項）。喪失登録がされている株券の株式については名義書換えができず（230条＿＿＿項），また名簿上の株主が喪失登録をしている場合を除いて名簿上の株主は株主総会で議決権を行使できない（230条＿＿＿項）。当該株券を有する者（株券喪失登録者でない場合）が喪失登録に対して異議の申請を行うと（225条1項），会社は喪失登録者に通知し，2週間後に喪失登録を抹消する（225条項3項・4項）。異議申立てがなく喪失登録から1年が経過すると（225条1項参照），株券は無効となり（＿＿＿条1項），登録者は会社から株券の再発行を受けることができる（228条2項）。

第6章　株式会社の設立

1. 概　観

Quiz 1　株式会社の設立について、次の各肢の正誤について説明しなさい。
1　発起人としての責任を負うのは、定款に発起人として署名または記名押印した者に限られる。
2　設立時の取締役や監査役は、選任後遅滞なく、出資の履行や設立手続の経過について調査することが義務付けられている。
3　財産引受けにおいては発起人だけが譲渡人となることができる。
4　発起人は、株式会社の成立後は、錯誤を理由として株式の引受けの無効を主張することはできない。
5　会社が成立しなかったとき、発起人と株式引受人は、設立に関して支出した費用を連帯して負担する。

Quiz 2　株式会社の設立について、次の各肢の正誤について説明しなさい。
1　募集設立の場合、払込取扱機関は、払込金の保管証明義務を負う。
2　会社が設立時に発行する株式の数は、定款の絶対的記載事項である。
3　創立総会では、株式会社に関することは何でも決議することができる。
4　公証人の認証を受けた定款であっても、創立総会の決議によって変更することは妨げられない。
5　設立に際して株主となる者が払い込んだ金額は、その全額を資本金としなければならない。

Quiz 3　株式会社の設立について、次の各肢の正誤について説明しなさい。
1　株式会社の設立時取締役は、発起人であることを要しない。
2　株式会社の発起設立において、定款で設立時取締役として定められた者は、その定款について公証人の認証を受けた時に、設立時取締役に選任されたものとみなされる。
3　株式会社の発起設立において、発起人が2名以上ある場合、そのうちの発起人1名が設立時発行株式の全てを引受け、他の発起人は設立時発行株式を引き受けないことができる。

Quiz 4 株式会社の設立について，次の各肢の正誤について，根拠条文を挙げて説明しなさい。

1 判例によれば，設立費用に属する取引については性質上当然に成立後の会社に帰属し，会社が定款記載の設立費用の額を超えて弁済した場合，当該会社は，その超過額について発起人に求償することができる。

2 発起設立の場合において，発起人は，払込みの取扱いをした銀行に対し，払い込まれた金額に相当する金銭の保管に関する証明書の交付を請求することができる。

3 発起人は，自らが行った現物出資の目的財産の価額が定款に定めた額に著しく不足する場合でも，職務を行うについて注意を怠らなかったことを証明すれば，会社に対して当該不足額を支払う義務を免れることができる。

4 設立を無効とする判決が確定しても，判決の効力には遡及効はなく，当該会社について清算手続が開始されることになる。

5 会社が発行することのできる株式の総数は，公証人の認証を受ける時に定款に記載され，又は記録されている必要はないが，会社成立の時までには定款で定めなければならない。

Quiz 5 株式会社の設立について，次の各肢の正誤について，根拠条文を挙げて説明しなさい。

1 発起設立において，発起人は，公証人の認証を受けた定款で定められて選任されたものとみなされた設立時取締役を会社の成立の時よりも前に解任することができない。

2 募集設立において，会社の成立の時における検査役の調査を経ていない財産引受けの目的財産の価額が定款に記載され，又は記録された価額に著しく不足するときは，発起人は，その職務を行うについて注意を怠らなかったことを証明した場合でも，当該不足額を支払う義務を免れることができない。

3 募集設立において，会社法上の公開会社の設立時取締役の選任は，創立総会の決議によって行わなければならない。

4 設立時募集株式の引受人は，出資の履行期日又は期間内に出資に係る金銭の払込み又は金銭以外の財産の給付をしなければ，株主となることができない。

5 株式会社の設立手続に重大な瑕疵があるときは，株主，取締役，会社債権者，監査役又は清算人は，会社の成立の日から1年以内に，設立の無効の訴えを提起することができる。

2. 発起人による定款の作成

> **Case**　最判昭和61・9・11判時1215-125

　　　主　　文

　本件上告を棄却する。

　上告費用はＹ社（上告人）の負担とする。

　　　理　　由（中略）

一　原審の確定した本件の事実関係は，次のとおりである〔編注：本件は売掛金請求事件である〕。

　1　Ｘ社（原告・被上告人）は，たばこ製造機械及び小型ディーゼルエンジンの製造販売を業とし3つの工場を有する株式会社であったところ，専ら小型ディーゼルエンジンの製造販売に当たっていた甲工場の営業を一括して他に譲渡しようと考え，昭和33年末ころ訴外Ａに対し新会社を設立して甲工場の営業を買い取るよう働きかけたところ，Ａとの間で昭和34年3月31日，（一）Ｘ社は，新会社の設立発起人代表であるＡに対し甲工場に属する一切の営業（ただし，固定資産である土地・建物・機械設備については別途賃貸借契約〔編注：原審によるとＸがＹに賃貸するものである〕を締結する。）を譲渡する，（二）譲渡代金は1600万円とし，昭和34年9月から昭和38年6月まで3か月ごとに分割して支払う，（三）新会社が設立されたときは，新会社が右契約に基づくＡの権利義務の一切を引継ぐものとする旨の営業譲渡契約（以下「本件営業譲渡契約」という。〔編注：会社法の下では「事業譲渡」契約となる。第8章第6節参照〕）を締結した。

　Ｘ社は本件営業譲渡契約をするについて株主総会の決議による承認手続をとらなかったが，それは契約担当者らが商法245条〔会467条〕による規制を知らなかったことによるもので，右手続をとろうとすれば，容易に実現しうる状況にあった。

　2　かくして，Ｙ社（被告・上告人）は，昭和34年5月21日代表取締役をＡとする株式会社として設立登記をし，本件営業譲渡契約に基づくすべての財産の引渡を受けて営業を承継した。本件営業譲渡契約についてＹ社の原始定款には商法168条1項6号〔会28条2号〕の定める事項は記載されなかったが，Ａは，実質的にはＹ社の全株式を所有し，Ｙ社の設立及び当初の経営を掌理していたものであり，所定事項を記載しなかったのは，商法168条〔会28条〕による規制を知らなかったことによるもので，反対者の存在などの特別の障害があったからではなかった。

　3　Ｙ社は，Ｘ社から譲り受けた製品・原材料等を販売又は消費し，売掛債権等の債権を回収し，従業員・仕入先・得意先・商標等及びＸ社から賃借した土地・建物・機械設備を使用し，小型ディーゼルエンジンの製造販売を行い，当初は順調な営業を続け，その間Ｘ社に対し本件営業譲渡契約につきなんら苦情を述べたことが

なく，X社との間で昭和34年6月譲渡代金1600万円につき債務承認並びに分割弁済契約をし，X社に対し譲渡代金として昭和34年10月から昭和35年2月までの間に合計264万円を分割して支払った。

4 X社は，Y社に対し昭和35年4月未払譲渡代金1412万4773円の支払を5年間猶予したうえ，これを分割して支払うことを認めたが，Y社は，経営者の内紛や従業員の大量退職などによって，昭和42年9月ころ事実上営業活動を停止するに至った。

5 Y社は，昭和43年10月17日の本件第1審の第4回口頭弁論期日において初めて本件営業譲渡契約について原始定款に所定事項の記載がないことを理由とする無効事由を主張し，さらに，昭和54年2月14日の原審の第2回口頭弁論期日において初めてX社が本件営業譲渡契約をするについて株主総会の特別決議による承認手続を経由しなかったことを理由とする無効事由を主張するに至った。

そして，X社及びY社は，いずれもその株主・債権者等の会社の利害関係人から本件営業譲渡契約が無効であるなどとして問題にされたことは一度もなかった。

以上の原審の事実認定は，原判決挙示の証拠関係に照らし，正当として是認することができ，その過程に所論の違法はない。

二 1 原審の確定した右の事実関係によれば，AがX社との間で締結した本件営業譲渡契約は，その契約の実質的な目的及び内容等にかんがみるならば，AがY社の発起人組合の代表者として設立中のY社のために会社の設立を停止条件としてした積極消極両財産を含む営業財産を取得する旨の契約であると認められるから，本件営業譲渡契約は，商法168条1項6号〔会28条2号〕の定める財産引受に当たるものというべきである。そうすると，本件営業譲渡契約は，Y社の原始定款に同号所定の事項が記載されているのでなければ，無効であり，しかも，同条項が無効と定めるのは，広く株主・債権者等の会社の利害関係人の保護を目的とするものであるから，本件営業譲渡契約は何人との関係においても常に無効であって，設立後のY社が追認したとしても，あるいはY社が譲渡代金債務の一部を履行し，譲り受けた目的物について使用若しくは消費，収益，処分又は権利の行使などしたとしても，これによって有効となりうるものではないと解すべきであるところ，原審の確定したところによると，右の所定事項は記載されていないというのであるから，本件営業譲渡契約は無効であって，契約の当事者であるY社は，特段の事情のない限り，右の無効をいつでも主張することができるものというべきである。

2 つぎに，本件営業譲渡契約が譲渡の目的としたものは，原審の確定したところによると，たばこ製造機械・小型ディーゼルエンジンの製造販売を目的とするX社の有する3工場のうち専ら小型ディーゼルエンジンの製造販売に当たっていた甲工場の営業一切であるというのであるから，商法245条1項1号〔会467条1項2

号〕にいう営業の「重要ナル一部」に当たるものというべきである。そうすると，本件営業譲渡契約は，譲渡をしたX社が商法245条1項〔会467条1項〕に基づき同法343条〔会309条2項11号〕に定める株主総会の特別決議によってこれを承認する手続を経由しているのでなければ，無効であり，しかも，その無効は，原始定款に記載のない財産引受と同様，広く株主・債権者等の会社の利害関係人の保護を目的とするものであるから，本件営業譲渡契約は何人との関係においても常に無効であると解すべきである。しかるところ，原審の確定したところによると，本件営業譲渡契約については事前又は事後においても右の株主総会による承認の手続をしていないというのであるから，これによっても，本件営業譲渡契約は無効であるというべきである。そして，営業譲渡が譲渡会社の株主総会による承認の手続をしないことによって無効である場合，譲渡会社，譲渡会社の株主・債権者等の会社の利害関係人のほか，譲受会社もまた右の無効を主張することができるものと解するのが相当である。けだし，譲渡会社ないしその利害関係人のみが右の無効を主張することができ，譲受会社がこれを主張することができないとすると，譲受会社は，譲渡会社ないしその利害関係人が無効を主張するまで営業譲渡を有効なものと扱うことを余儀なくされるなど著しく不安定な立場におかれることになるからである。したがって，譲受会社であるY社は，特段の事情のない限り，本件営業譲渡契約について右の無効をいつでも主張することができるものというべきである。

3 そこで，Y社に本件営業譲渡契約の無効を主張することができない特段の事情があるかどうかについて検討するに，原審の確定した事実関係によれば，X社は本件営業譲渡契約に基づく債務をすべて履行ずみであり，他方Y社は右の履行について苦情を申し出たことがなく，また，Y社は，本件営業譲渡契約が有効であることを前提に，X社に対し本件営業譲渡契約に基づく自己の債務を承認し，その履行として譲渡代金の一部を弁済し，かつ，譲り受けた製品・原材料等を販売又は消費し，しかも，Y社は，原始定款に所定事項の記載がないことを理由とする無効事由については契約後約9年，株主総会の承認手続を経由していないことを理由とする無効事由については契約後約20年を経て，初めて主張するに至ったものであり，両会社の株主・債権者等の会社の利害関係人が右の理由に基づき本件営業譲渡契約が無効であるなどとして問題にしたことは全くなかった，というのであるから，Y社が本件営業譲渡契約について商法168条1項6号〔会28条2号〕又は245条1項1号〔会467条1項2号〕の規定違反を理由にその無効を主張することは，法が本来予定したY社又はX社の株主・債権者等の利害関係人の利益を保護するという意図に基づいたものとは認められず，右違反に藉口〔しゃこう〕して，専ら，既に遅滞に陥った本件営業譲渡契約に基づく自己の残債務の履行を拒むためのものであると認められ，信義則に反し許されないものといわなければならない。したがって，

Y社が本件営業譲渡契約について商法の右各規定の違反を理由として無効を主張することは，これを許さない特段の事情があるというべきである。

4 以上と同旨の原審の判断は正当として是認することができ，原判決に所論の違法はない。論旨は，原審の認定にそわない事実に基づいて原判決を非難するか，又は独自の見解に基づいて原判決の不当をいうものにすぎず，採用することができない。(以下略)

Exercise

① 本件営業譲渡契約の締結に当たって，(1)X会社，(2)設立されるY会社は，会社法上それぞれどのような手続をしなければならなかったか。

② ①の手続がなかったことは，本件営業譲渡契約の法的効力にどのような影響を及ぼすか。

③ 本判決が考慮している「特段の事情」とは何か。

④ 本件財産引受契約について，これを設立後のY会社が追認することは可能か。また，追認の可能性を認める見解はどのような理由からそれを主張するのか。現在の会社法における債権者保護の考え方に注意しながら論ぜよ。なお，以下の参考判例も参照のこと。

【参考判例】 最判昭和28・12・3民集7-12-1299

Xは，Y株式会社成立前に，Y会社設立発起人総代Aとの間で，X所有の物件の売り渡し契約を結び，一部代金と引き替えにこれを引き渡したが，この契約はY会社の定款には記載されなかった。Y会社成立後も残金の支払いがなかったので，Xは契約を解除し，Y会社に対し，物件の返還を求め提訴した。第1審でXが勝訴し，Y会社が控訴したが，この第2審でXは請求の原因を変更し，右契約は定款に記載なき財産引受であって無効であると主張した。これに対してY会社は，会社成立後になされた株主総会の特別決議により右瑕疵は治癒されたと反論した。

最高裁は「商法168条1項6号〔会28条2号〕にいわゆる財産引受は現物出資に関する規定をくぐる手段として利用せられる弊があつたので，これを防ぐため現物出資と同様な厳重な規定を設け，公証人の認証を受けた定款にこれを記載しないと財産引受の効力を有しないものと定められたのである。従つて単に財産引受は会社の保護規定であるから，会社側のみが無効を主張し得るということはできない。この無効の主張は，無効の当然の結果として当該財産引受契約の何れの当事者も主張ができるものである……財産引受が定款上無効なる場合と雖〔いえど〕も，会社成立後に新たに商法246条〔会467条1項5号〕の特別決議の手続をふんで財産取得の契約を有効に結ぶことは可能であるが，……。単に会社側だけで無効な財産引受契

約を承認する特別決議をしても，……これによつて瑕疵が治癒され無効な財産引受契約が有効となるものとは認めることができない。」と判示し，Xを勝訴させた。

Writing 1

　甲，乙，丙の3人は，P株式会社を設立することを約束した。平成X年9月1日に，3人は相談して定款を作成し，3人が設立時取締役となること，3人はそれぞれ100万円ずつ出資して設立時発行株式を100株ずつ引き受けること，設立に際して出資される財産の価額を100万円以上とすること等を定め，3人はこれに発起人として署名して公証人の認証を得た。

　3人は同年10月1日までに所定の銀行（Q銀行）口座に出資金を振り込むことを約束し，3人はこの義務を履行した。もっとも，これに先立ち甲はR銀行から100万円を借り受け，その借入金を先述のQ銀行への振込みに充てていた。乙はこの事実を知っていたが，丙はこのことを知らされていなかった。

　乙丙から預金口座の管理につき委任を受けていた甲は，同年10月8日に商業登記所におもむきP株式会社の設立の登記を行い，その直後にQ銀行の預金口座から100万円を引き出し，同日，このお金でR銀行に対する甲の借入金の返済を行った。

　同年10月下旬に，丙は甲による借入れ・返済の事実を知り，自分は甲乙に騙されたと感じ，甲乙と共同でP株式会社を経営する意思を失った。丙がP株式会社の運営から撤退し，出資金の返還を求めるためには，どのような法的手段を取るべきか。

Writing 2

　大学時代の友人であるABCの3人は，大学卒業と前後して，意気投合して定食屋を経営するために株式会社を設立することにした。3人は設立される甲株式会社の発起人となり（なお他の株式引受人を募集しないことにした），それぞれ50万円ずつを出資して50株ずつを引き受けることとした。

　3人は甲株式会社の定款に，「設立に際して出資される財産の最低額80万円」との規定を定め，変態設立事項については特に定めを置かなかった。

　ACは各々，払込取扱機関として定められた乙銀行新宿支店の所定の口座に50万円を振り込んだ。しかし，Bは20万円のみを振り込み，ACの同意を得て30万円分については株式を引き受けないこととした。Cは払込金の全額を父親のDから借り入れ，1年後にこれを返済することを約束したが，ABはそのことを知らなかった。ABCは全員，設立後の会社の取締役となることについて合意した。

　発起人の中で中心的な存在であったAはBCの承認を得て，「甲株式会社設立発起人総代」の肩書きで，営業用店舗を賃借したり，食材・食器類を注文した。Aは甲株式会社の設立登記がなされる前に乙銀行の口座から預金を引き出して，店舗の

賃借等に要する80万円を支払ったが、食材等の代金である25万円についてはツケ払いとして会社設立後1ヶ月以内に支払うことを売主である丙に約束した。

　平成18年8月30日に甲株式会社の設立登記がなされた。同社の経営は思いのほか順調であったが、丙は9月末までに代金を支払うようAに催促したので、AはBCと相談して、9月25日に代金を支払うことにして、その旨を丙に伝えた。ところが、9月20日の深夜・閉店後に甲社の店舗に窃盗が侵入し、売上金や預金通帳などを持ち出してしまい、甲社は突然資金繰りに窮することとなった。経営意欲を失ったABCの3名は10月15日に店舗を閉鎖し、以後甲社は休眠状態のまま現在に至っている。

　（問1）　甲社に対して設立無効の訴えが提起されると、それは認容されるか。
　（問2）　いまだ食材等の代金25万円について弁済を受けていない丙は誰に対して請求を行うことができるか。

3.　株式の引受け・出資の履行

【参考判例】　最判昭和38・12・6民集17-12-1663

〔事実関係〕

　A株式会社は、発起設立の方法で設立手続きが進められ、資本金200万円の株式会社として、平成18年11月5日、その設立登記を経由した。Yは、発起人総代としてその他の発起人Zらから、設立事務一切を委任されて担当していた。株式払込みについては、Yが主債務者として、Zらのため、B銀行甲支店から200万円を借り受け、この200万円を払込取扱機関であるB銀行甲支店に一括で払い込んだ。そして、預金通帳の写しなどの書類を得て設立登記手続きを進め、右手続きを終えて会社成立後、A会社はB銀行甲支店から200万円の払戻しを受けた上、Yに200万円を貸し付けた。Yは、これをB銀行甲支店に対する前記借入金200万円の債務の弁済にあてた。

〔判決の説示〕

　「当初から真実の株式の払込として会社資金を確保するの意図なく、一時的の借入金を以て単に払込の外形を整え、株式会社成立の手続後直ちに右払込金を払い戻してこれを借入先に返済する場合の如きは、右会社の営業資金はなんら確保されたことにはならないのであつて、かかる払込は、単に外見上株式払込の形式こそ備えているが、実質的には到底払込があつたものとは解し得ず、払込としての効力を有しないものといわなければならない。

　〔本件事実関係に照らすと〕会社成立後前記借入金を返済するまでの期間の長短、

右払戻金が会社資金として運用された事実の有無，或は右借入金の返済が会社の資金関係に及ぼす影響の有無等，その如何によつては本件株式の払込が実質的には会社の資金とするの意図なく単に払込の外形を装つたに過ぎないものであり，従つて株式の払込としての効力を有しないものではないかとの疑いがあるのみならず，むしろ記録によれば，Yの前記銀行支店に対する借入金200万円の弁済は会社成立後間もない時期であつて，右株式払込金が実質的に会社の資金として確保されたものではない事情が窺われないでもない。然るに，原審がかかる事情につきなんら審理を尽さず，従つてなんら特段の事情を判示することなく，本件株式の払込につき単にその外形のみに着目してこれを有効な払込と認めてY，Zらの本件株式払込責任を否定したのは，審理不尽理由不備の違法があるものといわざるを得〔ない〕」。

Writing 3

次の事実1〜3を読んで，〔設問〕に解答しなさい。

1　甲社は設立登記を済ませて成立した株式会社である。

2　甲社の設立手続きには次の事実のあることが判明した。発起人代表であるAは，発起人ABC全員の合意に基づき，Aの友人であるDから払込資金を借り入れて，これを各発起人の引き受けた株式の払込みに充てた（払込取扱銀行であるE銀行の所定の口座に振り込みを行った）。Aは甲社の唯一の取締役に就任し，設立登記直後に，E銀行からその払込金相当額の払戻しを受けて，Dに返済した。

3　設立手続の過程で，AはF社から原材料を仕入れたが，支払予定日が来ても甲社は代金を支払わず，Aは支払いを拒絶している。甲社の定款には変態設立事項の定めはない。

〔設問〕

(1)　甲社の設立の効力につきどのような問題を生ずるか。

(2)　F社は誰に対してどのような請求をなしうるか。

Writing 4

次の事実1〜5を読んで，〔設問〕に解答しなさい。

1　Aは，自己の所有する土地建物（以下「本件不動産」という）を活用して，株式会社を設立してスーパーマーケット事業を営もうと考えた。しかし，Aは，本件不動産をスーパーマーケットの店舗に改装する資金を有していなかったので，友人Bに対し，同事業を共同して行うことを提案した。Bは，Aからの提案を了承し，両者の間に，株式会社を設立してスーパーマーケット事業を営む旨の合意が成立した。

2　そこで，A及びBは，いずれも発起人となって，発起設立の方法により，会社法上の公開会社であり，かつ，株券発行会社である甲株式会社（以下「甲社」と

いう）を設立することとした。

　A及びBは、発起人として、Aが金銭以外の財産として本件不動産を出資すること、その価額は5億円であること及びAに対し割り当てる設立時発行株式の数は5000株であることを定め、これらの事項を、書面によって作成する定款に記載した。そして、Aは、設立時発行株式の引受け後遅滞なく、その引き受けた設立時発行株式につき、本件不動産を給付した（以下Aによる本件不動産の出資を「本件現物出資」という）。

3　他方、A及びBは、発起人として、Bが割当てを受ける設立時発行株式の数は1000株であり、その株式と引換えに払い込む金銭の額は1億円であると定めた。そして、Bは、設立時発行株式の引受け後遅滞なく、その引き受けた設立時発行株式につき、その出資に係る金銭の全額1億円を払い込んだ。

　なお、A及びBは、本件不動産の評価額を5億円とする不動産鑑定士の鑑定評価及び本件不動産について定款に記載された5億円の価額が相当であることについての公認会計士の証明を受けた。そして、A及びBは、裁判所に対し、定款に記載のある本件現物出資に関する事項を調査させるための検査役の選任の申立てをしなかった。

4　設立中の甲社においては、A、B及びCが設立時取締役として選任され、Aが設立時代表取締役として選定された。A、B及びCは、その選任後遅滞なく、本件不動産に係る不動産鑑定士の鑑定評価及び公認会計士の証明が相当であること並びにA及びBによる設立時発行株式に係る出資の履行が完了していることにつき調査をした。その後、甲社は、本店の所在地において設立の登記をしたことにより成立し、Aが甲社の代表取締役に、B及びCが甲社の取締役にそれぞれ就任した。そして、甲社は、本件不動産をスーパーマーケットの店舗（以下「甲店」という）に改装し、スーパーマーケット事業を開始した。

5　その後、以下の事実が判明した。

　本件不動産は、本件現物出資の当時、土地に土壌汚染が存在し、甲社の定款作成の時及び成立の時における客観的価値は、いずれも1億円にすぎなかった。また、甲社の設立当時、Aは、当該土壌汚染の存在を認識していたが、Bは、当該土壌汚染の存在を認識しておらず、本件不動産に係る鑑定評価や証明を行った不動産鑑定士及び公認会計士は、その当時、当該土壌汚染の存在や、これにより定款に記載された本件不動産の価額が相当でないことを認識していなかった。

〔設問〕　①本件現物出資に関し、会社法上、A及びBが甲社に対して負担する責任について、②甲社の設立の効力について、説明しなさい。

第7章 合名会社・合資会社・合同会社

1. 合名会社

Quiz 1　次の空欄を埋めなさい。

　合名会社の社員は，原則として，会社の業務を執行するが，定款によって業務執行を特定の社員に委ねることができる（___条1項）。業務執行社員は原則として会社を代表する地位を有しているが，定款または定款の定めに基づく社員の互選によって特定の社員を代表社員とすることができる（599条1項ただし書・3項）。代表社員は，会社の営業に関する一切の裁判上または裁判外の行為をなす権限を有している（___条__項）。また，会社は代表社員の代表権に加えた制限をもって善意の第三者に対抗することはできない（___条__項）。

　特定の代表社員が定められている場合には，社員のうちでも代表権を有する者と有しない者とが存することになる。そこで，代表権を有しない社員がいるときは，代表社員の氏名を登記しなければならない（___条__号）。

　改正前商法55条は会社が他の会社の無限責任社員となることを禁じていたが，会社法ではこのルールは削除されている。業務執行社員が法人である場合には，その法人は職務を行うべき者を選任し会社に通知しなければならない（___条1項）。職務を行うべき者の氏名等は登記により公示される（___条__号）。また，職務を行うべき者には業務執行社員の負う善管注意義務・競業の禁止・利益相反取引の制限・会社や第三者に対する賠償責任のルールが準用される（___条2項）。

Quiz 2　次の設問に答えなさい。

　①　合名会社の設立時に作成される定款について，公証人による認証は必要か（575条・30条を参照）。

　②　合名会社の設立時に社員となる者は，設立の登記までに出資全額の履行をしなければならないか（578条参照）。

　③　合名会社に対して現物出資を行うには，検査役の調査（株式会社の場合，33条）が必要か。金銭等（151条1項柱書）の出資ではなく労務や信用を出資することは可能か。

　④　株式会社における株主代表訴訟に類似する制度は合名会社に存在するか。

　⑤　株式会社においては，取締役の解任の訴えの制度があるが，合名会社におい

ては，業務執行社員・代表社員の業務執行権限・代表権限を訴えによって剥奪する制度は存在するか。

⑥ 持分譲渡の手続は業務執行社員と非業務執行社員とでは異なるが，具体的に説明しなさい。

合名会社の社員は，会社債権者に対して直接・無限の責任を負っている（580条1項）。会社財産をもって会社の債務を弁済できないこと，または会社財産に対する強制執行が奏効しなかったことが責任発生の要件であるが，前者の要件が存在すれば，社員の責任は会社財産をもって弁済できない部分についてだけではなく債務の全額について責任が発生すると解されている。このことにつき，大判大正13・3・22民集3-5-185は次のように述べている。会社が債務超過の状態にあるという「事実カ存在スル以上，会社債務ニ対スル社員ノ連帯無限ノ責任ハ当然発生シ而〔し〕カモソハ債務ノ全額ニ対スルモノニシテ，会社財産ヨリ弁済ヲ受クル能ハサル部分ニ付テノミ責任ヲ負フモノニ非ス」（原文に読点追加）。

Quiz 3　次の空欄を埋めなさい。

合名会社の特色として，社員の退社の制度がある。退社には，＿＿＿条1項1号から8号に定められた法定退社のほかに，社員からの一方的告知による任意退社（＿＿＿条），持分差押え債権者による退社（＿＿＿条）がある。債務者の有する持分を差し押さえた債権者は，払戻しにより債権の満足を受けるほかに，利益配当から弁済を受ける権利をも有する（621条＿項）。

任意退社の場合，「やむを得ない事由」があれば，会社の存立時期を定めたると否とを問わず，いつでも退社することができる（＿＿＿条3項）。ここで，社員間の信頼関係の喪失は「やむを得ない事由」に該当するものと解されている。

法定退社のうち，除名による退社とは，除名されるべき社員の意思に反して当該社員の地位を剥奪する場合をいう。除名による退社は，重要な義務の不履行等除名をなすべき一定の事由がある場合に，他の社員の過半数の決議に基づく請求に基づき，裁判所の判決によって行われる（＿＿＿条）。

社員は，退社によって社員の地位を失う。これに伴って，原則として退社当時の会社財産の状況に従って，退社員の持分の計算がなされ，その結果，持分がプラス（積極）であれば，退社員は会社に対して相応する額の支払，すなわち持分の払戻しを請求することができる。これに対して，持分がマイナス（消極）であれば，他社員は，会社にその額を支払わなければならない。また，労務出資または信用出資の場合も，定款に別段の定めがない限り，金銭による持分の払戻しが認められる（＿＿＿条）。退社員は，本店の所在地において退社の登記をなす前に生じた会社の債

務について責任を負わなければならない（＿＿条1項）。この責任は，退社の登記後2年内に請求または請求の予告をしない会社債権者に対しては，登記後2年の除斥期間を経過したときに消滅する（同条2項）。また，会社の商号中に退社員の氏・氏名又は名称を用いているときは，退社員は，その氏・氏名又は名称の使用を止めることを請求できる（＿＿条）。

Quiz 4 A合名会社の社員であるBが任意退社をし，投下資本を会社から回収しようと考えている。その場合の手続について説明しなさい。必要な手続きを経て退社したBは，その後にA社の会社債権者に対して責任を負うことはあるだろうか。

Quiz 5 A合名会社には4人の社員（B・C・D・E）がいる。4人は全員がA社の業務執行社員であり，かつA社を代表する権限を有しているが，Bは他の社員に相談することなく独断的に会社経営を進めることが多く，他の3人は困惑している。すでに会社に生じた損害については諦めるとして，CDEは将来に会社に生じる損害を回避するために，どのような対策を講じることができるであろうか。

2. 合資会社

Quiz 1 次の空欄を埋めなさい。

合資会社の有限責任社員は，その出資の価額を限度として会社の債務を弁済する責任を負っている。ただし，そのうち会社に対して出資の履行をなしている部分については直接の責任を負うものではない（＿＿条＿項）。このための出資は，金銭その他の財産のみに限られ，労務出資および信用出資を出資の目的とすることは認められていない（＿＿条＿項＿号かっこ書）。また，有限責任社員の出資の目的，その価額および履行をなした部分は登記されなければならない（＿＿条＿号）。

合同会社の社員の場合とは異なり（間接有限責任。578条・604条3項＝全額払込主義），合資会社の有限責任社員は出資の払い込みを数次に分けて行うことができるため（分割払込主義），未履行分については会社債権者に直接責任を負うことがある（＿＿条2項）。

平成17年改正前商法156条は，有限責任社員は，会社の業務を執行し，会社を代表することはできないものと定めていた。ところが，会社法には商法156条に対応する規定は設けられておらず，かえって業務を執行する有限責任社員の第三者に対する賠償責任の規定（＿＿条）を置くことによって，有限責任社員に業務執行権限を与えることができることが示されている。また，599条1項の解釈として，有限責任社員に代表権を与えることが認められるようになったと考えられる。

業務執行権限を持たない社員は，無限責任・有限責任の別を問わず会社の業務お

および財産状況に関する調査権を有する（＿＿条）。

　平成17年改正前商法においては，合名会社の社員および合資会社の無限責任社員には，合名会社の社員と同様，競業避止義務が課せられ（商147条・74条），自己もしくは第三者のために会社の営業の部類に属する取引をなしまたは同種の営業を目的とする他の会社の無限責任社員もしくは取締役となるには他の社員の承諾を必要とするが，合資会社の有限責任社員には競業避止義務がない旨が規定されていた（商155条）。改正後の会社法においては，競業避止義務は無限責任社員に課せられるのではなく，業務執行社員に課せられるものとして整理された（＿＿条）。なお，株式会社の場合と同様に，競業避止義務違反における介入権の制度は持分会社についても廃止された。

Quiz 2　A合資会社の社員であるBが，自己の持分をすべてCに譲渡しようとしている。その場合に必要となる手続を説明しなさい。必要な手続きを経て持分をすべて譲渡したBは，その後にA社の会社債権者に対して責任を負うことはあるだろうか。

3. 合同会社

Quiz 1　次の空欄を埋めなさい。

　合資会社の有限責任社員は必ずしも出資額のすべてを一時に払い込むことを必要としない（913条7号参照）のに対して，合同会社の社員は出資を全額履行するまでは社員となることができない（設立時に関して＿＿条，会社成立後の社員の加入に関して＿＿条＿項）。もっとも，株式会社における払込取扱機関や検査役調査の制度は，合同会社にはない。

　合同会社においては，合名会社・合資会社とは異なり，会社債権者にとって引き当てとなるのは会社財産に限られるため，会社債権者を保護するために株式会社に近い法規制が置かれている（625条～626条）。株式会社と異なる主要な点は次のとおり。(1)株式会社と異なり計算書類の公告が義務付けられていない（株式会社の場合，＿＿条）。(2)株式会社であれば，大会社に該当すれば会計監査人の設置が義務づけられるが（＿＿条），合同会社にはそのような義務付けはない。(3)株式会社においては純資産額が300万円を下回る会社は剰余金配当をなしえないのに対して（＿＿条），持分会社にはそのようなルールはない。(4)株式会社では自己株式の取得は分配可能額（461条）の範囲内でのみ可能とされるのに対して，持分会社では剰余金額を超える持分の払戻しやさらに純資産額を超える持分の払戻しが認められている。なお，持分払戻額が単に剰余金額を超える場合には公告と知れている債権者への各別の催告が原則として必要であるが（＿＿条2項），官報による公告に加えて日刊新

聞紙上での公告または電子公告を行えば各別の催告を省略できる（＿＿条＿項本文）のに対して，持分払戻額が純資産額を超える場合には各別の催告は省略できない（同項但書）。(5)429条2項に相当する規定が合同会社には置かれていない。

Quiz 2　持分会社について，次の各肢の正誤について，根拠条文を挙げて説明しなさい。
① 業務執行社員が任務懈怠により持分会社に損害を与えたときには，他の社員は会社に対して責任追及の訴えの提起を請求し，会社が60日以内に当該訴えを提起しないときには当該社員は持分会社を代表して責任追及訴訟を提起することができる。
② 有限責任社員は業務執行を行うことができない。
③ 定款に別段の定めがない持分会社においては，定款変更には社員の3分の2以上の賛成が必要である。
④ 持分会社においては，持分の払戻しは禁止されている。
⑤ 持分会社の成立後に加入した無限責任社員は，その加入前に生じた持分会社の債務についても，これを弁済する責任を負う。

Quiz 3　持分会社について，次の各肢の正誤について，根拠条文を挙げて説明しなさい。
① 合名会社は，社員が1人になることは解散事由ではない。
② 合名会社においては，社員は会社に労務を出資することを定款で定めることが可能である。
③ 合資会社の有限責任社員は，社員となる前に定款に定められた出資の全額を給付しなければならない。
④ 資本金が5億円以上か負債総額が200億円以上の合同会社は，大会社に該当するため，会計監査人の設置を義務付けられる。
⑤ 合同会社では，社員となろうとするものは，検査役の調査を受けずに現物出資を行うことができる。

Quiz 4　持分会社について，次の各肢の正誤について，根拠条文を挙げて説明しなさい。
① 持分会社において，法人である社員は業務執行社員になることができない。
② 合同会社は計算書類の公告義務を課せられていないが，会社債権者は合同会社に対して計算書類の閲覧等を請求することができる。
③ 持分会社では，社員の除名の訴えの制度が存在する。

④ 合名会社・合資会社では，計算書類の作成は義務付けられていない。
⑤ 合名会社の設立に当たっては，社員になろうとする者が定款を作成しなければならないが，定款に公証人の認証を受ける必要はない。

第8章　M&A

第1節　事業譲渡

Quiz 1　事業譲渡等に関して，次の各肢の正誤について，根拠条文を挙げて説明しなさい。

① 事業譲渡を行う場合には，譲渡会社と譲受会社の間で承継させる権利・義務を選別することができるが，合併では承継させる権利・義務を選別することができない。

② 譲渡会社が同社が負っている債務を事業譲渡により譲受会社に移転するとき，第三者対抗要件を譲受会社に得させるためには，確定日付のある証書によって債権者に通知を行うことが必要である。

③ 株式会社Aが株式会社Bに対して，保有する権利・義務を承継させようとするとき，承継させる財産が有機的一体性を持たない場合には「事業の重要な一部の譲渡」に該当しないため，A社はそのような譲渡を行うことができない。

④ 株式会社Aが株式会社Bに対して，事業の一部を譲渡するとき，譲渡対象資産がA社の総資産額の5分の1を超えない場合にはA社の総会決議は不要であるが，5分の1を超えるか否かの判断は時価ではなく帳簿価額を基準として行われる。

⑤ 事業譲渡が譲渡会社・譲受会社の双方で株主総会決議を要する場合でも，債権者保護手続はいずれの会社においても不要である。

Quiz 2　★

P株式会社は，ホテル事業とスポーツ施設の運営事業とを主たる事業目的とする公開会社であり，Q株式会社は，ショッピングセンターの運営事業及びスポーツ施設の運営事業を主たる事業目的とする公開会社である。Q社は，P社の議決権総数の93％に当たるP社株式を保有している。

P社のスポーツ事業部門をQ社に移転させる方法として，P社は事業の重要な一部の譲渡を行おうとしている。このとき，①P社・Q社において，株主総会決議による承認は必要か。②事業の譲渡・譲受けに反対する株主は株式買取請求権を行使することができるか。③P社・Q社において，債権者保護（異議）手続を行うことは必要か。

Writing 1

次の事実1～4を読んで，〔設問〕に解答しなさい。

1　Ｐ株式会社は，ホテル事業及びスポーツ施設の運営事業を主たる事業目的とする公開会社であり，スポーツ事業部門にかかる資産の帳簿価額は，Ｐ社の総資産額の約40％を占めている。Ｑ株式会社は，ショッピングセンターの運営事業及びスポーツ施設の運営事業を主たる事業目的とする公開会社である。Ｑ社は，Ｐ社の議決権総数の40％に当たるＰ社株式を保有している。

2　Ｑ社はかねてよりＰ社のスポーツ事業部門の買収に関心を有している。Ｐ社は業績が思わしくなく，特にスポーツ事業部門が不振であったため，スポーツ事業部門をＱ社に譲渡することとした。Ｑ社はスポーツ施設の運営事業を承継する予定である。

3　その後，Ｐ社代表取締役Ａが複数の専門家に鑑定をさせたところ，収益からみたスポーツ施設の運営事業の事業価値は20億円を下らず，また，スポーツ施設の資産価値も30億円を下らないとの回答を得たが，Ｑ社代表取締役Ｂは，帳簿価額により算定した10億円以下にするよう強く求めた。

4　Ｐ社は，スポーツ施設の運営事業の今後の動向，当該事業再開の可能性，Ｑ社との関係の継続等も考慮した上で，契約内容の再検討を行った。その結果，Ｐ社代表取締役ＡとＱ社代表取締役Ｂとの間で，Ｐ社はその有するスポーツ施設の運営事業部門をＱ社に10億円で譲渡すること，Ｐ社は当該譲渡の後にスポーツ施設の運営事業を行うことは妨げられない旨の内容の契約が締結され，当該契約は履行された（以上をあわせて「本件契約」という）。なお，当該契約の締結については，Ｐ社の取締役会において承認され，さらに，Ｐ社の株主総会において特別決議により承認された。Ｑ社の取締役会においても，当該契約の締結に先立ち，その締結を承認する決議がされた。

〔設問〕Ｐ社の株主であり，本件契約に反対しているＣは，どのような法的手段をとることができるか。

なお，子会社の株式の譲渡が事業譲渡に準じるものとして株主総会の承認を要するものとされている場合（467条1項2号の2）についてのルールを確認するための問題が，第10章5．親子会社における責任追及，に置かれている（225頁 *Quiz 2*）。

第2節 合　併

Quiz 1　A株式会社とB株式会社が，A社を消滅会社，B社を存続会社とする吸収合併を行おうとしている。このとき，次の事項を定めている会社法の条文は何条か，答えなさい。

① 合併契約の必要的記載事項
② 合併の効力発生日に生じる法的効果
③ A社において株主総会決議が必要か否か
④ B社において株主総会決議が必要か否か
⑤ A社において必要な債権者保護手続の内容
⑥ B社において必要な債権者保護手続の内容

Quiz 2　株式会社の合併に関して，次の各肢の正誤について，根拠条文を挙げて説明しなさい。

① 吸収合併は，その登記の日に効力が生じる。
② 吸収合併においては，消滅会社は清算の手続を経て解散する。
③ 合併比率が不公正であることは，判例によると合併無効の訴えの無効原因とはならないと考えられている。
④ 合併無効の訴えの原告適格は，合併の当事会社の株主や取締役には認められているが，会社債権者には認められていない。
⑤ 合併無効の訴えを認容する判決には，遡及効はない。
⑥ 存続会社がその株式を対価として消滅会社の株主に交付する吸収合併においては，合併比率が不公正であることは，合併当事会社の債権者の利益には影響を及ぼさない。

各種の組織再編の各当事会社がとるべき手続は次のとおりである。

A　吸収合併消滅会社・吸収分割会社・株式交換完全子会社	B　吸収合併存続会社・吸収分割承継会社・株式交換完全親会社
①事前開示（782），②株主総会決議による吸収合併契約等の承認（783。略式組織再編や簡易分割の場合は総会決議不要。784），③吸収合併等の差止請求（784の2。簡易分割を除く），④反対株主の株式買取請求（785・786。簡易分割などを除く），⑤新株予約権買取請求（787・788），⑥債権者の異議（789），⑦事後開示（791）。	①事前開示（794），②株主総会決議による吸収合併契約等の承認（795。略式組織再編や簡易組織再編の場合は総会決議不要。796），③吸収合併等の差止請求（796の2。簡易組織再編を除く），④反対株主の株式買取請求（797・798。簡易組織再編を除く），⑤債権者の異議（799），⑥事後開示（801）。

C　新設合併消滅会社・新設分割会社・株式移転完全子会社	D　新設合併設立会社・新設分割設立会社・株式移転設立完全親会社
①事前開示（803），②株主総会決議による新設合併契約等の承認（804。簡易分割の場合は総会決議不要。805），③新設合併等の差止請求（805の2。簡易分割を除く），④反対株主の株式買取請求（806・807。簡易分割などを除く），⑤新株予約権買取請求（808・809），⑥債権者の異議（810），⑦事後開示（811）。	①事後開示（815）。
E　事業を譲渡する会社等	F　事業の全部を譲り受ける会社等
①株主総会決議による事業の全部の譲渡・事業の重要な一部の譲渡・一定の子会社株式等の譲渡・事業の全部の賃貸等に係る契約の承認（467Ⅰ①・②・②の2・④）。略式事業譲渡等や簡易事業譲渡の場合は総会決議不要。468・467Ⅰ②かっこ書)，②反対株主の株式買取請求（469。簡易事業譲渡などを除く。簡易事業譲渡は「事業譲渡等」の定義に含まれないことに留意）。	①株主総会決議による事業の全部の譲受け・事後設立に係る契約の承認（467Ⅰ③・⑤）。略式事業譲受けや簡易事業譲受けの場合は総会決議不要。468），②反対株主の株式買取請求（469。簡易事業譲受けや事後設立を除く。事後設立は「事業譲渡等」の定義に含まれないことに留意）。

Writing 2

次の事実1～6を読んで，〔設問〕に解答しなさい。

1　Ｘ株式会社（以下「Ｘ社」という）は，監査役会設置会社であり，発行済株式総数（普通株式のみ）10万株，株主数5000人の上場企業である（単元株制度は採用していない）。Ｚ株式会社（以下「Ｚ社」という）は，Ｘ社の発行済株式の5％を長年保有している。

2　Ｄ株式会社（以下「Ｄ社」という）がＸ社に対して合併を申し入れてきた。合併の条件は，Ｘ社の普通株式4株にＤ社の普通株式1株を交付するという合併比率によって，Ｄ社を吸収合併存続株式会社とし，Ｘ社を吸収合併消滅株式会社とする吸収合併を行うというものである。Ｘ社の取締役会は，平成Ｘ年10月8日，Ｄ社から申入れのあったとおりの合併条件により，ＸがＤ社に吸収合併されることを受け入れることを決めた。

3　これに対し，Ｚ社は，Ｘ社とＤ社の合併は，両社の企業規模や1株当たり純資産の比較，Ｘ社の培ってきた取引関係や評判等からすれば，その合併比率がＸ社の株主にとって不当に不利益なものとなっており，また，私的独占の禁止及び公正取引の確保に関する法律（以下「独禁法」という）第15条第1項第1号に規定する「当該合併によって一定の取引分野における競争を実質的に制限することとなる場合」に当たり，同法に違反するものであると主張し（独禁法違反の点は，実際に認定され得るものであった），合併に反対している。

4　Ｘ社は，Ｄ社との間で合併契約を平成Ｘ年10月15日に締結し，Ｘ社取締役会は，当該合併契約の承認を目的とする臨時株主総会を同年12月1日に開催することを

決定した。

5　平成X年12月1日、X社の臨時株主総会が開催された。当該臨時株主総会におけるX社株主による議決権行使は、合併契約の承認議案への賛成が40,000個で、反対が21,000個であった。議場においては、X社とZ社が議案の当否及び投票内容の賛否への算入方法をめぐって激しく対立し、混乱したが、定款の定めにより議長とされているX社の代表取締役社長Eは、Z社の提出した議長不信任動議や、投票数の算入方法に対する抗議を無視し、合併契約の承認決議の成立を宣言した。

6　その後、X社は、平成X+1年4月1日を合併の効力発生日とする合併の登記を行うこととしている。

〔設問〕 X社の臨時株主総会の終了後、Z社が合併の実現を阻止するためには、会社法に基づき、どのような手段を採ることができるか。合併の効力が発生する前と後とで分け、解答しなさい。

第3節　株式交換・株式移転

Quiz

A株式会社とB株式会社が、共同で株式移転を行い、新設完全親会社としてC株式会社を設立しようとしている。このとき、次の事項を定めている会社法の条文は何条か、答えなさい。また、C社の設立について、会社法25条から103条の規定のうち適用されるものはどれか、答えなさい（814条を参照）。

① 株式移転計画の必要的記載事項
② 株式移転が効力を生じる日およびそこから生じる法的効果
③ A社において株主総会決議が必要か否か
④ B社において株主総会決議が必要か否か
⑤ A社において債権者保護手続が必要か否か
⑥ B社において債権者保護手続が必要か否か

Writing 3

次の事実1～7を読んで、〔設問〕に解答しなさい。

1　甲株式会社は、工作機械の部品の製造及び販売を業とする株式会社であるが、注文が殺到したために急成長し、平成X年には、ジャスダック証券取引所への上場を果たした。同社の株式は、乙社が30％を、A及びBが各10％を、Dが5％を保有していた。甲社の取締役には、A、B及びDが就任し、Aが代表取締役に選定されていた。

2　乙社は、公開会社でない株式会社であり、その株主は、AとBの2人だけで

ある。同社の取締役には，A及びBのほか，Aの妻であるCが就任し，代表取締役には，A及びBが選定されていた。

3　平成X＋4年1月，Bが乙社を代表して丙銀行との間で30億円の融資契約（金銭消費貸借契約）を締結し，丙銀行の乙社の口座に30億円が入金された。

4　その後，甲社はハイリスク・ハイリターン型の投資に失敗した結果，巨額の損失を出すこととなり，このままでは甲社の期末の決算では，資本の欠損が生ずることは明らかとなった。そこで，AはBと結託し，不適切な会計処理を行った。ところが，平成X＋4年3月になり，甲社の経理部の従業員がこのことを証券取引所に通報したことから，同社の株式は監理ポスト（監理銘柄）に指定されることになった。

このため，市場では，上場廃止になるだろうとの観測が広がり，甲社の株価は，1株6000円程度で安定していた不祥事発覚前の株価と比べて大きく下落し，1株1000円程度で下げ止まった。

5　その後，A及びBは，甲社の上場廃止は避けられないと判断し，同社の一般株主の不満を解消するため，乙社との間で金銭を対価とする株式交換を行うことを計画した。Aは，株式交換に際して甲社の株主に対して交付すべき対価の額について証券会社に助言を求めたところ，株式交換の決議を行う株主総会の基準日の時価によるべき旨の回答を得るところとなった。しかし，Aは，これでは一般株主からの責任追及は免れ難いと判断し，知り合いのM＆Aアドバイザーに頼んで，不祥事発覚前の株価である6000円程度を基準にして対価を交付することが適切である旨の意見書を書いてもらい，これを盾にして証券会社を説得し，株式交換を実施することとした。

6　乙社は，株式交換の手続として必要な法定の事項を官報に掲載する方法により公告したものの，知れている債権者に対する各別の催告はしなかった。そこで，丙銀行は，乙社に対し，甲社との間の株式交換は株主に対して交付する対価の算定に問題があり，乙社の現金を不当に流出させて債務の弁済に支障を来すものであると主張し，異議を述べた。しかし，乙社は，丙銀行に対し，何ら，弁済，相当の担保の提供又は財産の信託をすることはなかった。

7　平成X＋5年1月17日，甲社及び乙社の双方において，臨時株主総会が実施され，株式交換契約の承認決議が成立し，その後，株式交換の効力発生日が経過した。

〔設問〕丙銀行は，甲社と乙社の間の株式交換の効力を争うことができるか。

第4節　会社分割

Quiz 1

　Ｐ株式会社は，ホテル事業とスポーツ施設の運営事業とを主たる事業目的とする公開会社であり，Ｑ株式会社は，ショッピングセンターの運営事業及びスポーツ施設の運営事業を主たる事業目的とする公開会社である。Ｑ社は，Ｐ社の議決権総数の40％に当たるＰ社株式を保有している。

　Ｐ社のスポーツ事業部門をＱ社に移転させる方法として，会社分割による場合，①Ｐ社・Ｑ社において，株主総会決議の要否は会社法のどの条文によって定まるか。②Ｐ社・Ｑ社において，反対株主は株式買取請求権を行使することができるか。③Ｐ社・Ｑ社において，債権者に対する各別の催告が必要となるのは，どのような債権者であるか。

Quiz 2 ★

　Ａ株式会社（以下「Ａ社」）は，吸収分割により，その事業に関して有する権利義務の一部をＢ株式会社（以下「Ｂ社」）に承継させることとした。本件吸収分割によりＢ社に承継させる資産の帳簿価額の合計額は，Ａ社の総資産額の15％に相当する。Ａ社は，Ｂ社の総株主の議決権の95％を有している。Ａ社もＢ社も会社法上の公開会社であり，組織再編手続に関する各種要件について定款で特段の定めは設けていない。

　①　Ａ社において，本件吸収分割契約を承認するための株主総会の決議が必要か。
　②　Ｂ社において，本件吸収分割契約を承認するための株主総会の決議が必要か。
　③　分割対価に不満があるＡ社の株主Ｘ1は，吸収分割の差止めを請求できるか。また，反対株主の株式買取請求についてはどうか。さらに，吸収分割無効の訴えはどうか。
　④　分割対価に不満があるＢ社の株主Ｘ2は，吸収分割の差止めを請求できるか。また，反対株主の株式買取請求についてはどうか。さらに，吸収分割無効の訴えはどうか。

Quiz 3 ★

　Ｘは，Ａ株式会社（以下「Ａ社」）の債権者である。Ａ社は，Ｘへの弁済を回避すべく，新設分割により，Ｘの債務はＡ社に残存させたまま，Ａ社の優良資産をＢ株式会社（以下「Ｂ社」）に承継させた。Ａ社には，分割対価であるＢ社株式のほか，価値ある資産は残されていなかったが，Ｂ社株式は，その後直ちに，Ａ社取締役の

関係者に譲渡された（本件新設分割はいわゆる人的分割ではない）。
① Xは，債権者異議手続において，A社に異議を述べることができるか。
② Xは，新設分割無効の訴えの原告適格を有するか。
③ Xを保護する手段として，取締役の責任追及のほかに，どのようなものが存在するか。

Quiz 4 ★
　A株式会社（以下「A社」）は，吸収分割により，その事業に関して有する権利義務の一部をB株式会社（以下「B社」）に承継させることとした。本件吸収分割は，いわゆる人的分割であり，分割対価であるB社株式は，剰余金配当の形でA社株主に交付されることになっている。Xは，A社の不法行為債権者であり，本件吸収分割契約によるとB社に承継されない債務の債権者である。
① Xは，債権者異議手続において，A社に異議を述べることができるか。
② Xは，A社に知れている債権者であったとする。A社が，官報公告に加え，定款の定めに従い新聞公告または電子公告を行った場合，A社は，Xに対する各別の催告を省略できるか。
③ Xは，A社に知れていない債権者であったとする。A社が，Xに各別の催告を行わなかった場合，Xは，B社に対して，その債務の履行を請求することができるか。

Quiz 5　株式会社の組織再編行為に関して，次の各肢の正誤について，説明しなさい。
① 吸収分割を行う場合には，分割会社・承継会社は知れている債権者全員について債権者保護手続をしなければならない。
② 新設分割により，分割会社の事業の一部を移転させて株式会社を設立する場合には，現物出資としての定款の記載や検査役調査は不要である。
③ 合併の当事会社の債権者が合併について異議を述べたときには，会社は当該債権者に対して，必ず弁済や担保の提供などの措置を取らなければならない。
④ 略式合併においては被支配会社の株主総会決議は不要であるため，被支配会社の株主は「反対株主」に該当しえず，株式買取請求権を行使できない。
⑤ 会社分割による権利義務の承継は，会社法の規定により効力が生じるが，個別の財産について別途対抗要件を備えることが必要な場合がある。

Quiz 6　株式会社の組織再編行為に関して，次の各肢の正誤について，説明しなさい。

① 組織再編行為に反対する株主が株式買取請求権を行使するとき，買取価格の算定において組織再編行為から生じるシナジーが考慮される場合がある。
② 現在，単一の法人で事業を行っている会社が，子会社の株式を100％保有する持株会社（子会社の管理支配を目的とする）と事業を行う100％子会社とからなる持株会社体制に移行するためには，株式移転を用いることも新設分割を用いることもできる。
③ 株式交換においても，当事会社が債権者保護手続をしなければならない場合がある。
④ 吸収合併消滅会社において合併承認のために総会決議が必要な場合には，その決議は常に特別決議である。

Writing 4

次の事実1～5を読んで，【設問】に解答しなさい。

1 乙株式会社は平成X年7月1日に設立の登記がなされている。乙社の商号は「ミナモト化学株式会社」である。

2 丙銀行は，平成X＋2年4月に乙社に対して運転資金を貸し付けた。丁は，乙社の工場の隣接地で観賞魚の養殖業を営んでいる。

3 乙社の当該工場は，平成X＋3年8月から同年10月にかけて毒性のある化学物質を排出し，それにより丁が養殖していた魚が病気にかかり，その一部は死滅した。もっとも，丁がこの損害の原因が乙社の工場排水にあることを知ったのは平成X＋4年2月のことであった。また，乙社が自社の工場排水が近隣住民に被害を与えていたことを認識したのも，平成X＋4年2月のことであった。

4 乙社は平成X＋4年1月に新設分割を行い，それにより戊株式会社を設立した（以下，「本件新設分割」という）。新設分割計画によると，乙社の銀行からの借入金にかかる債務や同社が取引先に対して負っている債務は乙社に残すこと，その他の乙社の権利義務はすべて戊社に承継させること，その対価として戊社の株式が乙社に交付されることが定められている。

5 乙社の定款には，公告の方法として電子公告によることが定められている。乙社は，本件新設分割に当たり，官報および電子公告の方法により新設分割に関する公告を行ったが，丙銀行や丁に対して各別の催告を行うことはしなかった。

乙社では本件新設分割を承認する株主総会決議が平成X＋4年1月5日になされた。戊社の設立の登記は平成X＋4年1月15日になされた。なお，戊社の商号は「株式会社みなと化薬工業」である。

【設問】丙銀行及び丁は，乙社や戊社に対してどのような法的手段をとることができるか。なお，現在は平成X＋4年2月15日であるとして解答しなさい。（ヒント：

解き終わって自信がないときには，第9章3で紹介されている裁判例でどのような法律構成が用いられているかを参照しなさい）

第5節　公開買付け（TOB）

1.　概　　説

　A社がT社を買収する手段として，T社の株主から株式を譲り受けてT社の大株主となる方法がある。株式取得によるM＆Aが成功すると，T社はA社を支配下に置くことができ，A社がT社を子会社とする株式交換を行うのと結果は類似するが，いくつかの違いがある。

　第1に，合併・株式交換・吸収分割等（以下，これらを併せ「合併等」という）による買収では，当事会社であるA社・T社の株主総会による承認が原則として必要であるが（簡易組織再編・略式組織再編の場合には不要），株式取得による買収では総会の承認は不要であり，買収の成否は個々の株主の判断（株式をA社に売却すべきか否か）にゆだねられる。第2に，合併等を行うには当事会社の経営者・取締役がM＆Aに賛成していることが必要であるが，株式取得による買収ではT社の経営者・取締役の承認は必ずしも不可欠ではない。すなわち，T社の経営陣がA社による買収に同意していないとき，そのような企業買収，すなわち敵対的買収に用いることができる。第3に，合併等は主に会社法によって規律されるのに対して，株式取得による買収は主に金融商品取引法によって規律される。

　なお，合併では買収の対価は買収会社の発行する新株であり，株式取得による買収では現金を対価とすることが一般的であるが，この違いは絶対的なものではない。平成17年会社法により合併等においても現金を対価とできるようになった。他方，株式取得による買収においても法律上は現金以外の対価を用いることが可能である。もっとも，後者は実務上は困難である（その理由のひとつとして，買収の際に買い取る株式の時価にプレミアムを上乗せするのが一般的であるが，T社株の時価が1000円であるときに1200円分のA社株を提供すると，A社において新株の有利発行の問題を生じる〔A社において総会の特別決議を要するのでは迅速なM＆Aが困難になる〕という点が指摘される。その他，税法上の理由も大きい）。

　株式取得による買収には次の3つの手法がある。①最も一般的な手法である公開買付けは，買収者が買付けの条件を公表して，対象会社のすべての株主に対して株式の売却を勧誘するものである。そのほかの方法としては，②一部の大株主からのみ株式を取得するやり方（相対（あいたい）取引）や，③株式市場で株式を買い集めるやり方（市場取引）もある。なお，公開買付けは会社による自己株式取得にも

用いられるが，ここではもっぱら企業の支配権取得のために発行会社以外の者〔経営者から見て友好的な場合と敵対的な場合の両方を含む〕が公開買付けを利用する場合を念頭に置く。

株式取得による買収は，主として金融商品取引法によって規律される。金融商品取引法によるルールは，公開買付けの方法等に関する規制と，公開買付けの利用の義務付けに関する規制とがある。前者は，公開買付けにおいて必要となる情報開示や買付条件の規制を定めるものであり，後者は一定の状況においては公開買付けの利用を義務付け，②の相対取引を禁じるものである。

2．公開買付けの規制

公開買付けの定義は金融商品取引法27条の2第6項にある。株券等について有価証券報告書（「有報」。金商24条）を提出する義務のある会社（上場会社よりも少し範囲が広い）の株券については，市場取引でなければ，公開買付けを行うことが原則として義務付けられる。主な例外として，買付者の買付け後の株券等所有割合が5％以下である場合（少数の株券等の買付け。金商27条の2第1項1号参照），著しく少数の者からする買付けで，買付け後の株券等所有割合が3分の1以下の場合（少数者からの買付け。金商27条の2第1項2号参照）などは，公開買付けを行わずに相対で有報提出会社の株式を取得することができる。

公開買付けを行う者は，公開買付開始公告を行って（金商27条の3第1項），公開買付届出書を内閣総理大臣に提出する義務を負う（同条2項）。公告を行った上で届出書を提出すれば，その翌日から買付け行為を開始できる（同条3項）。

公開買付けの期間は20営業日以上60営業日以下でなければならないが（金商27条の2第2項・金商令8条1項），他の者が対抗する買付けをかけたときには買付期間を延長することが認められる。また，公開買付けを行う場合には買付価格は均一の条件でなければならない（金商27条の2第3項）。公開買付者は公開買付説明書を作成し，これを売付けを行おうとする者（現在の株主）に交付しなければならない（金商27条の9第1項・2項）。

公開買付けの撤回（金商27条の11）や公開買付条件を買付けの開始後に変更することについて法は制限を置いている（金商27条の6）。もっとも買付けの条件として買付株式数に下限・上限を付すことは許され（金商27条の13第4項），仮に下限を下回る応募しかなかったときには買付者は一切の買付けに応じないことができ，上限を上回る応募があったときには買付者は上限数を超える買付けを行わないことができる。なお，後者の場合には，買付けは按分比例によって決済しなければならない（同条5項）。たとえば，上限株式数が100株，応募株式数が200株である場合には，10株を申し込んだ者からは5株の買付けを行い，40株を申し込んだ者からは

20株の買付けを行わなければならない。公開買付けを行う者は，公開買付期間中に公開買付けの外側で対象となる株券等の買付を行うこと（たとえば市場での買付け）は原則として禁じられる（金商27条の5）。

公開買付けに応募した株主は，買付期間中であればいつでも解除（応募をやめること）ができる（金商27条の12）。したがって，同じ株券等について別の者がより有利な条件で公開買付けを行う場合（対抗する買付け），応募済みの株主も元の応募を解除して新たな買付けに応募することができる。

公開買付け規制と関連する制度として，大量保有報告書（いわゆる5％ルール）の制度がある（金商27条の23以下）。

第6節　敵対的買収と防衛策

1. 概　説

敵対的買収とは，買収の対象となっている会社の経営者が同意していない企業買収を言う。これに対して，対象会社の経営者が同意している企業買収は友好的買収と呼ばれる。買収者の経営能力が対象会社経営者のそれよりも高い場合には，敵対的買収により対象会社の経営が改善される可能性がある。また，敵対的買収の可能性が存在することにより，上場会社の経営者は日ごろから株価を高めて敵対的買収のリスクを減少させるという規律効果が働く。「企業価値を高める敵対的買収は妨げられるべきではない」といわれるのはそのためである。

なお，企業価値を高める買収を友好的買収，損ねる買収を敵対的買収と呼ぶ場合があるが，このような用語法は法律学・経済学の世界では一般的ではない。ある企業買収が企業価値を損ねるか否かの判断は微妙であることが多いので，企業価値によって敵対的買収と友好的買収を区別する用語法は議論を混乱させることが多いだろう。本書では，学界で一般的な用語法を用いる。

先に敵対的買収の利点を述べた。しかし，現実には敵対的買収が濫用されることが少なくないという意見がある。敵対的買収を困難にするような手段を対象会社経営陣が講じるとき，そのような手段を「（買収）防衛策」と呼ぶことが多い（「対抗措置」と呼ばれることもある）。

広義の買収防衛策には，日ごろから株価を高めるように経営を工夫することや，定款変更により取締役の解任要件を厳格にすること（309条1項，同条2項7号かっこ書参照），有事の際に新株の第三者割当を行えるように発行可能株式数を増加させる定款変更を行うことなども含まれる。

2. 新株予約権を用いた買収防衛策の設計

　ここでは，アメリカで用いられているポイズン・ピル（毒薬）あるいはライツ・プラン（ライツ＝株式・新株予約権，を使った仕組み）と呼ばれる防衛策に近いものを，日本法上設計する場合を考える。

　上場会社であるＡ社において現在の１株の株価が1000円，発行済株式数が100万株であるとする。防衛策として，次のような内容の新株予約権を，全株主に１株に対して１個（278条２項参照），無償で割り当てる（277条）。なお，新株予約権は発行後，株式の売買に随伴して移転するものとする＊。「(1)特定の株主＊＊が当社の株式を20％以上保有することになったとき，新株予約権は行使可能となる。(2)新株予約権の保有者は予約権１個につき50円を払い込んで新株予約権を行使することができ，それにより新株１株を取得する（236条１項１号・２号）。ただし，(1)にいう20％以上を保有する特定の株主は権利行使を行えない。(3)当社は取締役会の決議により１個につき１円を対価として新株予約権を取得することができる（取得条項。236条１項７号）」。

　＊，＊＊に関する実務上の細則については，「2」の末尾に注を置くので，関心のある読者はあわせて読んでほしい。

Quiz

　①Ａ社の新株予約権発行前の時価総額はいくらか。②新株予約権発行後しばらくして，敵対的買収者であるＢが登場した。Ｂが20％取得した時点で，他の一般の株主80％の株主がすべて権利を行使して新株を取得することになると，生じる新株の数はいくらか。Ａ社に払い込まれる金銭はいくらになるか。③新株予約権行使後の時価総額の理論値と発行済株式総数はいくらになるか。株価はいくらになると予想されるか。

　上記の例では，
一般の株主：元の1000円の株式＋50円の出費 → 578円の株式×２株（1156円）
20％取得株主：元の1000円×20万株＝２億円 → 578円の株式×20万株＝１億1560万円
となり，敵対的買収者に巨額の損失が発生すると見込まれるため，敵対的買収者はＡ社の株式の買い集めをいわば19.9％のところで中止して，Ａ社取締役会に対して新株予約権を消す（取得条項に基づき，取締役会決議を行い新株予約権を取得する）ように交渉することを余儀なくされる。

新株予約権の権利内容のうち(2)但書の部分は株主平等原則（109条1項）に反するのではないかという疑いがある。この問題につき，*Case*（188頁）を参照。

一般の株主は，このような新株予約権が与えられ，敵対的買収者が登場すると，権利を行使しないと敵対的買収者と同様に持株につき稀釈化による損害を蒙ることになる。しかし，どんなに会社が広報活動を行っても，ぼんやりとして権利行使を失念する一般株主が生じることは防止できないし，そのような株主の数があまりに多いと，敵対的買収者に対する稀釈化効果も十分には生じないことにもなりかねない。そこで，上記の定めに加えて，「(4)新株予約権が行使可能となってから10日間経過しても行使されていない新株予約権は，次の算式によって算定される数の新株と引き換えに会社が取得するものとする（236条1項7号参照）。（算式略）」などと定めることで，権利行使を失念した株主の利益の保護を図りながら，防衛効果を確保することが考えられる。

> ＊　日本法には「新株予約権付株式」の制度はないため，発行後の新株予約権を株式の売買に随伴して移転させることは困難である。本節3で見たように新株予約権に譲渡制限を付し（236条1項6号），新株予約権発行後に株式を取得した者全般（敵対的買収者に限られない）に稀釈化効果を与える旨の仕組みを定めれば，不公正発行であり違法であると判断される可能性がきわめて高い。
> 　そこで，信託という技術を使って実質的に随伴性を確保するやり方（信託型ライツプラン）や，平時には有事の際の対抗措置の内容を予告するにとどめ新株予約権の発行等は行わず，具体的に敵対的買収者が現れた後に必要があれば差別的行使条件の付いた新株予約権を無償割当て（会277条）するというやり方（事前警告型防衛策）が工夫されており，現在一般的な仕組みは後者である。
>
> ＊＊　実務上は，(1)の条項は，次のような詳細な定めを置くことになろう。「特定の株主（共同して行動する株主のグループが存在する場合，そのグループ全体も「特定の株主」に該当する）が当社の株式を20％以上保有することになったこと，または特定の株主が当社の株式の20％以上を取得することを目的として当社の株式の買い付けの公表を行ったことのいずれかの事実が確認されたとき，取締役会はその旨を公告によって公表する。新株予約権は，この公告がなされることにより行使可能となる。」

3．防衛策の発動の是非

本書執筆時点で，わが国で最もポピュラーな買収防衛策は，平時には有事の際の対抗措置の内容を予告するにとどめ新株予約権の発行等は行わず，具体的に敵対的買収者が現れた後に必要があれば差別的行使条件の付いた新株予約権を無償割当て（会277条）するというものである（事前警告型防衛策）。しかし，次の*Case*では，事

前警告なしに有事に新株予約権の無償割当てが行われ、しかもそれが株主総会の決議によって決定されるという特殊な経過を経た。

　敵対的買収者が買収防衛策の発動を差し止めようとするとき、会社法247条に基づき差止めの仮処分を申請することが一般的である。しかし、条文の配列上は、新株予約権の無償割当ては同条による差止めの対象とならないのではないかという疑問が生じる。*Case* の原々審（東京地決平成19・6・28金判1270-12）は、新株予約権の無償割当てには会社法247条の直接適用はないが、類推適用がありうるとの判断を示した（結論としては、不公正ではないとして差止めを否定した）。同決定を受けた抗告審決定である東京高決平成19・7・9金判1271-17は、この地裁の決定を引用してこの判示を是認している。そして、特別抗告審の決定である *Case* ではこの点は当事者間で争われず、最高裁判所の明示の判断も示されていないが、新株予約権の無償割当てが不公正である場合には247条の類推適用により差し止められることは前提となっているものと解されている。

Case　最決平成19・8・7民集61-5-2215

　　　主　文
　本件抗告を棄却する。
　抗告費用はXの負担とする。
　　　理　由
　抗告代理人赤上博人ほかの抗告理由について
　1　本件は、Y社の株主であるXが、Y社に対し、Y社のする株主に対する新株予約権の無償割当ては、株主平等の原則に反し、著しく不公正な方法によるものであるから、会社法（以下「法」という。）247条1号及び2号に該当すると主張して、これを仮に差し止めることを求める事案である。
　2　記録によれば、本件の経緯は次のとおりである。
　　(1)　Y社は、ソースその他調味料の製造及び販売等を主たる事業とする株式会社であり、その発行する株式を株式会社東京証券取引所市場第二部に上場している。平成19年6月8日（以下、月日のみ記載するときは、すべて平成19年である。）時点におけるY社の発行可能株式総数は7813万1000株、発行済株式総数は1901万8565株である。
　　(2)　Xは、日本企業への投資を目的とする投資ファンドであり、5月18日時点において、関連法人と併せ、Y社の発行済株式総数の約10.25％を保有している。また、A（以下「A」という。）は、アメリカ合衆国デラウェア州法に基づき、Xのために株式等の買付けを行うことを目的として設立された有限責任会社であり、Xがそのすべての持分を有している。

(3)　Aは，5月18日，Y社の発行済株式のすべてを取得することを目的として，Y社の株式の公開買付け（以下「本件公開買付け」という。）を行う旨の公告をし，公開買付開始届出書を関東財務局長に提出した。当初，本件公開買付けの買付期間は同日から6月28日まで，買付価格は1株1584円とされていたが，6月15日，買付期間は8月10日までに変更され，買付価格も1株1700円に引き上げられた。なお，上記の当初の買付価格は，Y社株式の本件公開買付け開始前の複数の期間における各平均市場価格にXにおいて適切と考える約12.82％から約18.56％までのプレミアムを加算したものとなっている。

　(4)　Y社は，5月25日，Aに対する質問事項を記載した意見表明報告書を関東財務局長に提出し，これを受けて，Aは，6月1日，対質問回答報告書（以下「本件回答報告書」という。）を同財務局長に提出した。

　(5)　本件回答報告書には，〔1〕Xは日本において会社を経営したことはなく，現在その予定もないこと，〔2〕Xが現在のところY社を自ら経営するつもりはないこと，〔3〕Y社の企業価値を向上させることができる提案等を，どのようにして経営陣に提供できるかということについて想定しているものはないこと，〔4〕XはY社の支配権を取得した場合における事業計画や経営計画を現在のところ有していないこと，〔5〕Y社の日常的な業務を自ら運営する意図を有していないため，Y社の行う製造販売事業に係る質問について回答する必要はないことなどが記載され，投下資本の回収方針については具体的な記載がなかった。

　このため，Y社取締役会は，6月7日，本件公開買付けは，Y社の企業価値をき損し，Y社の利益ひいては株主の共同の利益を害するものと判断し，本件公開買付けに反対することを決議した。また，Y社取締役会は，同日，本件公開買付けに対する対応策として，〔1〕一定の新株予約権無償割当てに関する事項を株主総会の特別決議事項とすること等を内容とする定款変更議案（以下「本件定款変更議案」という。）及び〔2〕これが可決されることを条件として，新株予約権無償割当てを行うことを内容とする議案（以下「本件議案」という。）を，6月24日に開催予定の定時株主総会（以下「本件総会」という。）に付議することを決定した。本件定款変更議案のうち，新株予約権無償割当てに関する部分の概要は，「Y社は，その企業価値及び株主の共同の利益の確保・向上のためにされる，新株予約権者のうち一定の者はその行使又は取得に当たり他の新株予約権者とは異なる取扱いを受ける旨の条件を付した新株予約権無償割当てに関する事項については，取締役会の決議によるほか，株主総会の決議又は株主総会の決議による委任に基づく取締役会の決議により決定する。この株主総会の決議は特別決議をもって行う。」というものである。

　(6)　本件総会において，Xは，本件公開買付けに対する対応策の内容，その実

施に要する費用の総額，当該対応策が実施された場合における課税上の負担の有無，本件公開買付けが撤回された後に新たな株式の公開買付けが行われる場合のY社の対応等について質問するにとどまった。そして，本件定款変更議案及び本件議案は，いずれも出席した株主の議決権の約88.7％，議決権総数の約83.4％の賛成により可決された。なお，本件総会において可決された新株予約権の無償割当て（以下，当該新株予約権を「本件新株予約権」といい，その無償割当てを「本件新株予約権無償割当て」という。）の概要は，次のとおりである。

　　ア　新株予約権無償割当ての方法により，基準日である7月10日の最終の株主名簿及び実質株主名簿に記載又は記録された株主に対し，その有するY社株式1株につき3個の割合で本件新株予約権を割り当てる。
　　イ　本件新株予約権無償割当てが効力を生ずる日は，7月11日とする。
　　ウ　本件新株予約権1個の行使によりY社が交付する普通株式の数（割当株式数）は，1株とする。
　　エ　本件新株予約権の行使によりY社が普通株式を交付する場合における払込金額は，株式1株当たり1円とする。
　　オ　本件新株予約権の行使可能期間は，9月1日から同月30日までとする。
　　カ　X及びAを含むXの関係者（以下，併せて「X関係者」という。）は，非適格者として本件新株予約権を行使することができない（以下「本件行使条件」という。）。
　　キ　Y社は，その取締役会が定める日（行使可能期間の初日より前の日）をもって，X関係者の有するものを除く本件新株予約権を取得し，その対価として，本件新株予約権1個につき当該取得日時点における割当株式数の普通株式を交付することができる。Y社は，その取締役会が定める日（行使可能期間の初日より前の日）をもって，X関係者の有する本件新株予約権を取得し，その対価として，本件新株予約権1個につき396円を交付することができる（以下，これらの条項を「本件取得条項」という。）。なお，上記金額は，本件公開買付けにおける当初の買付価格の4分の1に相当するものである。
　　ク　譲渡による本件新株予約権の取得については，Y社取締役会の承認を要する。

　　(7)　Y社取締役会は，6月24日，本件議案の可決を受けて，本件新株予約権無償割当ての要項を決議するとともに，税務当局に対する確認の結果，株主に対する課税上の問題から，非適格者であるX関係者から本件取得条項に基づき本件新株予約権の取得を行うことができないと判断される場合であっても，X関係者の有する本件新株予約権の全部を，Y社としてX関係者に何らの負担・義務を課すことなく1個につき396円の支払と引換えに譲り受ける旨決議した（以下，この決議を「本

件支払決議」という。）。

3　(1)　Xは，本件総会に先立つ6月13日，本件新株予約権無償割当てには，法247条の規定が適用又は類推適用されるところ，これは株主平等の原則に反して法令及び定款（以下「法令等」という。）に違反し，かつ，著しく不公正な方法によるものであるなどと主張して，原々審に対し，本件新株予約権無償割当ての差止めを求める仮処分命令の申立て（以下「本件仮処分命令の申立て」という。）をした。

(2)　原々審は，6月28日，株主に対して新株予約権の無償割当てをする場合においても，当該無償割当てが株主の地位に実質的変動を及ぼすときには，法247条の規定が類推適用され，株主平等の原則の趣旨が及ぶとした上で，本件新株予約権無償割当ては，株主平等の原則の趣旨に反して法令等に違反するものではなく，著しく不公正な方法によるものともいえないとして，本件仮処分命令の申立てを却下する旨の決定をした。

(3)　Xは，原審に抗告したが，原審は，7月9日，本件新株予約権無償割当てがY社の企業価値のき損を防止するために必要かつ相当で合理的なものであり，また，X関係者がいわゆる濫用的買収者であることを考慮すると，これは株主平等の原則に反して法令等に違反するものではなく，著しく不公正な方法によるものともいえないとして，抗告を棄却した。

4　本件抗告の理由は，原決定が，本件新株予約権無償割当ては株主平等の原則に反して法令等に違反するものではないとし，著しく不公正な方法によるものともいえないとしたことを論難するものである。

(1)　株主平等の原則に反するとの主張について

ア　法109条1項は，株式会社（以下「会社」という。）は株主をその有する株式の内容及び数に応じて平等に取り扱わなければならないとして，株主平等の原則を定めている。

新株予約権無償割当てが新株予約権者の差別的な取扱いを内容とするものであっても，これは株式の内容等に直接関係するものではないから，直ちに株主平等の原則に反するということはできない。しかし，株主は，株主としての資格に基づいて新株予約権の割当てを受けるところ，法278条2項は，株主に割り当てる新株予約権の内容及び数又はその算定方法についての定めは，株主の有する株式の数に応じて新株予約権を割り当てることを内容とするものでなければならないと規定するなど，株主に割り当てる新株予約権の内容が同一であることを前提としているものと解されるのであって，法109条1項に定める株主平等の原則の趣旨は，新株予約権無償割当ての場合についても及ぶというべきである。

そして，本件新株予約権無償割当ては，割り当てられる新株予約権の内容につき，X関係者とそれ以外の株主との間で前記のような差別的な行使条件及び取得条項が

定められているため，Ｘ関係者以外の株主が新株予約権を全部行使した場合，又は，Ｙ社が本件取得条項に基づきＸ関係者以外の株主の新株予約権を全部取得し，その対価として株式が交付された場合には，Ｘ関係者は，その持株比率が大幅に低下するという不利益を受けることとなる。

　　イ　株主平等の原則は，個々の株主の利益を保護するため，会社に対し，株主をその有する株式の内容及び数に応じて平等に取り扱うことを義務付けるものであるが，個々の株主の利益は，一般的には，会社の存立，発展なしには考えられないものであるから，特定の株主による経営支配権の取得に伴い，会社の存立，発展が阻害されるおそれが生ずるなど，会社の企業価値がき損され，会社の利益ひいては株主の共同の利益が害されることになるような場合には，その防止のために当該株主を差別的に取り扱ったとしても，当該取扱いが衡平の理念に反し，相当性を欠くものでない限り，これを直ちに同原則の趣旨に反するものということはできない。そして，特定の株主による経営支配権の取得に伴い，会社の企業価値がき損され，会社の利益ひいては株主の共同の利益が害されることになるか否かについては，最終的には，会社の利益の帰属主体である株主自身により判断されるべきものであるところ，株主総会の手続が適正を欠くものであったとか，判断の前提とされた事実が実際には存在しなかったり，虚偽であったなど，判断の正当性を失わせるような重大な瑕疵が存在しない限り，当該判断が尊重されるべきである。

　　ウ　本件総会において，本件議案は，議決権総数の約83.4％の賛成を得て可決されたのであるから，Ｘ関係者以外のほとんどの既存株主が，Ｘによる経営支配権の取得がＹ社の企業価値をき損し，Ｙ社の利益ひいては株主の共同の利益を害することになると判断したものということができる。そして，本件総会の手続に適正を欠く点があったとはいえず，また，上記判断は，Ｘ関係者において，発行済株式のすべてを取得することを目的としているにもかかわらず，Ｙ社の経営を行う予定はないとして経営支配権取得後の経営方針を明示せず，投下資本の回収方針についても明らかにしなかったことなどによるものであることがうかがわれるのであるから，当該判断に，その正当性を失わせるような重大な瑕疵は認められない。

　　エ　そこで，Ｘによる経営支配権の取得がＹ社の企業価値をき損し，Ｙ社の利益ひいては株主の共同の利益を害することになるという本件総会における株主の判断を前提にして，本件新株予約権無償割当てが衡平の理念に反し，相当性を欠くものであるか否かを検討する。

　　Ｘ関係者は，本件新株予約権に本件行使条件及び本件取得条項が付されていることにより，当該予約権を行使することも，取得の対価として株式の交付を受けることもできず，その持株比率が大幅に低下することにはなる。しかし，本件新株予約権無償割当ては，Ｘ関係者も意見を述べる機会のあった本件総会における議論を経

て，X関係者以外のほとんどの既存株主が，Xによる経営支配権の取得に伴うY社の企業価値のき損を防ぐために必要な措置として是認したものである。さらに，X関係者は，本件取得条項に基づきX関係者の有する本件新株予約権の取得が実行されることにより，その対価として金員の交付を受けることができ，また，これが実行されない場合においても，Y社取締役会の本件支払決議によれば，X関係者は，その有する本件新株予約権の譲渡をY社に申し入れることにより，対価として金員の支払を受けられることになるところ，上記対価は，X関係者が自ら決定した本件公開買付けの買付価格に基づき算定されたもので，本件新株予約権の価値に見合うものということができる。これらの事実にかんがみると，X関係者が受ける上記の影響を考慮しても，本件新株予約権無償割当てが，衡平の理念に反し，相当性を欠くものとは認められない。なお，Y社が本件取得条項に基づきX関係者の有する本件新株予約権を取得する場合に，Y社はX関係者に対して多額の金員を交付することになり，それ自体，Y社の企業価値をき損し，株主の共同の利益を害するおそれのあるものということもできないわけではないが，上記のとおり，X関係者以外のほとんどの既存株主は，Xによる経営支配権の取得に伴うY社の企業価値のき損を防ぐためには，上記金員の交付もやむを得ないと判断したものといえ，この判断も尊重されるべきである。

　　オ　したがって，X関係者が原審のいう濫用的買収者に当たるといえるか否かにかかわらず，これまで説示した理由により，本件新株予約権無償割当ては，株主平等の原則の趣旨に反するものではなく，法令等に違反しないというべきである。
（以下略）

> **Memo**
>
> 本事件の後日談は次のとおりである。
>
> 　本事件が係争中であった平成19年7月24日，Y社は，7月10日にXを含むすべての株主に対して無償割当てされた新株予約権について，これをX関係者以外の一般株主から取得しその対価としてY社株式を交付し，またX関係者からこれを取得しその対価として金銭を交付しても，一般株主に課税がなされない旨の回答が東京国税庁から得られたとして，同日，同年8月9日に一般株主から新株予約権の取得を行う旨，および8月9日にX関係者から新株予約権の取得を行う旨の取締役会決議を行い，これらの旨を公告するとともに適時開示を行った。この公告では，Y社からX関係者に対する支払額が約23億円となる見込みであることも示された。
>
> 　同年8月7日（本最高裁決定の日）には，Y社は取締役会を開催し，一般株主およびX関係者から8月9日に取得する新株予約権を，いずれも同日に消却する旨を決議し，公告等を行った。この公告では，①X関係者から取得した自己新株予約

権の消却による自己新株予約権消却損および②財務アドバイザー報酬・弁護士費用等の係争費用を合わせて約28億円の特別損失が見込まれること，X関係者への支払いにあてるため複数の銀行等から総額16億5000万円の借入れを行ったことが示された。また，同年5月18日にY社は通期の業績予想（非連結）として4億8000万円の当期純利益を公表していたところ，8月7日にこれを10億400万円の当期純損失となる旨を公表した。もっとも，同日の発表によると，同年6月30日（同月の株主総会による剰余金配当の支払後）のY社には135億強の利益剰余金が存在し，また平成20年3月期の配当（中間配当・期末配当）の予想についても19年5月18日に公表した予想値を約4分の1に修正する（つまり，新株予約権の無償割当て・株式を対価とする新株予約権の取得を考慮すると，実質的には各株主が受け取る配当額はほぼ同じ）としている。なお，19年6月の株主に対する剰余金配当の総額は約2億3300万円であった。

　Xは本決定を受けて，8月8日に，公開買付価格を1700円から425円に引き下げるとともに，8月10日までに設定していた公開買付期間を8月23日まで延長する旨を発表した。しかし，同月24日には，これに応じた株主は発行済株式の1.89％にとどまった旨がXにより発表された。XがＴＯＢ実施前に保有していた約10％の持株比率は，新株予約権の割当てと取得により4分の1まで低下し，公開買付けに応募のあった株式の取得分を含めXの持株比率は4.44％となった。

Exercise

　① 100頁 **Exercise** ③に解答しなさい。

　② 本決定は，差別的条項の付された新株予約権を用いた買収防衛措置が株主平等原則に反しないと結論付けるにあたって，株主総会の決議があったことを理由の一つとして挙げている。しかし，一般論としては，学説は，会社が株主を不平等に扱うには，不利益を受ける株主の同意が必要であると解しており，総会の多数決は平等原則違反を治癒するものではないと考えている。この点をどのように考えるべきか。

　③ 決定の4(1)イは「株主総会の手続が適正を欠くものであったとか，判断の前提とされた事実が実際には存在しなかったり，虚偽であったなど，判断の正当性を失わせるような重大な瑕疵が存在しない限り，（株主自身による）判断が尊重されるべきである」と述べているが，株主総会の手続が適正を欠くとはたとえばどのような場合が考えられるか，次の「ウ」の部分を参照しながら論じなさい。（ウを離れて）たとえば，本件ではY社はXに対して新株予約権1個につき396円を交付しているが，交付される金額が100円に過ぎなかった場合には，株主総会の手続が適正を欠くといえるか。

④　本事件では正面からは争われていないが，本件での防衛策には次のような法律上の疑問もあった。すなわち，会社法は，会社による自己株式の取得には，会社財産の流出により会社債権者が害されたり，買い取る株主を会社経営者が恣意的に決定するときには株主間の平等を害したり，会社支配の公正を害する危険があると考えて，自己株式の取得に一定の法規制を課している。本件で新株予約権を無償割当てし，敵対的買収者からはこれを有償で買い取るという行為は，自己株式取得規制を潜脱するものといえないか。いくつかの条文を参照しながら，具体的に論じなさい。

Column　投資ファンド

　投資ファンドとは法律用語ではなく，正確な定義は難しいが，投資家からお金を集めて運用し，利益を投資家に分配する者のうち，広く一般投資家に販売可能な公募投資信託を除いたものを指して用いられる。投資ファンドの運用対象は，上場株式，公社債，不良債権，未公開株式，不動産など多岐に亘る。たとえば，創業期の会社や事業に投資する「ベンチャーキャピタル」，成熟期以降の会社や事業に投資してその経営権を取得する「バイアウトファンド」，経営不振会社の債権・株式などに投資する「再生ファンド」，破綻企業の債権（不良債権）を大量に取得するなどして，企業の再建手続きに影響力を行使する「ディストレスファンド」などに分類されることが一般的である。

　上場会社の株式は，伝統的には生命保険会社や年金基金，投資信託などの機関投資家によって保有される比率が高いが，最近では投資ファンドによる株式保有が話題になることが増えている。一部の投資ファンドが，活発な株式の売り買いや株主権の行使などの活動によって目立っているが（「アクティビスト」などと呼ばれる），実際には投資ファンドのほとんどはむしろ目立つことを避け，株主権の行使も最小限にとどめ，株式を安く買い高く売るという地味な活動によって利益を得ている。

　多くの投資家から集めた資金をプールして，分散投資するという点では，投資信託と投資ファンドは類似している。しかし，公募の投資信託には投資者保護のための法規制が発達しているのに対して，少数の投資家からのみ資金を調達する投資ファンドについては，最近まで法規制がほとんどかされてこなかった（平成19年の金融商品取引法により，投資ファンドに対する規制が強化された）。投資ファンドの法形式は，資金運用者と個々の投資家の間に民法上の組合契約か，商法上の匿名組合契約，特別法上（投資事業有限責任組合契約に関する法律）の組合契約が締結されることが一般的である。投資ファンドに出資する投資家は，裕福な個人のほか，生命保険会社などの機関投資家や，上場会社で多額の資金を保有している会社などである。

　投資ファンドと類似する用語として「ヘッジファンド」がある。「ヘッジ」とは

リスクを回避することをいうが，ヘッジファンドはもともとは，相場の動きに左右されないで収益を挙げることを目指して運用していたので，そう呼ばれている。たとえば株式を原資産とするデリバティブの市場価格が原資産の価格から導かれる理論価格から乖離しているときに，割安なほうの証券を購入し，割高なほうの証券を空売りするというように，金融工学の手法を応用した投資を行うファンドを指すのが，本来の用法である。しかし，実際には，資金の大半を借入により調達し，株式・債券・為替相場・これらの指数などを対象として投資を行う私募のファンドを広く指してヘッジファンドと呼ぶことが一般的である。アメリカでは，私募を行い，Investment Company Act（日本の投資信託に当たる仕組みを規制する法律）の適用を受ける投資顧問会社としては登録されていないもの，というくらいの意味で使われることが一般的であるので，わが国の「投資ファンド」とおおむね同義と考えられる。

第9章　債権者保護

1. 概　　説

　株式会社では株主が有限責任しか負わないために，会社債権者を保護する必要性が大きい。この点は，合同会社においても同様である。一方，合名会社・合資会社においては社員が会社債権者に対して責任を負うので，この限りでは，会社債権者保護の必要性は減じられる。とはいえ，社員が現実に財産を持たない場合には債権者は債権の満足を受けられない可能性がある。また，そのような会社に対して信用を供与した債権者の自己責任という側面もある（交通事故のような，事実的不法行為によって債権者となった者を除けば）。会社債権者の保護の最たるものは「自衛（自己防衛）」（＝①支払能力に問題がある会社や，支払能力を知ることのできない会社とは取引を避ける，②契約により自衛する）であり，法はそれに若干の保護を付加しているだけともいえる。

　法による債権者保護の第1は，株式会社・合同会社における，資本制度による配当規制である。この規制は自己株式・自己持分取得による会社から株主・社員への財産流出をも規制している。法による債権者保護の第2は，債権者保護手続である。資本金・準備金の減少や合併・会社分割などによって債権者が害される可能性に対処しているのである。

　本章では，取締役の第三者責任および法人格の否認の2つの問題を中心として扱うが，いずれも広い意味での会社債権者の保護に関連するものである。もっとも，いずれのルールも，特定の取引に関する会社の取引相手の保護という側面と，社員の有限責任から会社債権者全体が損害を蒙る場合の債権者全般の保護という側面とを含んでおり，ルールの適用にあたっては保護すべき利益とは何か，対立利益はなにかを慎重に検討し，衡量する必要がある。

2. 役員等の対第三者責任

　取締役などの役員等（取締役，会計参与，監査役，執行役または会計監査人）がその職務を行うについて悪意又は重大な過失があったときは，当該役員等は，これによって第三者に生じた損害を賠償する責任を負う（429条1項）。

　また，取締役および執行役が株式，新株予約権，社債もしくは新株予約権付社債を引き受ける者の募集をする際に通知しなければならない重要な事項についての虚

偽の通知等をした場合，計算書類および事業報告ならびにこれらの附属明細書ならびに臨時計算書類に記載すべき重要な事項についての虚偽の記載もしくは記録をした場合など，法定書類に虚偽の記載・記録をした場合には，当該取締等は，これによって第三者に生じた損害を賠償する責任を負うが，当該取締役等が当該行為をすることについて注意を怠らなかったことを証明したときは責任を免れる（429条2項）。同項の「前項と同様とする」との文言は，「当該役員等は，これによって第三者に生じた損害を賠償する責任を負う」の部分を指す（1項の前段を指すわけではない）。429条2項は1項とくらべて，役員等が軽過失しかない場合でも責任を負うこと，過失の証明責任が役員等の側にあることの2点で，原告に有利な規定となっている。そのため，2項の法定書類に虚偽の記載等がある場合には，損害賠償を求める原告は通常，まず2項により責任追及を行うことになる。

《対第三者責任に関するこれまでの判例》

(1) 総説

従来の対第三者責任に関する商法旧266条の3第1項〔会429条1項〕について，リーディングケースとなっているのは，最高裁昭和44年11月26日判決である。このケースは，A株式会社の代表取締役Yは，その業務の一切を他の代表取締役Bに任せきりにしていたところ，BがYからの授権に基づき同社取締役社長Y名義で手形を振り出したが，不渡りになり，それによって損害を被ったXが，Yに対して損害賠償を求めたものである。最高裁は，Yの責任を認めたが，判旨によれば「法は，株式会社が経済社会において重要な地位を占めていること，しかも株式会社の活動はその機関である取締役の職務執行に依存するものであることを考慮して，第三者保護の立場から，取締役において悪意または重大な過失により右義務（善管注意義務および忠実義務）に違反し，これによって第三者の損害を被らせたときは，取締役の任務懈怠の行為と第三者の損害との間に相当の因果関係がある限り，会社がこれによって損害を被った結果，ひいて第三者に損害を生じた場合であると，直接第三者が損害を被った場合であるとを問うことなく当該取締役が直接に第三者に対し損害賠償の責に任ずべきことを規定した」ものとされている（最判昭和44・11・26民集23-11-2150）。

同判決は，「取締役の任務懈怠により損害を受けた第三者としては，その任務懈怠につき取締役の悪意または重大な過失を主張し立証しさえすれば，自己に対する加害につき故意または過失のあることを主張し立証するまでもなく，……取締役に対し損害の賠償を求めることができる」と述べている。この叙述を素直に読めば，第三者の損害につき（重）過失があることは429条による取締役等の賠償責任を根拠付けることにはならず，その場合には第三者は民法709条等により賠償請求をす

べきようにも思われる。もっとも、実際の裁判例（特に下級審裁判例）には、明示的ではないが、第三者の損害に対する関係で重過失というべき事実を評価して取締役等に賠償責任を認めているものも少なくないように思われる。

(2) 監視義務とその違反

先のケースは、代表取締役の他の代表取締役に対する監視義務が問題となったものであるが、さらに別の判例は、平取締役の代表取締役に対する監視義務の違反があることを認めている。このケースは、A株式会社の平取締役Y2Y3は、会社の運営一切を代表取締役Y1に任せきりにしていたところ、Y1が勝手に多額の融通手形を振り出し、事業拡張の資金繰りをしようとしたがうまく行かず、結局、同社は倒産するに至り、右手形金の支払を受けられなくなり損害を被ったXがY1～Y3に対して損害賠償を求め提訴したものである。問題となったのは、Y2Y3の責任の有無であった。最高裁は、その責任を認めた。判旨によれば、監視義務違反による責任について、「取締役会を構成する取締役は、会社に対し、取締役会に上程された事柄についてだけ監視するにとどまらず、代表取締役の業務執行一般につき、これを監視し、必要があれば、取締役会を自ら招集し、あるいは招集することを求め、取締役会を通じて業務執行が適正に行なわれるようにする職務を有するものと解すべきである」とされている（最判昭和48・5・22民集27-5-655）。このように、代表権のない平取締役も代表取締役の職務執行に対して監視義務があることが肯定されている。もっとも、一般論として監視義務が存在することと具体的事例においてその義務の違反があることは別物である。これらの最高裁判決においては、必ずしも被告の監視義務の違反について明示には論じられていないが、義務違反を認定した原審の判断を前提としているものと解される。

(3) 登記簿上の取締役の責任

登記簿上の取締役の責任については、商法14条〔会908条2項、商9条2項〕にいう「不実ノ事項ヲ登記シタル者」とは、本来は登記申請権者である会社を指すとしつつも、「その不実の登記事項が株式会社の取締役への就任であり、かつ、その就任の登記につき取締役とされた本人が承諾を与えたのであれば、同人もまた不実の登記の出現に加功したものというべく、したがって、同人に対する関係においても、当該事項の登記を申請した商人に対する関係におけると同様、善意の第三者を保護する必要があるから、同条の規定を類推適用して、取締役として就任の登記をされた当該本人も、同人に故意または過失があるかぎり、当該登記事項の不実なことをもって善意の第三者に対抗することができない」として、正規の取締役でない登記簿上の取締役Yに対し商法266ノ3〔会429条1項〕の責任を認めている（最判昭和47・6・15民集26-5-984）。もっとも、虚偽の登記に承諾を与えたことは908条2項の類推適用のために必要であるが、登記簿上の取締役が第三者に賠償責任を負うため

には，それとは別に429条にいう悪意・重過失が必要であると考えられる（登記への承諾は429条の悪意・重過失を基礎付ける事実ではない）。

　この法理は，退任取締役の責任についても展開されている。すなわち，「株式会社の取締役を辞任した者は，辞任したにもかかわらずなお積極的に取締役として対外的又は内部的な行為をあえてした場合を除いては，辞任登記が未了であることによりその者が取締役であると信じて当該株式会社と取引した第三者に対しても，商法266条ノ3第1項前段〔会429条1項〕に基づく損害賠償責任を負わないものというべきであるが，右の取締役を辞任した者が，登記申請権者である当該株式会社の代表者に対し，辞任登記を申請しないで不実の登記を残存させることにつき明示的に承諾を与えていたなどの特段の事情が存在する場合には，右の取締役を辞任した者は，同法14条の類推適用により，善意の第三者に対して当該株式会社の取締役でないことをもって対抗することができない結果，同法266条ノ3第1項前段にいう取締役として所定の責任を免れることはできない」と判示した。もっとも，この事件では，取締役を辞任した者が，辞任後もなお積極的に取締役として行動したわけでもなく，取締役としての登記を残存させることにつき明示的に承諾を与えていたわけでもなかったので，同人の責任は否定されている（最判昭和62・4・16判時1248-27）。

　以上の2つの判決は，登記簿上の取締役が908条2項の類推適用により取締役等に429条の責任を負うために必要となる虚偽の登記への加功の度合いについて，取締役ではない者（株主総会による選任の手続きがなかった者）とかつて取締役であったが退任した者との間に差を設けているように思われる。その理由は，前者の場合にはその者が就任を承諾したことを証明する書面がなければ登記を行いえない（商業登記法54条1項参照）のに対して，後者の場合にはそのような積極的な加功がなくても虚偽の登記が残ってしまうためであろう。

(4)　「第三者」の範囲

　429条1項の「第三者」に会社の株主が含まれるか否かという問題もある。株主が直接損害を被った場合には，「第三者」に株主が含まれることには異論はない（最判平成9・9・9判時1618-138。特定の株主に対し株主総会の招集の通知が行われなかったために有利発行による募集株式の発行をなす旨の特別決議が成立した場合には，当該通知の欠如は，すべての株主に対する関係において取締役の職務上の義務違反を構成し，通知を受けなかった株主以外の株主も取締役の第三者に対する責任を追及できると判示した）。

　株主の蒙った損害が間接損害である場合には，裁判例は分かれている。東京地判平成8・6・20判時1578-131は，

　　「本件において原告らが主張している株主としての損害は，取締役の行為により会社財産が減少した結果としての保有株式の価値低下である。株主は〔会

社法429条1項〕にいう「第三者」におよそ当たらないと解すべきかどうかは
　　別として，右のような損害に関する限り，会社財産が回復されれば，株主の損
　　害も回復される。また，〔同条〕の適用範囲を考えるにあたって，商法上の他
　　の制度，原則との調和を視野に入れるべきことは当然であるが，取締役がその
　　任務に違反して会社に損害を与えた場合は，本来，会社が取締役に対する損害
　　賠償請求を行うべきであり，会社が取締役との癒着等により，その請求を怠っ
　　ているときは，株主は代表訴訟を提起することができる。この場合も，株主は，
　　会社への賠償を請求することができるだけであって，自己に対する給付を求め
　　ることはできない。このような場合に株主への直接賠償を認めることは，利益
　　配当等によらず株主への会社財産の分配を認めるに等しいから，資本維持の原
　　則に反し許されないのである」
と述べて，株主による責任追及を否定している（非上場会社の事例）。上場会社にお
ける事例においても，東京高判平成17・1・18金判1209-10は上記と同様の理由を
挙げて次のように述べている。

　　「株式が証券取引所などに上場され公開取引がなされている・・株式会社の
　　業績が取締役の過失により悪化して株価が下落するなど，全株主が平等に不利
　　益を受けた場合，株主が取締役に対しその責任を追及するためには，特段の事
　　情のない限り，〔会社法847条〕に定める……株主代表訴訟を提起する方法によ
　　らなければならず，直接民法709条に基づき株主に対し損害賠償をすることを
　　求める訴えを提起することはできないものと解すべきである。……株主は，特
　　段の事情のない限り，〔会社法429条〕や民法709条により取締役に対し直接損
　　害賠償請求することは認められないと解すべきである。」

これに対して，福岡地判昭和62・10・28判時1287-148は，次のように述べて反
対の見解を示している。

　　「先ず，本件は〔会社法847条〕の代表訴訟によるべきであり，〔会社法429条
　　1項〕に基づく請求は認められないとの被告の主張について検討する。
　　　原告らの主張によれば，〔会社〕が被告〔取締役〕の任務懈怠により得べか
　　りし賃料収入相当の損害を被り，ひいては株主たる原告らも該賃料収入から算
　　出される配当受領可能額相当の損害を受けたというものであるから，老松座が
　　被告から右損害を回復すれば株主たる原告らの損害も回復される関係にあるこ
　　とは明らかであり，かかる事案の解決のために右の代表訴訟が一般論として有
　　効であることは否定できない。
　　　しかしながら，後に認定するような〔会社〕の沿革及び実体並びに被告の行
　　為を考慮すれば，原告らが被告に対し代表訴訟によって右責任を追及したとし
　　ても，〔会社〕の大株主で代表取締役でもある被告は，原告ら少数株主が右損

害を現実に回復するについて、あらゆる方策を用いてそれを妨げるであろうことは容易に予測し得るところであるから、右の代表訴訟によって、〔会社法429条1項〕に基づく本件訴訟と同様の結果を期待できるとはいい難い。……
　以上の理由により被告の前記主張は採用することができない。」

Case 東京地判平成3・2・27判時1398-119
　　　主　文
一　Y1（被告）及びY2（被告）は、各自、X1（原告）に対し金32万8000円、X2（原告）に対し金44万9046円、X3（原告）に対し金66万円、X4（原告）に対し金142万1533円、X5（原告）に対し金59万6000円、X6（原告）に対し金54万9000円及び右各金員に対するY1については平成元年9月13日から、Y2については同月10日から各支払済みまで年5分の割合による金員を支払え。
二　XらのY3及びY4に対する請求をいずれも棄却する。
三　訴訟費用は、XらとY1及びY2との間においては、Xらに生じた費用の2分の1を右被告両名の負担とし、その余は各自の負担とし、XらとY3及びY4との間においては、全部Xらの負担とする。
四　この判決は、第1項に限り、仮に執行することができる。
　　　事　実
第一　当事者の求めた裁判
一　請求の趣旨
1　Yら（原告）は、連帯して、X1に対し金32万8000円、X2に対し金44万9046円、X3に対し金66万円、X4に対し金142万1533円、X5に対し金59万6000円、X6（いずれも原告）に対し金54万9000円及び右各金員に対する訴状送達の日の翌日から各支払済みまで年5分の割合による金員を支払え。
2　訴訟費用はYらの連帯負担とする。
3　仮執行宣言（中略）
第二　当事者の主張
一　請求原因
1　Y1は、小学校・中学校・高等学校及び大学校受験の訪問指導（いわゆる家庭教師の派遣）を主たる目的とする訴外株式会社A教育センターの代表取締役であり、Y3、Y2及びY4は、いずれも同社の取締役である。
2(1)　中学校或いは高等学校の生徒を子に持つXらは、別紙一覧表〔省略〕「契約日」欄記載の日に、A社との間で、入会金2万円及び契約金を支払って複数のチケットの交付を受け、家庭教師（学生アルバイト）の派遣を受けて子が2時間の指導を受けるとチケット1枚をその家庭教師に渡すことなどを内容とする「個人指

導等に関する契約」を締結した。
　（中略）Xらは〔1回2時間の指導の〕回数に相当する枚数のチケットをA社から受領している。そして，Xらは，右各契約日に入会金2万円を支払ったほか（中略），同表「契約金額」欄記載の金員を支払う約束をして，同表「送金日」欄記載の日に同表「送金額」欄記載の金員をA社の銀行口座に送金して支払った。
　(2) Xらの子は，平成元年5月18日ころまでの間に，別紙一覧表「チケット使用枚数」欄記載のとおりの回数だけA社から派遣された家庭教師（学生アルバイト）により各2時間の指導を受けたが，同社が，同日ころ，事実上倒産し，事務所を閉鎖して業務を行わなくなったため，それ以後，同社から前記契約における債務の履行を受けることは不可能となった。
　そのため，Xらは次のような損害を被った。すなわち，Xらは，A社から各コース所定の指導回数について完全な履行を受けられるものと思い，前記契約を締結したものであり，そうでなければ入会金を支払って同社と契約を締結しなかったのであるから，まず入会金が損害となる。次に，チケットの残枚数に対応する部分は，今後も同社から履行を受けられないことになるので，それに相当する金額，具体的には，契約金額を総指導回数で除し，それにチケット残枚数を乗じた金額（残チケット額）もXらの損害となるところ，Xらのチケット残枚数及び残チケット額は，同表「チケット残枚数」欄及び「残チケット額」欄記載のとおりである。従って，Xらは，同表「損害額」欄記載の金員の損害を被ったものである。（中略）

　　　理　　由
一　請求原因1の事実は，Xらと，Y1との間ではY1が明らかに争わないからこれを自白したものとみなし（但し，Y3がA社の取締役であることは争いがない。），Y3との間では《証拠略》によりこれを認めることができ（但し，Y3がA社の取締役であることは争いがない。），Y2及びY4との間では争いがない。
二　請求原因2の事実は，Xらと，Y1との間ではY1が明らかに争わないからこれを自白したものとみなし，Y3及びY4との間では，《証拠略》によれば，これを認めることができ，Y2との間では争いがない。
三　1　《証拠略》によれば，次の事実が認められる。
　(1) A社は，昭和61年10月設立された，小学校・中学校・高等学校及び大学校受験の訪問指導（家庭教師派遣）を主たる目的とし，東京都武蔵野市と札幌市の2か所に賃借した事務所を有し，アルバイトを除く従業員が約10名，資本金400万円の株式会社である。
　A社の営業内容の概要は次のとおりである。即ち，同社は，小学校・中学校・高等学校の生徒を持つ家庭に電話をして前記の「個人指導等に関する契約」の勧誘をする。その後，家庭を訪問して，生徒の父母との間で契約が成立すると，同社は，

父母（契約者）から入会金2万円を取り，契約金（金額は，指導回数が45回，65回，90回のいずれであるか，一括払か分割払かによって異なる。分割払の方が一括払より約15パーセント高い。）を同社の銀行口座に振り込ませ，他方，父母に複数（45枚，65枚，90枚のいずれか）のチケットを交付する。父母は，家庭教師（学生アルバイト）から子が2時間の指導を受けると，チケット1枚をその家庭教師に渡し，家庭教師は1か月に1度，たまったチケットをA社に提出して指導料を受け取る。

A社の収入は，契約者（父母）からの入会金・契約金であり，支出は，事務所2か所の賃料・家庭教師の指導料・電話アルバイトのアルバイト料・契約勧誘のための電話代・役員報酬・従業員の給与・契約解約の返金などである。

(2) A社は，昭和61年10月の設立時には，札幌市にだけ事務所を設けて営業していたが，その後東京進出を企て，昭和62年5月には，東京都武蔵野市にも事務所を設けて営業するようになった。更に，Y1は，昭和63年5月，関連会社であるB社（訴外）（資本金100万円，本店青森市）を設立し，同社の代表取締役にY1が，取締役にY2及びY4らが就任して，経営を拡大した。A社は，もともとめぼしい資産がなく，収入の多い時と少ない時があって，経営が安定していなかったところ，Y1は，同社から，B社に対し，その設立にあたって約2500万円，その後も毎月100万円宛の資金援助をした（昭和63年当時のA社の支出は東京事務所関係だけで1か月約1000万円であった。）。右のような経営状況が続くうち，同社は，同年6月末の決算時に多額の赤字を出すに至った。

他方，Y1は，資金難を切り抜けるため，契約の勧誘に努め，契約者からは一括払で契約金を取得する（分割払より，早期入金となるが，金額は少なくなる。）とともに，経費の削減をしたが，経営は改善されず，また，同年10月ころからは，契約の解約が増えて（解約した者には，残チケット数に応じて返金する扱いであった。），資金繰りが一層苦しくなり，平成元年に入ってからは，成約件数が減少する一方，解約件数が益々増加し，経営は悪化の一途を辿って危機に瀕し，同年2月ころからは解約により返金すべき金額が東京事務所関係だけで1か月約500万円ないし約700万円に達し，その経営は著しく悪化し資金繰りに非常に窮した。

Y1は，同年5月初め，Y2から資金繰りがつかないとの報告を受けて，A社の経営状況及び資産状況を点検したうえ，市の法律相談での弁護士の意見も参考にして，事業の継続は不可能と判断し，同月18日ころ，契約者（父母）及び家庭教師（学生アルバイト）に対し，突然，一方的に「倒産した。返すものは何もない〔ママ〕」などと記載した書面を送り付け，事務所を閉鎖して業務を行わず，A社は事実上倒産した。その結果，東京事務所関係だけで，契約不履行により契約者（父母）の被った損害額は約1億5000万円に達し，また，家庭教師（学生アルバイト）に対する未払債務約700万円が残った。

そして，右の者らのうち約300人によって被害者の会が結成され，同会において，A社の資産を調査したが，何ら発見できなかった。

(3) Y1は，A社と同業の会社に勤務した経験をもとに，自ら出資してA社を設立したものであり，設立時から代表取締役として，経営の実権を握って会社業務の全般について執行し，月額100万円の報酬を得ていた。Y2は，運送業をしていたところ，妻がY1の姉であるという関係から，Y1より依頼されて設立時から取締役となり，当初は名目だけであったが，取締役兼従業員として，Y1の指示のもとに，昭和62年7月からは営業を担当し，昭和63年11月からはY4に代わって経理をも担当するようになり，月額30万円の報酬を得ていた。Y3は，Y1の妻であって，Y1との身分関係上，Y1の求めにより，A社設立のためにのみ取締役として名義を使用することを承諾して取締役となったものであり，青森市に居住していて，経営に関与したり業務に従事したことは一切なく，取締役としての報酬や従業員としての給与も全く受け取っていない。Y4は，設立時からの従業員であり，経理部長となったが，昭和63年4月取締役に就任し，Y1の指示のもとに経理を担当していたところ，Y1から不正を疑われて，同年11月1日，解雇された形で従業員を辞め，それ以来，取締役の地位は残っているものの，一度も出社したことがなく，経営に関与したり業務に従事したことは一切なく，取締役としての報酬も全く受け取っていない。

A社は，会社設立以来一度も取締役会が開催されたことがなく，Y1が業務執行の一切を決定する同人のワンマン会社であった。Y3，Y2及びY4が，Y1に取締役会を招集することを求めたり，自ら招集することはなかった。

2(1) 前記1に認定した事実によれば，平成元年1月上旬ころには，当時のA社の経営規模・経営状態，資産状態並びに同社の倒産時期等に照らせば，同社は近い将来倒産に至り，ひいては前記「個人指導等に関する契約」を履行できないことが十分予想しえたところ，それにも拘らず，Y1は，同社の代表取締役として，前記二のとおり，Xらと同社との間の前記「個人指導等に関する契約」（請求原因2(1)の契約）を締結させたというべきである。従って，Y1は，重過失により代表取締役としての任務を懈怠したものであり，Xらが被った前記二の損害（請求原因2(2)の損害）と右任務懈怠行為との間には相当因果関係があるものといわなければならない。Y1は，商法266条〔ノ〕3第1項〔会429条1項〕により，右損害を賠償すべき義務がある。

(2) Xらは，Y1を除く被告らについても業務執行に関する注意義務違反を主張するが，右被告らは，前記1に認定したとおり，業務執行権を有していないのであるから，右主張は採用できない。

しかしながら，株式会社の取締役は，会社に対し，代表取締役が行う業務執行の

全般につき，これを監視し，必要があれば，取締役会を通じて業務の執行が適正に行われるようにする職責があるというべきである。
　そして，Y2は，右職責を有したにも拘らず，また，前記1に認定したとおり，常勤取締役兼従業員として，A社の営業及び経理の業務を担当していたのであるから，右職責を果たすことができ，そうすればその影響力は大きいと認められるのに，前記1に認定したとおり，何らそのような行動をとらなかった。したがって，Y2は，重過失により取締役としての任務を懈怠したものであり，Xらの被った前記二の損害と右任務懈怠行為との間には相当因果関係があるといわなければならない。Y2も，商法266条〔ノ〕3第1項〔会429条1項〕により，右損害を賠償すべき義務がある。
　(3) 前記1に認定した事実によれば，Y3は，A社の名目的な取締役であるところ，確かに名目的取締役であっても取締役としての前記(2)の職責は免れないというべきである。しかし，前記1に認定した事実によれば，Y3は，取締役としてY1の業務執行を監視するにつき何らなしていないのであるが，Y3は，Y1との身分関係上，A社設立の際，員数合わせのため取締役になったもので，その経営に関与したことも業務に従事したことも全くなく，報酬も一切受けていない，全くの名目的取締役であること，A社は設立以来一度も取締役会が開催されたことがない，Y1のワンマン会社であること，Y3は，A社の事務所から遠隔の地に居住していて，同社の経営内容及び代表取締役の業務執行を容易に知ることができる状況にはなかったこと，同社の経営或いは業務に関しては，Y3のY1に対する影響力は無いか非常に小さいことからすると，Y3の前記(1)の任務懈怠行為につき，Y3に右職責を尽くすことを求めることは甚だ困難であると認められる。従って，Y3については，取締役としての任務懈怠につき悪意又は重過失があったと認めることはできない。
　(4) Y4も，取締役として前記(2)の職責を有しているところ，前記1に認定した事実によれば，Y4も，取締役としてY1の業務執行を監視するにつき何らなすところがなかったが，Y4は，Y1に不正を疑われて解雇という形で従業員を辞めさせられた昭和63年11月1日からは，A社の経営に全く関与せず，報酬を一切受けない，全くの名目的な取締役となったこと，同社は設立以来一度も取締役会が開催されたことがない，Y1のワンマン会社であること，右解雇により事実上取締役たる地位をも失っており，Y1に対する影響力はないことなどからすると，Y4の前記(1)の任務懈怠行為につき，Y4に右職責を尽くすことを求めることは甚だ困難であると認められる。従って，Y4についても，取締役としての任務懈怠につき未だ悪意又は重過失があったと認めることはできない。
　3　Y1に対する訴状送達の日の翌日が平成元年9月13日であり，Y2に対するそれが同月10日であることは，記録上明らかである。(以下略)

Exercise

①裁判例は中小企業の倒産の際に，そのオーナー経営者に会社取引先に対する個人責任を命じることが多いが，本来は株主・経営者と会社は別の法人格であり，取締役が責任を負うのは悪意・重過失（会429条1項）が存在するからである。本件でワンマン経営者であったY1の責任が認められたことは妥当であったか。事実関係に即して答えよ。

②いわゆる名目的取締役（株主総会により取締役には選任されて本人も承諾はしているが，取締役としての活動にほとんど一切関わっていない者）の責任につき，本判決は，「Y4に右職責を尽くすことを求めることは甚だ困難であると認められる」と述べてこれを否定している。この結論が仮に正しいとすれば，その根拠となる事実関係は何か。また，そのような考え方についての賛否両方の議論を展開しなさい。また，Y3についても同様に論じなさい。

Memo

最判平成21・11・27裁時1496-13は，農業協同組合であるX（原告・上告人）が，その監事〔農業協同組合法により，株式会社の監査役とほぼ同様の権限を有し，義務を負う〕であったY（被告・被上告人）に対し，Xの代表理事Aが資金調達のめどが立たない状況の下で虚偽の事実を述べて堆肥センター事業を進めたことにつき，Yによる監査に忠実義務違反があったなどと主張し，損害賠償の一部を請求した事案である。最高裁は，

「監事の上記職責〔編注：判決は直前の部分で，会社法330条，381条1項，382条，385条，383条（ただし当時の規定では，取締役会への出席・意見陳述は義務ではなく権利として定められていた），381条2項，355条，423条に相当する農協法の規定を挙げている〕は，たとえ組合において，その代表理事が理事会の一任を取り付けて業務執行を決定し，他の理事らがかかる代表理事の業務執行に深く関与せず，また，監事も理事らの業務執行の監査を逐一行わないという慣行が存在したとしても，そのような慣行自体適正なものとはいえないから，これによって軽減されるものではない。したがって，原審判示のような慣行があったとしても，そのことをもって被上告人の職責を軽減する事由とすることは許されないというべきである。」

と述べた上で，Yは，堆肥センターの建設資金の調達方法について調査，確認する義務があったというべきであるところ，上記調査，確認を行うことなく，堆肥センターの建設事業が進められるのを放置したものであるから，その任務を怠ったとして，Xの請求を認容した（Yの責任を否定した原判決を破棄）。

この最高裁判決により，今後，職務の執行を他の役員に任せ切りにしていた役員，いわゆる「名目的取締役」（たとえば本 *Case* におけるY3）が会社や第三者に対して負う賠償責任の有無に関する従来の下級審裁判例の傾向に変化が生じるか否かは，現時点では明らかでない。弥永真生〔本件判批〕ジュリスト1394号44頁を参照。

【参考判例】　横浜地判平成11・6・24判時1716-144

本件は，A建設株式会社が合資会社B社からビルの建設工事を請け負い，X社（原告）が右建設工事の内装工事等をA建設から下請けとして受注し，右下請工事を完成して引き渡したが，その後，A建設が破産し，右下請工事の代金支払のために同社から交付を受けていた約束手形9通（額面合計4666万円）が決済不能となり，右手形金額相当の損害を被ったことについて，右損害は，A建設が粉飾決算を行い，その結果，X社が，右会社の財務状況を誤信して下請工事を受注したために生じたものであると主張して，A建設の取締役であったYら（被告）に対して，商法266条ノ3〔会429条〕第1項，第2項などに基づき，右手形金相当額の損害賠償の請求をした事案である。

A建設の役員は，代表取締役C（訴外），常務取締役Y1（被告），取締役工事部長D（訴外），取締役総務部長Y2（被告），監査役E（訴外）の5人であり，Y1はCの義理の従兄弟，DはCの子である。A建設の株式は，代表取締役のCが86.7パーセントを保有し，同人の親族の持株数は90パーセントを超えていた。A建設の経営判断は，CがY2を片腕として独断専行し，平成5，6年当時は，株主総会や取締役会は開催されなかった。

A建設は，昭和57年，売上の約6割を占めていた主要取引先であったF社が倒産したことにより，約1億3000万円の実損害を被り，それ以降，経営を借入金に頼る不安定な経営体質に陥った。そして，平成3年以降のいわゆるバブル経済の崩壊による売上高の減少が同社の経営を圧迫した。このような状況の中で，C及び経理を担当していたY2は，相談のうえ，特定建設業許可の取得及び銀行からの借入れや工事の受発注を容易にする目的で，平成5年4月ころ（第68期決算期・平成4年5月1日から平成5年4月30日まで）及び平成6年4月ころ（第69期決算期・平成5年5月1日から平成6年4月30日まで），各決算書類の作成に当たり，粉飾決算を行った。

A建設は，平成6年6月，B社から綱島Bビル新築工事を受注した。A建設は，X社の取引先の1つであるG社に対し，右工事の施工図の作成を下請させていたところ，同社からX社を紹介されたことから，X社に対し，本件工事を発注した。X社は，それまでA建設と取引関係がなかったことから，受注するかどうかを決定するに当たり，平成7年3月ないし4月ころ，自己の取引先銀行であるH銀行昭

和通支店に対し，A建設の信用状態の調査を依頼した。H銀行昭和通支店は，本件粉飾決算に係る第68期及び第69期の計算書類に依拠したIデータバンク作成の調査報告書等に基づき，X社に対し，「A建設は横浜でも老舗の建設会社で，Iデータバンクの調査結果でも黒字決算が続いており，売上も順調に推移しているようであるから，取引に当たって特に問題はない。」旨を回答した。

Y1は，常務取締役としてCに次ぐ地位にあったが，専ら営業活動に従事し，A建設の経営に口を挟むことはなかった。Y1は，第69期の決算書類の作成に関しては，一定の限度で関与したが，決算書類の作成には直接携わっていない。Y2は，Cの指示の下，第68期及び第69期の決算書類を作成した。

以上の事実認定に基づき，裁判所は次のように述べて請求を認容した。

「本件粉飾決算とX社が本件工事を受注したこと及びX社が請負代金の支払を受けられず，右代金相当の損害を被ったこととの間には，相当因果関係があることが明らかである。

Y1は，本件粉飾決算に係る決算書類の作成に携わっていなかったことが認められるから，商法266条ノ3第1項〔会429条1項〕の責任が問題となる。Y1は，本件粉飾決算が行われていたことも知らなかったと弁解するが，…第69期の決算においては，Y1も，平成6年4月ころ，Cから売上高の減少をカバーするため売上として計上可能なものを拾い出すよう指示を受けたことに照らし，にわかに信用し難い。仮に，Y1の弁解どおりであったとすれば，Y1は，常務取締役というCに次ぐ地位にあったにもかかわらず，本件粉飾決算という会社にとって極めて重要な事実を把握せず，これをそのまま見逃したことになるから，取締役としての監視義務を怠ったことが明らかであり，任務懈怠の責めを負わなければならない。

Y2は本件粉飾決算に係る決算書類を作成したことが認められるから，商法266条ノ3第2項ただし書〔会429条2項ただし書〕の無過失の証明が問題となる。認定事実によれば，Y2が右決算書類を作成するについて注意を怠らなかったとは到底認められない。また，Y2が本件粉飾決算に係る決算書類の作成に異議を述べることが困難であった事情はないから，これを阻止する期待可能性がなかったとの主張も採用できない。なお，Y2は，平成5，6年当時，A建設から労働の対価を部長の給与名目で支払を受け，役員報酬の名目では支払を受けていないことが認められるが，Y2が取締役総務部長として果たしていた役割に鑑みれば，右事実は，Y2の取締役としての責任を阻却しない。」

Writing 1

次の事実1～9を読んで，〔設問〕に解答しなさい。

1 コンピュータ・メーカーである株式会社Y1の代表取締役Y2は，Y1社の子会

社であるZ株式会社の取締役を兼務していた。Y1社もZ社も，その発行する株式のすべてが譲渡制限株式であったが，取締役会は設置されていた。

2　Z社の取締役には，Y2のほかY3及びY4が就任しており，そのうちY3が代表取締役に選定されていた。Y4は，Y3の妻で，自宅を店舗として薬局を営んでいたことから，Z社の経営には全く関心がなく，Y3もY4にZ社の経営に関して意見を求めることは一切なかった。そのため，Z社からY4に対して報酬が支払われることはなかった。

3　Z社は，コンピュータ・ソフトの製造・販売を行っていたが，平成23年8月に主力商品に欠陥が見つかり，回収を余儀なくされたことから，極端に業績が悪化するようになった。その結果，このままだと業務の継続が困難になる懸念が出てきたことから，Y3は，平成24年5月にY2と一緒にZ社の既存株主のところを回り，近いうちにY1社がZ社に追加出資する方針であるという嘘の増資話をして，追加の出資を依頼した。その際，Y2は平成24年3月末日時点でのZ社の貸借対照表を見せるとともに，「代表取締役である私が約束するので，Y1の追加出資は確実である」と力説して歩いた。

4　これを聞いて，もともとZ社に3000万円を出資していた既存株主であるXは，これまでの協力に報いる形で今期の配当を大幅に増加してくれるのであれば，その配当金を原資の一部として500万円の追加出資に応じても良いと回答した。

5　そこで，Y2及びY3はXの要望を聞き入れることとし，平成24年6月20日に開催されたZ社の定時株主総会では，Y2及びY3が出席した取締役会の決議に基づいて，同年3月末日の時点で株主であった者に対して合計で2,000万円の配当金を支払うこと（第1号議案），およびXに対して第三者割当増資を行うこと（第2号議案）が議題として提案され，いずれも法定の要件を満たして可決された。第1号議案にかかる配当金のうち，Xに支払われたのは100万円であった。また，第2号議案にかかる増資は，平成24年6月30日に実施された。

6　ところが，その後Z社の業績は悪化の一途をたどり，ついに平成24年8月10日に破産するに至った。その結果，Xは，当初出資していた3,000万円のみならず，追加出資分の500万円についても回収不可能な状態に陥った。

7　そこで，Xが調べたところ，決算日である平成24年3月末日の段階で，Z社はすでに債務超過の状態に陥っていたにもかかわらず，Y2とY3が巧妙な手口で粉飾を行うことによって，あたかも分配可能額があるかのような貸借対照表が作られていたことが判明した。また，Y3らがXに増資の話を持ちかけた平成24年5月の段階では，実際の債務超過額は1億円近くになっており，Xの追加出資があっても，破産は避けられない状態であったことも判明した。

8　さらにXは，Z社の経営悪化の経緯についても調査したが，その原因は平成

23年8月に主力商品に欠陥が見つかったことにあり，経営のミスというよりも不運であったことが判明した。

9 なお，平成24年10月に，Y3は，Z社の破産管財人が会社法462条に基づく請求をしてきたので，違法配当金の全額に相当する2,000万円の支払いに応じた。

〔設問〕 Xは，Z社の取締役であったY2・Y3・Y4の責任を追及するとともに，Y1社に対しても責任を追及したいと考えている。Xは，Y1〜Y4のそれぞれに対して，どのような法律上の根拠に基づいて，いくらの責任を追及できるか（反対に取締役の側からXに対して請求が可能である場合には，その額を差し引いて答えよ）。

3．法人格否認の法理等

株式会社Aとその株主（通常は大株主）B，会社債権者Xが存在するという状況で，Xが本来Aに対して有する権利をBに対して行使することを例外的に認めるというのが，（会社）法人格否認の法理の基本形である。場合によっては，XがBに対する権利をAに対して行使することを認める場合や，A(B)がB(A)の有する権利をXに対して行使することを認める場合などもありうる。

先の基本形（XのBに対する請求）は，多くの場合には会社債権者保護の機能を果たすことになり，またBが取締役でもある場合には，この法理の機能は会社法429条1項のそれに近接する。

最判昭和44・2・27民集23-2-511は，会社が形骸化している場合，あるいは会社の法人格が濫用されている場合に，法人格の否認が認められるとしている。もちろん，法人格の形骸化や濫用とはいかなる場合をさすのかは，明らかでない場合が多い。

これまでこの法理論の適用が問題となった事例は，債権者全般の保護が問題となったケースと特定の債権者（取引先等）の保護が問題となったケースに大別される。大まかにいえば，これらはそれぞれ，取締役等の対第三者責任における間接損害・直接損害に対応しているともいえ，裁判例を分析する際には，事案ごとに類型を分けて悪意・重過失の内容を検討する必要があるのと同様に，法人格否認の法理についても単なる形骸化・濫用の内容を論じるのではなく，類型を分けて分析する必要がある。

判決の既判力・執行力の範囲を法人格が否認される対象にまで拡張することの可否については，最判平成17・7・15民集59-6-1742を参照。

【参考判例1】 東京地判昭和49・6・10判時753-83

原告Xはマンションの販売等を目的とする会社であるA株式会社との間で，Xが建築予定の建物の一室をYから買い受ける契約を締結したが，A社は当該建物の建

築をすることなく，その敷地も他に売却したまま倒産し，Ⅹは当該契約を解除したものの支払済みの代金の返還を受けることができなくなったため，ⅩはＡ社の取締役であったＹを被告として，商法266条ノ3〔会429条〕に基づき，また法人格否認の法理に基づき損害賠償を求める訴えを提起した。なお，当時，Ａ社を含む約10社の企業群があり，「Ｂグループ」と呼ばれていた。

　東京地裁は，ＹがＡ社の取締役であった時期は本件契約の締結よりも後であり，同人の取締役としての職務執行行為とＡ社の破産，Ⅹの損害との間に因果関係は認められないとして，商法266条ノ3に基づく請求は認めなかった。他方，①Ｂグループの各社にあたってＹは表面に立つことはなかったが，各社の経営陣にはほとんどＹの部下かまたは名目上の者を配置し，Ｙ自らが実質上の経営者となっていたこと，②Ｂグループの各会社は見せ金またはそれに類した方法で設立や増資をされ，現実の払込がされておらず，株主も名目だけのものであったこと，③各社相互間で資金が流用され各社に経営基盤上の独立性が見られないこと，④Ｂグループに属する各社相互間で類似の称号を前後して使用するなど，会社の同一性の識別を困難にし，その活動主体・責任主体としての所在を曖昧にしていたこと，⑤財務状況が悪化していたのに大衆の資金を徴して行き詰まりの危険性の高い事業を行っていた，等の事実に照らして，裁判所は，

　　「Ｙは外形的には独立の法主体であるＢグループの各社を自己の意のままに自由に操作し，もってＡ社を含むＢグループの各社の名称において行き詰まりの危険性の高い自己の事業活動をしながら，会社形態を利用して，それらの各社に各独立して法律上の責任を負担させることとする外形により，グループ内の他社やＹ個人の責任を免れようとはかったものであることが推認され，したがって，Ｙは，会社形態を不当に利用したものと判断するのが相当である」

と述べて，法人格否認の法理によりＹに損害賠償を命じた（事案・判旨の詳細は，本書初版296頁を参照）。

【参考判例２】　東京地判平成13・7・25労判813-15

　株式会社Ｓ企画設計事務所を退職した原告Ⅹらは，未払賃金および未払退職金の支払を求めて丙川および株式会社Ｋ建設を被告として訴えを提起した。

　Ｓ企画・Ｋ建設は「Ｓグループ」と総称される企業グループに属しており，丙川はグループ各社の設立に関与した。Ｓグループの中ではＫ建設の資本金が3億円と突出して大きく，他の会社は2,000万円から5,000万円までであった。Ｓグループ各社の業務執行は，基本的には丙川およびＫ建設所属の総務本部の指示によって行われていた。Ｓ企画の資産は当初から未収金に偏り実体に乏しく，丙川はＳ企画の設立後間もない時期から多額の架空売上げを計上して決算を粉飾し，実体は大幅な

債務超過であるのにこれを隠蔽し，その一方で，高額の賃料等を課すことにより，S企画に留保されるべき営業利益をK建設や他のグループ会社に吸い上げさせるなどして，丙川はS企画の会計・財務をほしいままに操作していた。このような事実に照らして，裁判所は次のように述べた（事案・判旨の詳細は，本書第2版392頁を参照）。

「S企画は，外形的には独立の法主体であるとは言うものの，実質的には，設立の当初から，事業の執行及び財産管理，人事その他内部的及び外部的な業務執行の主要なものについて，極めて制限された範囲内でしか独自の決定権限を与えられていない会社であり，その実態は，……K建設の一事業部門と何ら変わるところはなかったというべきである。そして，丙川は，そのようなS企画を，同社の代表取締役であった時期はもとより，そうでない時期においても，S企画の代表取締役あるいはK建設の代表取締役としての立場を超え，Sグループの社主として，直接自己の意のままに自由に支配・操作して事業活動を継続していたのであるから，S企画の株式会社としての実体は，もはや形骸化しており，これに法人格を認めることは，法人格の本来の目的に照らして許すべからざるものであって，S企画の法人格は否認されるというべきである。

そして，本件においては，S企画は，K建設の一営業部門として同被告に帰属しその支配下にある側面と，同時に，社主である被告丙川の直接の支配下に属する側面をも二重に併せ持っていたことからすれば，法人格否認の法理が適用される結果，被告らは，いずれもS企画を実質的に支配するものとして，S企画がXに対して負う未払賃金債務及び退職金債務について，同社とは別個の法主体であることを理由に，その責任を免れることはできないというべきである。」

【参考判例3】 福岡地判平成16・3・25金判1192-25

貸金の貸主であるXが借主であるY1株式会社，その連帯保証人であるZ1，Z2に対して貸金の返還を求めるとともに，Y1から営業譲渡を受けたY2株式会社に対して，法人格否認の理論を援用して貸金の支払いを求めた。

Y1社が多額の負債を抱えていたこと，Y1の実質的経営者は甲家であり，その中心的存在がZ2であるところ，Y2社の株主はZ2の次男であるAであること，AがY2社の代表取締役に就任したこと，Y2社が設立された当時，AはB株式会社に勤務しており，Y2社設立の具体的な手続や設立後の経営はZ2が行い，Aはあまりこれに関与していないこと等の事実に照らして，裁判所は，

「Y2の設立は，Y1の債務の支払いを免れる意図の下になされたものであり，法人格の濫用であると認められるから，いわゆる法人格否認の法理により，X

は，Y1に対する債権の行使をY2に対しても行うことができると解するのが相当である。」
と述べた（事案・判旨の詳細は，本書第3版412頁を参照）。

5　子会社と取引した債権者が，子会社が倒産した際に，親会社に対して債務の履行・損害の賠償を求めるには，法人格否認の法理以外の法律構成も検討する必要がある。次の【参考判例4】ではどのような法律構成が用いられているだろうか。

【参考判例4】　大阪地判平成8・8・28判時1601-130

大学生協（Y1）が全額出資する子会社（B株式会社）が放漫経営により破産したことから，B社と取引のあった原告Xらが，被告Y1，Y2（Y1の常務理事〔株式会社の代表取締役に相当〕であり，B社の非常勤取締役），Y3（Y1の理事であり，B社の非常勤取締役），Y4（B社の代表取締役），Y5（B社の常勤取締役）に対し，回収不能となった売掛代金等の支払を求めた事案である。

判決は，B社が過剰な人件費，高額な名義料の支払等によって経費がかさみ，一向に利益が上がらない状態であったにもかかわらず，店長会議の名目で高級クラブやバー等において飲食を繰り返したY4，Y5が商法266条ノ3〔会429条〕によりXらに責任を負い，Y2，Y3も，Y4，Y5に対する監督義務を怠り，その放漫経営を放置したことが取締役としての忠実義務に違反するとして，同条による責任を負うとした。そして，Y2の所為は，Y1の専務理事という同人の立場に照らして見た場合には，Xらに対する違法な権利侵害として，不法行為を構成するものというべきであるから，Y1は，生協法42条，民法44条1項〔現在の会社法350条に相当。なお，現在の民法では34条である〕に基づき，Xらが被った損害を賠償する義務があるとして，原告の請求を一部認容した。

判示のうち，Y1の賠償責任に触れた部分は次のとおりである。

「前記…で認定した事実関係によると，①B社は，Y1の経営戦略の一環として設立された会社であり，その資本及び役員の構成からして，Y1の完全子会社であって，あたかもY1の一部門ともいうべき地位にあったということができること，②そして，Y2は，Y1内に設置された業態研究会及び企画調査室のメンバーに理事（当時は常務理事）の立場から参加するなど，B社の設立に当初から主導的に参画し，その設立に当たっては，取締役に就任したが，その任務は，Y1の理事の立場からB社の経営を支援するとともに，常勤役員であるY4及びY5らを指導監督するということであったものと認められること，③現に，Y2は，Y1の専務理事に就任して間もない昭和61年8月末頃，業者説明会の席上，B社がY1の完全子会社であって，Y1としては可能な限り支援して行く方針であることを対外的に表明

するとともに、B社から毎月月次決算書を提示させるなどして、その経営内容を掌握していたこと、以上の事実を指摘することができるのであって、これらの事実を併せ考えると、Y2は、Y1の専務理事として、B社の経営が健全に行われるように部下であるY4及びY5を指導監督すべき注意義務を負っていたものということができるのであり、しかも、この義務は、Y1に対してのみならず、Y1〔編注：おそらく「B社」の誤り〕と取引関係に立つXら納入業者に対する関係でもこれを肯認することができるというべきである。」

　ゴルフ場の運営会社の財務状況が悪化したときに、しばしば当該会社の経営主体が新たな会社を設立し、運営会社がゴルフ場事業に関する権利義務を新設の会社に事業譲渡や会社分割によって承継させ、その際に運営会社の債務は一部しか承継しないとすることで、事業再生を図ることがある。この場合に、旧運営会社に対してゴルフ会員権を有する者たちが新会社に対して会員権から生じる権利（預託金返還請求権・施設の優先的利用権）を行使するための法律構成として、(1)法人格否認の法理、(2)会社法22条1項の類推適用、(3)旧会社から新会社への権利義務の承継について詐害行為取消権を行使する、などが用いられている。
　この問題を理解するためには、次のような背景を知っておくことが必要である。ゴルフ場の運営会社がゴルフ場を建設するにあたって、まずゴルフ会員権を広く販売して代金を得て、それを使ってゴルフ場を建設することが少なくない。とりわけバブル経済期（1980年代後半）には、ゴルフ会員権が投資の対象としてもてはやされ、上場株式と同様に相場が形成され活発に売買されたことも手伝って、ゴルフ場が実際に収容できるプレーヤー数を超える数の会員権が投資家に対して販売された事例も数多く見られた。このようなゴルフ場では、ゴルフ場の施設利用を目的として会員権を購入したのに利用希望者が溢れて利用ができないという問題が生じた。この問題は、ゴルフ場等に係る会員契約の適正化に関する法律（平成4年5月20日法律第53号）によって一応の解決が図られた。同法は、会員契約の締結につき、書面の交付（5条）、クーリング・オフ（12条）などを定めている。
　ゴルフ会員権の権利内容は契約によって定まるが、購入から一定期間を過ぎると預託金の返還を請求できるという定めのものが多い。しかし、預託権の返還請求が可能となった時期がバブル崩壊の直後に当たったため、ゴルフ場の運営会社が返還請求に応じられなくなったというゴルフ場も多数あった。
　ここで、旧運営会社に対してゴルフ会員権を有する者たちが新会社に対して会員権から生じる権利を行使するための法律構成に戻ると、(1)法人格否認の法理により請求（ゴルフ会員権を有することの確認）を認容したものとして、岡山地判平成12・8・23判タ1054-180がある。また、(2)ゴルフ場の営業主体を表示する名称として

同一のゴルフクラブ名が続用されたという事案について、会社法22条1項の類推適用により請求（預託金の返還請求）を認める旨の判示を示した（類推適用を否定した原審判決を破棄・差戻し）ものとして、最判平成16・2・20民集58-2-367がある。

【参考判例5】 最判平成16・2・20民集58-2-367
「預託金会員制のゴルフクラブが設けられているゴルフ場の営業においては、当該ゴルフクラブの名称は、そのゴルフクラブはもとより、ゴルフ場の施設やこれを経営する営業主体をも表示するものとして用いられることが少なくない。本件においても、前記の事実関係によれば、Aから営業を譲り受けた被上告人は、本件クラブの名称を用いて本件ゴルフ場の経営をしているというのであり、同クラブの名称が同ゴルフ場の営業主体を表示するものとして用いられているとみることができる。このように、預託金会員制のゴルフクラブの名称がゴルフ場の営業主体を表示するものとして用いられている場合において、ゴルフ場の営業の譲渡がされ、譲渡人が用いていたゴルフクラブの名称を譲受人が継続して使用しているときには、譲受人が譲受後遅滞なく当該ゴルフクラブの会員によるゴルフ場施設の優先的利用を拒否したなどの特段の事情がない限り、会員において、同一の営業主体による営業が継続しているものと信じたり、営業主体の変更があったけれども譲受人により譲渡人の債務の引受けがされたと信じたりすることは、無理からぬものというべきである。したがって、譲受人は、上記特段の事情がない限り、商法26条1項〔会22条1項、平成17年改正後商法17条1項〕の類推適用により、会員が譲渡人に交付した預託金の返還義務を負うものと解するのが相当である。」

ゴルフ場の事例ではないが、債務者である会社が他の会社に対して事業を承継させて、会社債権者の権利行使を免れようとした場合には、詐害行為の取消しが争われることも少なくない。以下にいくつかの裁判例を挙げておく。
なお、【参考判例8】などの裁判例の蓄積を踏まえて、2014年の会社法改正では、詐害的な会社分割等における債権者の保護の規定が置かれた（事業譲渡についての会社法23条の2、吸収分割についての759条4項以下、新設分割についての764条4項以下を参照）。会社分割における会社債権者保護については、180頁の Quiz 3 、181頁の Quiz 4 や182頁の Writing 4 も参照すること。

【参考判例6】 東京地判平成15・10・10金判1178-2
訴外Aに対する債権を主張する原告Xらは、Aが被告Y株式会社を設立して建物を現物出資したことが詐害行為にあたるとして、その取消しを求めるとともに、当該建物について所有権移転登記の抹消登記手続を求めて訴訟を提起した。裁判では、

株式会社に対する現物出資が詐害行為取消の対象となるか等が争われたが，東京地裁は，少なくとも株式会社の資本を毀損しない範囲では，設立行為を直接取り消すことにはならないから，詐害行為として取り消すことができると解し，本件現物出資につき，Aの債権者に対する関係で債務の引当てとなる資産を減少させるものであり，詐害行為性が認められると述べて，Xの請求を認容した。

【参考判例7】 東京地判平成18・3・24判時1940-158

訴外A会社（その商号は「ヌギートレーディング株式会社」であった）が「ザ・クロゼット」の屋号で行っていた事業を被告Y会社（商号は「有限会社ザ・クロゼット」）に譲渡したところ，A社に対し貸金債権を有する原告X（銀行）が，事業譲渡の後，Y社に対し，主位的に商法26条1項の類推適用による貸付金の支払い，予備的に事業譲渡契約の取消しを求めて訴えを提起した。

裁判所は，商法26条1項は，事業譲渡に伴い続用されるものが，商号そのものではなく屋号である場合でも，その屋号が商号の重要な構成部分を内容としているときには類推適用されるが，続用される譲渡会社の屋号が同社の商号の重要な構成部分を内容としていない場合には，類推適用することはできないとして，主位的請求を斥けた。他方，予備的請求については，事業譲渡に伴い在庫を簿価の半額以下で売却したことが主たる原因となって債務超過に陥ったことについて譲渡人（A社）に害意が認められ，また，譲渡人と譲受人（Y）の密接な関係から譲渡人の債務超過について譲受人の悪意が認められ，他方，債権者においては営業主体の変更が一目瞭然にわかるものではなかったという事情が認められる場合には，債権者（X）は，当該営業譲渡について，債権者取消権を行使することができる，と述べてこれを認容した。

【参考判例8】 最二小判平成24・10・12金判1402-16

本件は，Xが，A社が物件目録記載の不動産（「本件不動産」）を新設分割によりY社に承継させたことが詐害行為に当たるとして，Y社に対し，詐害行為取消権に基づき，その取消し及び本件不動産についてされた会社分割を原因とする所有権移転登記の抹消登記手続を求める事案である。最高裁判所は次のように述べて，本件新設分割が詐害行為取消権行使の対象になるものとしてXの請求を認容した原審の判断を是認した。

「会社法上，新設分割の無効を主張する方法として，法律関係の画一的確定等の観点から原告適格や提訴期間を限定した新設分割無効の訴えが規定されているが（同法828条1項10号），詐害行為取消権の行使によって新設分割を取消したとしても，その取消しの効力は，新設分割による株式会社の設立の効力には何ら影響を及ぼす

ものではないというべきである。したがって，上記のように債権者保護の必要性がある場合において，会社法上新設分割無効の訴えが規定されていることをもって，新設分割が詐害行為取消権行使の対象にならないと解することはできない。

　そうすると，株式会社を設立する新設分割がされた場合において，新設分割設立株式会社にその債権に係る債務が承継されず，新設分割について異議を述べることもできない新設分割株式会社の債権者は，民法424条の規定により，詐害行為取消権を行使して新設分割を取り消すことができると解される。この場合においては，その債権の保全に必要な限度で新設分割設立株式会社への権利の承継の効力を否定することができるというべきである。」

Writing 2

　本章で紹介した裁判例の法律構成を復習した上で，次の事実1～4を読んで，〔設問〕に解答しなさい。

1　甲株式会社は，工作機械の部品の製造及び販売を業とする株式会社であり，かつてジャスダック証券取引所に上場していたが，不適切な会計処理を行ったことから上場廃止となった。上場廃止の直前に甲社は同業の乙株式会社を完全親会社とする株式交換を行った。甲社の取締役には，A，Bが就任し，Aが代表取締役に選定されていた。そのほかに，Dがかつて取締役に選任されていたが，株式交換の前後からAと意見が対立したため，Aの指示によって甲社内のDの執務室は閉鎖され，Dの持ち物も甲社から撤去される等したため，それ以来Dは甲社に出社していない。

2　乙社は，公開会社でない株式会社であり，その株主は，AとBの2人だけである。同社の取締役には，A及びBのほか，Aの妻であるCが就任し，代表取締役には，A及びBが選定されていた。

3　甲社の財務状況が芳しくないことから，AとBは，取引を装って甲社の財産を乙社に移転させ，甲社を倒産させることを画策し，甲社をAが，乙社をBがそれぞれ代表して，平成X年4月中旬から同月下旬までの間に，価格の不自然な取引を繰り返した。そのため，乙社は甲社より財産の移転を受け，他方で甲社の資金繰りは悪化した。

4　丁社は，甲社と乙社の間で行われた株式交換の効力発生日の直後に甲社から手形の振出しを受けたものの，当該手形がその後に不渡りとなったことから，債権の回収について社内で検討を行い，当該手形の取得後に行われた甲社と乙社との間の価格の不自然な取引に疑問を持つに至った。

〔設問〕丁社の債権の回収に役立つ法律論として，どのようなものが考えられるか。

第10章　その他の問題

1. 概　説

> **Quiz**　以下の空欄に，適切な語句または数字を入れなさい。

　会社は，法人であることから，その法令の規定に従って，定款に定められた目的の範囲内において，権利を有し，義務を負う。（民＿＿＿＿条）。そして，このように権利義務の主体となりうることによって，事業を行う上で生ずる会社をめぐる種々の法律関係は，その扱いが非常に容易，かつ明確になる。

　もっとも，事業を行うために必ず法人格が必要かといえば，そうではない。法人格が存することによって，法人税法上，会社の損益を社員に帰せしめることができなくなることから，あえて法人格のない組織を利用する場合もある。たとえば，AとBが発起人となってC株式会社を設立し，甲事業を行った結果，事業年度末にC社に1000万円の所得が認められた場合を考えてみる。この場合，1000万円を課税標準として，C社に対して法人税が課せられ（法人税法21条），甲事業からの収益に対する課税がなされることになる。これに対して，AとBがD組合という民法上の組合を成立させる契約を締結し（民＿＿＿＿条），甲事業を行った結果，これに同じく1000万円の利益が認められた場合を考えてみる。この場合，D組合は，法人税法上の納税義務者たる内国法人に当たらないことから（法人税法4条1項・2条3号），D組合の段階では課税がなされない。そして，以上の利益はあらかじめ組合契約によって定められた損益分配の割合によってAとBそれぞれに配分され（たとえば1：1の割合であれば，500万円ずつ）（構成員課税），かりにAやBが法人であれば，他事業の損益と通算することになる。したがって，他の事業で500万円以上の損金が出ていれば，これと通算することによってAやBの所得は0となり，結果として，甲事業から生じた収益に対する課税を免れることになる。

　事業を行うための法人格なき組織形態としては，伝統的には契約形態によるものが存在する。具体的には，以上に述べた民法上の組合のほか，商法の商行為編に規定のある＿＿＿＿＿＿＿が挙げられる（商＿＿＿＿条以下）。ただ，これらの伝統的な契約形態による場合，契約当事者の全部または一部が無限責任を負うことから，さらに有限責任の利点を享受できる契約形態として，特別法である「有限責任事業組合契約に関する法律」により有限責任事業組合（いわゆる日本版ＬＬＰ（Limited Liability Partnership））の制度が認められている。

2. 営利性・社団性

　伝統的に会社の営利性とは、2つの意味から構成されていた。第1に、平成17年改正前商法52条1項は、会社の定義中に「商行為ヲ為スヲ業トスル目的」という文言を用いていた。これは、同法4条1項の商人の定義と同様であったところ、この「業トスル」には商行為を反復し、資本的計算方法の下で、収支の差額を利得するという意味がある。第2に、会社の場合、社員の出資によって成立する団体であることから、この利得した収益を出資者間で分配する必要がある。以上のとおり、収支差額の利得、およびその分配という点が、かつて会社の営利性概念の根幹であったところ、会社法では、第1の意味での営利性を直接規定した条文が存在しない。これに対して、第2の意味での営利性に関しては、剰余金の配当、ないし利益の分配に関する規定、あるいは残余財産の分配ないし出資の払戻しに関する規定があり（105条1項1号2号・2項・621条1項・624条1項）、これをもって会社法がなお営利性を会社の本質的要素としていると考えることは可能であろう。

　会社の社団性とは、共同目的達成のために複数の者が結合した団体という意味であり、会社が人の集まりであるという点にその核心がある。これを反映して、従前、合名会社や合資会社は社員が1名となるとそれが解散事由となっていたが（平成17年改正前商94条4号・147条）、株式会社と有限会社については社員が1名の一人会社の設立、および存続が可能であった。それにもかかわらず、これを社団としてとらえていたのは、株式や持分の将来の譲渡により、社団となる潜在的な可能性を有しているからだ、との説明が与えられてきたのである。これに対して会社法では、株式会社、持分会社を問わず、一人会社が正面から認められた（社員が1名となることは解散事由とはなっていない。会471条・641条参照）結果、社団性に関する規定は置かれていない。

　ところで、会社の営利性と関連して伝統的に議論がなされてきた問題として、会社（企業）の社会的責任（CSR：corporate social responsibility）というテーマが存在する。そもそも、この社会的責任とは何を意味するのか、必ずしも明確な概念ではないことから、そこで論じられる内容は多種多様である。古くは、昭和40年代に多発した企業不祥事を受けて、このような社会的責任に関する規定を立法化するか否かで論争があった（松田二郎「会社の社会的責任について——商法改正の問題として」商事法務713号22頁、竹内昭夫「企業の社会的責任に関する商法の一般規定の是非」商事法務722号33頁）。近年では、会社経営者が、いかなる会社の利害関係者（ステイクホルダー）の利益を勘案するかどうか（これはとりわけ敵対的企業買収の防衛策との関連で問題となる。第4章第1節**4Case 2**参照）、あるいは投資家が、社会的責任を果している企業を積極的に投資対象とするかどうか、といった文脈で語られることもある。

以上のような方向性での議論のほかに，会社が営利性を本質的要素とする法人であるとした場合，会社が行いうる活動には限界があるのかどうか，といった観点からの議論も法的には問題となる。かつては大企業が政党に献金を行ったことにつき，関与した取締役の会社に対する責任が株主代表訴訟により訴求された事案でこれが問題となった（最大判昭和45・6・24民集24-6-625参照。この問題についての最近の裁判例として，名古屋高金沢支判平成18・1・11判時1937-143がある）。

3. 平等原則

　会社法上の平等原則の問題は，従来，株式会社の場合における株主平等原則の問題として論じられることが多かった。これは，株式会社の場合，一株一議決権の規定や剰余金配当の規定に見られるように（308条1項・454条3項参照），同じ種類の株式である限りその権利内容は同一であることが前提となるため，その株式の内容，数に応じた平等の扱いをすべきことが法律上導かれるからである（その意味においては，「株式」平等原則と呼ばれることもある）。会社法は，この意味での平等原則を明文で規定し（109条1項），公開会社でない株式会社において認められる株主ごとの異なる取扱いは，法律上は種類株式とみなすとの位置づけを与えている（109条2項・3項。なお，株主平等原則の限界について敵対的買収の対抗策との関係でふれたものとして，最決平成19・8・7民集61-5-2215〔第8章第8節 **4 Case**〕を参照）。
　もっともここでいう平等原則とは，あくまでも法律上の規定を前提にそれを言い換えたものに過ぎず，その原則が具体的な問題で法律上の規定が有する効果以上に何らかの意味を有するかといえば，それは疑問も残る。たとえば，第3章第2節 **2** において紹介した最判昭和45・11・24民集24-12-1963も，一部大株主にのみ金銭を分配する贈与契約について，株主平等原則違反から直ちに無効という結論を導くのではなく，「商法293条本文〔会454条3項〕の趣旨に徴しても，無効である」という判示をしており，具体的な法律の規定から離れて判断をしたものではない。

Writing　最判平成8・11・12判時1598-152は，従業員株主らを一般の受付開始時刻前に会場に入場させ，株主席の最前列から第5列目あたりまで座らせていた事案において，「株式会社は，同じ株主総会に出席する株主に対しては合理的な理由のない限り，同一の取扱いをすべきである」と述べている。かりにこれを平等原則の問題を扱った事案だと理解した場合，その内容は会社法109条1項の規定する株主の平等が意味するところと同じだと考えてよいか，あるいは異なると考えるべきか。理由とあわせて説明せよ。

4. 利益供与

　会社法120条は、株式会社が株主の権利の行使に関して、財産上の利益を供与することを禁じている。取締役ないし執行役が当該規定に違反した場合、これに民事上の責任が生じることはもとより（会120条4項）、刑事上の責任も科せられる（会970条）。よく知られるとおり、これは昭和56年の商法改正によって、上場会社におけるいわゆる「総会屋」に対する利益供与を封じるために設けられた規定である。さらに平成9年の商法改正では、その年に発覚した大量の利益供与事件を受けて、法定刑の引き上げが行われたほか、利益供与を要求した者も刑事責任の対象に含めることとされた（会970条3項参照）。

　いわゆる「総会屋」その他の特殊株主に対する金品の提供が会社法120条の民事責任を生じさせるかが問題となった事例としては、下記の【参照判例】などがある。もっとも、120条の規定振りは、その適用対象を特殊株主が関与する場合には限っていない。たとえば、親会社が、子会社に対して有する影響力を背景として、子会社に不利な内容の取引を行わせて、これによって親会社が不当に利益を得るという場合には、120条2項による推定が働くことが少なくないであろうし、この場合の「株主の権利の行使に関し」の反対証明においては、親会社の持つ影響力の実態が事案ごとに争われることも予想される。他方、学説の中には、120条の適用は原則として特殊株主が関与する事例に限るべきであり、親子会社間の取引に関する問題は120条によってではなく、立法によって解決されるべきであるとの主張も少なくない。

【参照判例】　最判平成18・4・10民集60-4-1273

　上場会社の取締役が、会社から見て好ましくないと判断される株主（仕手筋として知られている者）が議決権等の株主の権利を行使することを回避する目的で当該株主から株式を譲り受けるための対価を供与する行為が120条に当たると判断した（破棄差戻し。差戻審である東京高裁平成20年4月23日は、取締役に120条4項の責任を認めた）。

Quiz　次の文を読み、後の問①・②に答えなさい。

　A株式会社が、次年度の定時株主総会において、会社提案を確実に成立させるため、A社の大株主Bに会社提案に賛成をしてもらいたいと思っている。そこで確実を期するため、A社の総会担当の取締役Cは、Bに対して会社提案に賛成するよう要請し、そのために現金500万円を渡した。

　①　CのBに対する利益供与に関して、会社法上、CのA社に対する責任が認め

られるための要件を挙げ，本件の事実関係を当てはめなさい。

② もしCからBに渡された500万円が，Bの発行している経済情報誌の年間購読料であって，かつ会社提案への賛成要請がなかった場合，①の要件と事実関係の当てはめはどのように変わるか，検討しなさい。

【参考判例】 東京地判平成19・12・6判タ1258-69

上場会社において，経営陣に反対する大株主による提案権の行使および委任状勧誘に対抗するため，会社側が会社提案への賛同を促しつつ，株主総会において有効な投票（現実に総会に出席するか，または議決権行使書面を会社に返送するかのいずれか）を行った株主に対して，株主1名につきQuoカード1枚（500円分）を贈呈したこと（合計額で452万余）が問題となった。裁判所は，次のように述べて株主総会決議を取り消した。

「会社法120条1項……の趣旨は，取締役は，会社の所有者たる株主の信任に基づいてその運営にあたる執行機関であるところ，その取締役が，会社の負担において，株主の権利の行使に影響を及ぼす趣旨で利益供与を行うことを許容することは，会社法の基本的な仕組に反し，会社財産の浪費をもたらすおそれがあるため，これを防止することにある。

そうであれば，株主の権利の行使に関して行われる財産上の利益の供与は，原則としてすべて禁止されるのであるが，上記の趣旨に照らし，当該利益が，株主の権利行使に影響を及ぼすおそれのない正当な目的に基づき供与される場合であって，かつ，個々の株主に供与される額が社会通念上許容される範囲のものであり，株主全体に供与される総額も会社の財産的基礎に影響を及ぼすものでないときには，例外的に違法性を有しないものとして許容される場合があると解すべきである。

……本件贈呈は，その額においては，社会通念上相当な範囲に止まり，また，会社の財産的基礎に影響を及ぼすとまではいえないと一応いうことができるものの，本件会社提案に賛成する議決権行使の獲得をも目的としたものであって，株主の権利行使に影響を及ぼすおそれのない正当な目的によるものということはできないから，例外的に違法性を有しないものとして許容される場合に該当するとは解し得ず，結論として，本件贈呈は，会社法120条1項の禁止する利益供与に該当するというべきである。

そうであれば，本件株主総会における本件各決議は，会社法120条1項の禁止する利益供与を受けた議決権行使により可決されたものであって，その方法が法令に違反したものといわざるを得ず，取消しを免れない。また，株主の権利行使に関する利益供与禁止違反の事実は重大であって，本件贈呈が株主による議決権行使に少なからぬ影響を及ぼしたことが窺われることは上記判示のとおりであるから，会社

法831条2項により請求を棄却することもできない。」

　わが国の上場会社では，株主への還元策や安定株主確保の観点等から，株主優待制度が設けられていることが多い。株主優待制度とは，上場会社などが株主に自社の製品やサービスの利用を可能とするもので，たとえば食品メーカーが自社製品を送付する場合のほか，商品券・サービス券等を交付するものがよく見られる。また，その実施状況としては，消費者に商品やサービスを直接提供する業種において実施率が高い。しかし，この株主優待制度は必ずしも持株数に比例して設けられているわけではなく，また近年増加している外国人株主は事実上その恩恵にあずかれないことから，批判が多いのも事実である。

Writing　鉄道事業を営むB株式会社は，数年前，株主優待制度を導入する旨，取締役会でその決定を行った。B会社は，自らの株式が上場する証券取引所において最低の取引単位数を1000株としているところ，3000株以上を保有する株主には優待乗車券を10枚，5000株以上を保有する株主には20枚付与することとした。さらに，10000株以上を保有する株主には優待乗車券を50枚付与するほか，B会社直営の複数の飲食店で利用できる5000円分の「お食事券」5枚を付与することとしている。
　ところが，近時はB会社が付与している優待乗車券やお食事券が金券ショップに出回り，とりわけB会社直営の飲食店ではお食事券の利用者が増えて，売上に影響している事実がある。これを知ったB会社の外国人株主Xは，B会社の株主優待制度には，会社法上の問題があると考えている。Xが指摘するであろう，本件株主優待制度が有する会社法上の問題点について，論ぜよ。

5．親子会社における責任追及

Quiz 1 ★　以下の問題①から③における時間の流れは，①が任務懈怠→責任追及→株式移転，②が任務懈怠→株式移転→責任追及，③が株式移転→任務懈怠→責任追及となっている。また，問題文中に登場する株式会社は，すべて会社法上の公開会社である。

① A株式会社（以下「A社」）の株主X_1は，株主代表訴訟を提起して，A社の取締役Y_1の任務懈怠責任を追及していたところ，当該訴訟の継続中に，A社はB株式会社（以下「B社」）を完全親会社とする株式移転を行った。その結果，A社はB社の完全子会社となり，X_1はB社の株主となった。B社の株主X_1は当該訴訟を追行できるか。

② X_2はC株式会社（以下「C社」）の株主であったところ，C社の取締役Y_2がそ

の任務を懈怠したことによりC社に損害が生じた。その後，C社はD株式会社（以下「D社」）を完全親会社とする株式移転を行い，C社はD社の完全子会社となり，X_2はD社の株主となった。D社の株主X_2は，C社のために，Y_2の当該任務懈怠責任を追及する訴えを提起できるか（なお，X_2は，株式移転の効力発生日の6箇月前から当該日まで引き続きC社の株式を保有していたが，その保有割合は議決権ベースでも発行済株式数ベースでも1％未満であった）。

③ （a）X_3はE株式会社（以下「E社」）の株主であったところ，E社はF株式会社（以下「F社」）を完全親会社とする株式移転を行い，E社はF社の完全子会社となり，X_3はF社の株主となった。F社はE社の最終完全親会社等であり，F社の総資産額におけるE社株式の帳簿価額の割合は90％であった。かかる状況のもと，E社の取締役Y_3が，その任務を懈怠したことにより，E社及びF社に損害が発生した。F社の株主X_3は，E社のために，Y_3の当該任務懈怠責任を追及する訴えを提起できるか（なお，X_3は，E社に対する提訴請求の6箇月前から引き続きF社の総株主の議決権の1％以上の議決権を有している）。仮にY_3の当該任務懈怠によりE社に損害が発生したが，F社には損害が発生しなかった場合はどうか。

（b）上記③（a）におけるF社（E社の最終完全親会社等）は，その後，多くの資産を保有するに至り，F社の総資産額におけるE社株式の帳簿価額の割合は15％となった。この時点で，E社の取締役Y_4が，その任務を懈怠したことにより，E社及びF社に損害が発生した。上記③（a）の株式移転後にF社の株式を譲り受けてF社の株主となったX_4は，E社のために，Y_4の当該任務懈怠責任を追及する訴えを提起できるか（なお，X_4は，E社に対する提訴請求の6箇月前から引き続きF社の総株主の議決権の1％以上の議決権を有している）。

Quiz 2 ★ A株式会社（以下「A社」）は，B株式会社（以下「B社」）の親会社であるところ，A社は，B社株式を，C株式会社（以下「C社」）に譲渡することにした。下表の(1)から(4)のうち，A社において当該株式譲渡契約を承認するための株主総会決議が必要になる場合はどれか（C社はA社の特別支配会社でないものとする）。A社が，B社株式を，市場で売却する場合にも同じ結論になるか。

	譲渡の効力発生日にA社がB社の議決権の過半数を有しない（過半数支配を失う）	譲渡の効力発生日にA社がB社の議決権の過半数を有する（過半数支配を維持する）
譲り渡す株式の帳簿価額がA社の総資産額の20％超	(1)	(2)

譲り渡す株式の帳簿価額がA社の総資産額の20%以下	(3)	(4)

なお，子会社と取引した債権者が親会社に対して何らかの請求を為しうるかについては，第9章**3．法人格否認の法理等**を参照。

判例索引

昭和元年～40年

最判昭和28・12・3民集7-12-1299 …… 163
最判昭和30・4・19民集9-5-511 …… 105
最判昭和30・10・20民集9-11-1657 …… 150
最判昭和36・3・31民集15-3-645 …… 101
最判昭和38・9・5民集17-8-909 …… 30,31

昭和41年～50年

最判昭和41・7・28民集20-6-1251 …… 150
最判昭和43・11・1民集22-12-2402 …… 18
最判昭和44・2・27民集23-2-511 …… 211
最判昭和44・11・26民集23-11-2150 …… 198
最判昭和44・12・2民集23-12-2396
　…………………………………… 36,38,40
最大判昭和45・6・24民集24-6-625 …… 221
最判昭和45・11・24民集24-12-1963 …… 221
最判昭和46・7・16判時641-97 …… 101
東京地判昭和47・4・27判時679-10 …… 88
最判昭和47・6・15民集26-5-984 …… 199
最判昭和47・11・8民集26-9-1489 …… 146
最判昭和48・5・22民集27-5-655 …… 199
東京高判昭和48・7・27判時715-100 …… 88
東京地判昭和49・6・10判時753-83 …… 211
最判昭和50・4・8民集29-4-350 …… 87

昭和51年～63年

最判昭和58・6・7民集37-5-517 …… 78
最判昭和60・12・20民集39-8-1869 …… 36
最判昭和61・9・11判時1215-125 … 160,165
最判昭和62・4・16判時1248-27 …… 200
福岡地判昭和62・10・28判時1287-148 … 201
大阪地判昭和62・11・18判時1290-144 … 87
大阪高判昭和63・12・22判時1311-128 … 91

平成元年～10年

千葉地判平成元・6・30判時1326-150 … 56
東京地決平成元・7・25判時1317-28
　…………………………………… 87,88,92
東京地判平成元・9・5判時1323-48 … 87,91
東京高判平成元・10・26金判835-23 …… 51
最判平成2・4・17民集44-3-526 …… 34

大阪地判平成2・5・2金判849-9 …… 87
東京地判平成3・2・27判時1398-119 …… 202
最判平成4・12・18民集46-9-3006 …… 56,58
最判平成5・12・16民集47-10-5423 … 101,102
東京地決平成6・3・28判時1496-123 …… 90
最判平成6・7・14判時1512-178 …… 101
東京地判平成6・12・20判夕893-260 …… 56
東京地判平成8・6・20判時1578-131 …… 200
千葉地判平成8・8・28判時1591-113 …… 92
最判平成8・11・12判時1598-152 …… 221
最判平成9・1・28民集51-1-71 … 101,104
最判平成9・9・9判時1618-138 …… 200
福岡地判平成10・5・18判時1659-101 … 56

平成11年～15年

東京高判平成11・1・27金判1062-12 …… 30
横浜地判平成11・6・24判時1716-144 … 208
最決平成11・11・12民集53-8-1787 …… 68
最判平成11・12・14判時1699-156 …… 156
神戸地尼崎支部判平成12・3・28
　判夕1028-288 …………………………… 19
東京地判平成12・5・24判夕1054-260 …… 92
浦和地判平成12・8・18判時1735-133 … 102
岡山地判平成12・8・23判夕1054-180 … 214
最決平成12・12・14民集54-9-2709 …… 68
東京地判平成13・7・25労判813-15 …… 212
最判平成15・3・27民集57-3-312 …… 102
東京地判平成15・10・10金判1178-2 …… 216

平成16年～20年

大阪地判平成16・2・4金判1191-38 …… 26
福岡地判平成16・3・25金判1192-25 … 213
東京地決平成16・6・1判時1873-159 … 87
東京地決平成16・6・23金判1213-61 … 86
最判平成16・7・1民集58-5-1214 …… 68
東京地決平成16・7・30判時1874-143 … 93
東京高決平成16・8・4金判1201-4 …… 94
東京高判平成17・1・18金判1209-10 …… 201
最判平成17・2・5判時1890-143 …… 56
東京地決平成17・3・11商事法務1726-47
　…………………………………………… 96

東京地決平成17・3・16商事法務1726-59
　　…………………………………………… 97
東京高決平成17・3・23判時1899-56 …… 95
最判平成17・7・15民集59-6-1742 ……… 211
東京地判平成18・3・24判時1940-158 … 217
最判平成18・4・10民集60-4-1273 … 222,223
大阪高判平成18・6・9判時1979-115… 45,48
東京地決平成19・6・28金判1270-12 …… 188
東京地決平成18・6・30判タ1220-110 … 119
東京高決平成19・7・9金判1271-17 …… 188
最決平成19・8・7民集61-5-2215
　　…………………………… 100,121,188,221
東京地判平成19・9・20判時1985-140 … 69

東京地決平成19・12・19判時2001-109 … 142
新潟地決平成20・3・27金判1298-59 …… 122
東京地決平成20・4・3金判1298-56 …… 122
東京高決平成20・5・12判タ1282-273 … 121
最判平成20・7・18刑集627-2101 ……… 73
東京高裁平成20・9・12金判1301-28 …… 142

平成21年〜

最決平成21・5・29金判1326-35 ………… 141
最判平成21・11・27裁時1496-13 ……… 207
最判平成22・12・7民集64-8-2003 …… 153
最判平成24・4・24民集66-6-2908 ……… 101

【著者紹介】

丸山　秀平（まるやま　しゅうへい）

1950年生まれ。1974年中央大学法学部卒業。中央大学法学部助手・同助教授を経て，1986年より中央大学法学部教授。2004年4月より中央大学法科大学院教授。
「社団法人としての一般社団法人と会社の異同について」川村正幸先生退職記念論文集『会社法・金融法の新展開』（中央経済社・2009），「同族企業における事業承継－手段としての譲渡制限株式・相続人等に対する売渡しの請求－」法学新報114巻11・12号（2008），『新株式会社法概論』（中央経済社・2009），『やさしい会社法（第11版）』（法学書院・2011）等。

野村　修也（のむら　しゅうや）

1962年生まれ。1985年中央大学法学部法律学科卒業。西南学院大学法学部専任講師・同助教授を経て，1998年より中央大学法学部教授。2004年4月より中央大学法科大学院教授。
『年金被害者を救え：消えた年金記録の解決策』（岩波書店・2009），「公開会社法に求めるもの－議論の背景と本質」ビジネス法務10巻6号（2010），「金融と法」法学セミナー666号（2010）等。

大杉　謙一（おおすぎ　けんいち）

1967年生まれ。1990年東京大学法学部卒業。東京都立大学助教授を経て，2004年4月より中央大学法科大学院教授。
「会社法と金融規制その他の業規制との関係－取締役の行動規範の内容」法律時報82巻12号（2010），「『公開会社法』についての一考察（上）(下)」金融・商事判例1321号・1322号（2009），「なぜ，どこまで，株主総会は変わったか」商事法務1853号（2008）等。

松井　秀征（まつい　ひでゆき）

1970年生まれ。1994年東京大学法学部卒業。立教大学法学部専任講師，助教授，准教授を経て2008年10月より同教授。
『株主総会制度の基礎理論』（有斐閣・2010），『会社法の選択』〔共編著〕（商事法務・2010），『会社法』〔共著〕（有斐閣・2009），「会社に対する金銭的制裁と取締役の会社法上の責任」江頭憲治郎先生還暦記念『企業法の理論』（商事法務・2007）所収等。

髙橋　美加（たかはし　みか）

1973年生まれ。1997年東京大学法学部卒業。北海道大学助教授を経て2005年4月より立教大学法学部助教授。2007年4月より同准教授。2009年10月より同教授。
「『自己のためにする』直接取引」落合誠一先生古稀記念『商事法の新しい礎石』（有斐閣・2014）所収，「『受託者の注意義務』とスチュワードシップ責任」信託フォーラム45頁（2014）等。

河村　賢治（かわむら　けんじ）

1973年生まれ。1996年早稲田大学法学部卒業。関東学院大学経済学部准教授等を経て，2013年4月より立教大学大学院法務研究科教授。
「自主規制と会社法－証券取引所による上場会社規制を中心にして」商事法務1940号（2011年8月），「米国証券業の自主規制に関する調査・研究報告書」日本証券業協会自主規制規則のあり方に関する検討懇談会『最終報告』別紙1（2012年6月）等。

【著者】
丸山　秀平　中央大学法科大学院教授
野村　修也　中央大学法科大学院教授
大杉　謙一　中央大学法科大学院教授
松井　秀征　立教大学法学部教授
髙橋　美加　立教大学法学部教授
河村　賢治　立教大学大学院法務研究科教授

ケースブック会社法［第5版］【弘文堂ケースブックシリーズ】

2004（平成16）年4月30日　初版1刷発行
2006（平成18）年3月30日　第2版1刷発行
2008（平成20）年3月30日　第3版1刷発行
2011（平成23）年3月30日　第4版1刷発行
2015（平成27）年2月15日　第5版1刷発行

著　者　丸山秀平・野村修也・大杉謙一・
　　　　松井秀征・髙橋美加・河村賢治

発行者　鯉　渕　友　南

発行所　株式会社　弘文堂　101-0062　東京都千代田区神田駿河台1の7
　　　　　　　　　　　　　TEL 03(3294)4801　振替 00120-6-53909
　　　　　　　　　　　　　http://www.koubundou.co.jp

装　幀　後藤トシノブ
印　刷　図書印刷
製　本　井上製本所

©2015 Printed in Japan
[JCOPY]《(社)出版者著作権管理機構　委託出版物》
本書の無断複写は著作権法上での例外を除き禁じられています。複写される場合は、その
つど事前に、(社)出版者著作権管理機構（電話03-3513-6969、FAX 03-3513-6979、
e-mail : info@jcopy.or.jp)の許諾を得てください。
また本書を代行業者等の第三者に依頼してスキャンやデジタル化することは、たとえ
個人や家庭内での利用であっても一切認められておりません。

ISBN978-4-335-30515-3